# रचना का अंतरंग

# रचना का अंतरंग

देवेन्द्र

लोकभारती प्रकाशन

**लोकभारती प्रकाशन**
पहली मंजिल, दरबारी बिल्डिंग, महात्मा गाँधी मार्ग
प्रयागराज-211 001

वेबसाइट : www.lokbhartiprakashan.com
ईमेल : info@lokbhartiprakashan.com

**शाखाएँ** : 1-बी, नेताजी सुभाष मार्ग, दरियागंज
नयी दिल्ली-110 002
अशोक राजपथ, साइंस कॉलेज के सामने
पटना-800 006 (बिहार)
36-ए, शेक्सपियर सरणी
कोलकाता-700 017 (प. बंगाल)

**मूल्य** : ₹ 400

**प्रथम संस्करण** : 2020



**ग्राफिक क्रिएशन**
प्रयागराज द्वारा मुद्रित

Rachna Ka Antrang
by Devendra

ISBN : 978-81-942729-8-4

## छोटू !

पड़ोस में हम सब उसे इसी तरह बुलाते थे।

किताबें ही उसका ओढ़ना बिछौना थीं
उन्हीं को जीता रहा ता-उम्र
बोलता बतियाता रहा किताबों से
शेष दुनिया तो उसकी समरभूमि थी।

लोगों से लड़ता बहसता
उलझता रहा खुद से ता-उम्र।
एक सुबह किताबों और लोगों को
छोड़कर अकेला चुपचाप
जा चुका था।

अधखुली मुड़ी तुड़ी किताबों पर
सारी-सारी रात
अभी भी बाकी बचे हैं
उसके जागते रहने के निशान।

# विषय सूची

# कुछ छोड़ा, कुछ छूट गया

"ना जनता की बात है, ना जनता का साथ
फिर भी जनता की कथा लिखते काशीनाथ।"

श्रीकान्त काशी हिन्दू विश्वविद्यालय में मेरा प्रवेश द्वार था। राबर्ट्सगंज, जिला सोनभद्र काशीनाथ जी की ससुराल है, वह वहीं का रहने वाला था। मुझसे एक वर्ष सीनियर। उस समय वह हिन्दी से एम.ए. फाइनल कर रहा था। राबर्ट्सगंज के ही डॉ. रामनारायण शुक्ल काशीनाथ जी के साथ विभाग में लेक्चरर थे। अरविन्द चतुर्वेद भी राबर्ट्सगंज के ही थे। कुल मिलाकर राबर्ट्सगंज की एक साहित्यिक मंडली ने वाया हिन्दी विभाग, काशी हिन्दू विश्वविद्यालय के परिसर में नक्सलवाद का लाल परचम फहरा रखा था।

हर शनिवार की शाम रत्नाकर पार्क में एक तरफ कोने में बैठकर यह लोग स्टडी सर्किल का आयोजन करते थे। उन्हीं दिनों शाहजहांपुर से प्रकाशित होने वाली एक पुस्तकनुमा पत्रिका 'प्रतिमान' में काशीनाथ सिंह का एक लेख छपा था–'जनवादी लेखन कितना जनवादी'। उस दिन स्टडी सर्किल में उसी लेख पर बहस थी। "गुरू, आज इन्हें बताना है कि जनवाद और जनवादी लेखन क्या होता है?"–चहकते हुए टुन्ना उर्फ जलेश्वर (महेश्वर का छोटा भाई) ने श्रीकान्त से कहा। जवाब में श्रीकान्त ने चौपाई की धुन में स्वरचित कुंडलियाँ सुनानी शुरू की–

"लिखते काशीनाथ कहीं का इधर–उधर,
'लोग बिस्तरों पर' हैं और 'सुबह का डर'।"

पहली बार श्रीकान्त के साथ मैं वहाँ उस स्टडी सर्किल में गया था। काशीनाथ सिंह वहाँ नहीं थे। सिर्फ उनका लेख था। बहस में कोई बचाव–पक्ष नहीं था। सिर्फ हमलावर थे। मधुमक्खियों के छत्ते पर ढेला मारकर काशीनाथ

सिंह मजे में अस्सी पर बैठे थे। उन्हें क्या मालूम कि जनवाद का क, ख, ग क्या होता है! कहानी की वर्णमाला लिख देने से कोई कहानीकार थोड़े हो जाता है! बहस में प्रयुक्त होने वाली शब्दावलियां मेरे लिए इतनी भारी-भरकम थीं कि मैं विस्मित और विमोहित हो चला। गोष्ठी के अन्तिम और निर्णायक वक्ता डॉ. राम नारायण शुक्ल (कहानीकार नहीं) ने टिप्पणी की-"बड़े खतरनाक लोग हैं जी!"

उस स्टडी सर्किल में बहुत कुछ तों नहीं, लेकिन जो चीज मेरे पल्ले पड़ी वह यह कि "सारिका", "साप्ताहिक हिन्दुस्तान" और "धर्मयुग" आदि के अलावा "प्रतिमान", "पहल", "आवेग" और "कलम" जैसी पत्रिकाओं की एक और दुनिया है। बल्कि यह कि आज का सार्थक साहित्य इन्हीं में लिखा जा रहा है। मेरे पूछने पर श्रीकान्त ने ही एक दिन बताया-"साप्ताहिक हिन्दुस्तान और धर्मयुग भी कोई पत्रिका हैं? व्यंजन बनाने और स्वेटर बुनने के नुस्खे छापने वाली ये पत्रिकाएं दलाल पूंजीपतियों का गू पोंछने के लिए छापी जाती हैं।"

उस दिन की स्टडी सर्किल का एक अन्य असर मेरे ऊपर यह हुआ कि हिन्दी विभाग में काशीनाथ सिंह एक ऐसे लेखक हैं जिनका लिखा हुआ छपता रहता है। और जिनका लिखा हुआ छपा करता है, वे तो बहुत बड़े लोग होते हैं। मैंने ऐसे किसी आदमी को करीब से नहीं देखा था। ओम प्रकाश द्विवेदी उस समय विभाग में ही रिसर्च स्कालर थे, मैंने उनसे पूछा-"काशीनाथ सिंह आपको पहचानते हैं क्या?"

और तभी एक दिन पहली बार। हिन्दी विभाग के सामने वाले चौराहे पर पेड़ के नीचे जो पान की दुकान थी, वहीं काशीनाथ जी चौथीराम जी के साथ खड़े थे। द्विवेदी जी मुझे लेकर गये और उन्होंने काशीनाथ जी को नमस्ते किया। काशीनाथ जी ने उन्हें कोई तवज्जो नहीं दी। नमस्कार का जवाब भी नहीं दिया और दूसरी ओर जाकर खड़े हो गये। मेरा मन अरुचि से भर गया। बहुत बाद में पता चला कि काशीनाथ जी नफरत की हद तक ओम प्रकाश द्विवेदी से चिढ़ते हैं। एक दिन गोदौलिया से लौटते हुए अचानक मैंने देखा कि लोलार्क कुण्ड वाली गली के सामने सीताराम वाली बर्फी की दुकान पर श्रीकान्त, टुन्ना, चौथीराम यादव और काशीनाथ सिंह आपस में कोई बात करते हुए खूब हंस रहे हैं और सबके हाथ में बर्फी के दोने हैं। यह मेरे लिए विस्मयकारी घटना थी। जहाँ तक मैं जानता था टुन्ना और श्रीकान्त घोर

नक्सलवादी क्रान्तिकारी थे और वह दोनों उस दिन स्टडी सर्किल में उनके खिलाफ खूब बोले थे। आपस की बातचीत में उन्हें संशोधनवादी, सुविधा परस्त, तिकड़मी और सोवियत संघ के एजेण्ट के रूप में बताया करते थे। एक सच्चे क्रान्तिकारी का फर्ज होता है कि ऐसे लोगों से दूर रहें, नफरत करे! और यह दोनों यहाँ इनके साथ इस तरह घुलमिल कर बातें कर रहे हैं। साथ-साथ मिठाई खा रहे हैं। मैं भौंचक था।

हिन्दी विभाग में शुक्ल जी का जो ठीहा था उसमें ओम प्रकाश द्विवेदी, अरविन्द चतुर्वेद, श्रीकान्त और टुन्ना आदि-आदि के साथ मैं भी एक स्थायी सदस्य था। यह ठीहा काशीनाथ सिंह का विरोधी और व्यवस्था-परिवर्तन के लिए नक्सलवादी क्रान्ति का समर्थक था। मुझे बतौर रचनाकार काशीनाथ सिंह में दिलचस्पी थी। इस बीच मैंने उनकी ढेर सारी कहानियां और उपन्यास 'अपना मोर्चा' पढ़ रखा था। मैं उनसे मिलना और परिचय करना चाहता था, लेकिन ठीहे की नजर में संदिग्ध न हो जाऊँ, इसका भय और अपरिचय की झिझक। ठीहे पर अक्सर उनकी चर्चा होती थी और इस तरह, इस रूप में कि नम्बर एक, वह नामवर सिंह के भाई हैं। नामवर सिंह ने जबरदस्ती उन्हें कथाकार बना रखा है। नम्बर दो, विभागीय राजनीति में माहिर और तिकड़मी आदमी हैं। नम्बर तीन, जातिवादी हैं। नम्बर चार, चौथीराम यादव उनके सलाहकार हैं। (विषयान्तर होकर एक बात बता दूं कि हिन्दी कथा-साहित्य में ज्ञानरंजन और काशीनाथ सिंह का नाम जिस तरह साथ-साथ लिया जाता है, उसी तरह बनारस में काशीनाथ सिंह का जिक्र आते ही लोग अपने आप चौथीराम जी का नाम लेने लगते हैं)। हर आफत-विपत में साथ-साथ, लेकिन शाम को सड़क पर टहलते हुए आगे-पीछे पचास गज की दूरी बनाये रखते हैं। यह सम्भव नहीं है इस सृष्टि में कि एक का दुश्मन दूसरे के करीब भी फटक सके। वैसे चौथीराम जी अजातज़त्रु हैं। उनका अपना कुछ नहीं है। न दोस्त, न दुश्मन। यह सारा कुछ काशीनाथ जी ने उनके मत्थे मढ़ रखा है। काशीनाथ जी की जिन्दगी में सबका विकल्प है लेकिन चौथीराम जी का नहीं। जब कई दिन बीत जायेंगे और चौथीराम जी दिखायी नहीं देंगे तो काशीनाथ जी पता करते हैं। पता चलेगा कि मकान बन रहा है और चौथीराम जी उसी में व्यस्त हैं। अभी-अभी एक ट्राली सीमेन्ट और सरिया लिये जा रहे थे। काशीनाथ जी मिलने पर पूछेंगे-'आप मकान बनवा रहे हैं क्या?'' चौथीराम जी कुछ याद करते हुए

अनिश्चय की सी मुद्रा में जवाब देते हैं–"हां भाई, कुछ मिस्त्री–उस्त्री तो घर पर दिख रहे थे। अब मुझे बहुत पता नहीं है।"

"आपके कुल कितने बेटे हैं चौथीराम जी?"–काशीनाथ सिंह झल्लोकर पूछेंगे। चौथीराम जी उसी मुद्रा में–"एक बड़ा वाला है। एक उससे छोटा और एकाध और हैं। तीन या शायद चार हैं।"

ठीहे पर अक्सर यह चर्चा होती रहती कि इसी चौथीराम के साथ मिलकर काशीनाथ सिंह षड्यंत्र रचा करते हैं। काशी हिन्दू विश्वविद्यालय के हिन्दी विभाग में काशीनाथ सिंह की चर्चा चौथीराम यादव के बगैर संभव नहीं है। उन दिनों मैं अक्सर शाम को अस्सी चौराहे पर जाया करता था। दीक्षित जी की पत्रिका वाली दुकान पर काशीनाथ जी के साथ चौथीराम जी और कुछ अन्य लोग खड़े बातें करते दिखायी देते। ज्यादा से ज्यादा मैं चौथीराम जी को नमस्ते करके लौट आता था। मुझे विश्वास नहीं था कि काशीनाथ जी मुझे पहचानते होंगे। उन दिनों नक्सलवादी विचारधारा का पहला खुला साहित्यिक–सांस्कृतिक संगठन हिन्दी भाषी प्रदेश में 'राष्ट्रीय जनवादी सांस्कृतिक मोर्चा' नाम से गठित होने की प्रक्रिया में था। तैयारी जोर–ज़ोर से चल रही थी। आन्ध्र प्रदेश से ज्वालामुखी, गोरखपुर से लाल बहादुर वर्मा, दिल्ली से शमशुल इस्लाम, कलकत्ता से परशुराम, पंचदेव और इसी तरह देश के अलग–अलग शहरों से ढेर सारे नक्सलवादी विचारधारा के संस्कृति–कर्मी बनारस आया करते थे। कम्युनिस्ट लीग ऑफ इंडिया (नक्सलवादियों का एक ग्रुप) इस संगठन की निर्माण प्रक्रिया में जुड़ा हुआ था। हम लोग उसकी मीटिंगों में जाया करते थे। बैठक खत्म होने के बाद अक्सर दूसरे शहरों से आये हुए लोग काशीनाथ सिंह के बारे में पूछते। 'सुधीर घोषाल' और 'अपना मोर्चा' का लेखक उनका अपना लेखक था। लेकिन शुक्ल जी का विभागीय विवाद और चिर–परिचित मुद्रा–"अरे भाई, बड़े खतरनाक लोग हैं।"

"आखिर कोई तो बात है, बाहर से लोग आते हैं तो काशीनाथ सिंह को ही पूछते है।"–एक दिन लंका से गुजरते हुए मैंने श्रीकान्त से पूछा। "आपको साहित्य की रत्ती भर भी समझ है, या नहीं"–श्रीकान्त ने मुझे घूरा–"काशीनाथ सिंह साठ के बाद के सबसे बड़े कहानीकार हैं हिन्दी में।"

श्रीकान्त दुनिया को अपनी नजर से और अपने ढंग से देखता था। आज किसी चीज को दुनिया में अद्‌भुत और दूसरे दिन उसी को कूड़ा भी कह सकता था। उस दिन वह काशीनाथ–महत्व पर धारा प्रवाह बोल रहा था।

और फिर एक दिन श्रीकान्त और टुन्ना के साथ मैं भी लोलार्क कुण्ड वाले घर पर गया। काशीनाथ सिंह उन दिनों वहीं रहते थे। गंगा के एकदम किनारे एक पुरानी दुछत्ती। बगल में पीपल का पेड़। ऊपर परिवार रहता था। नीचे एक दरवाजा। बगल में एक तरफ जीना और दूसरी तरफ बाथरूम था। उसके बाद एक कमरा और फिर उसके बाद दूसरा कमरा। जगह-जगह से दरकी दीवारों को अस्त-व्यस्त ढंग से लगी नयी-पुरानी किताबों ने टेक दे रखा था। जब हम लोग पहुंचे तो शाम हो रही थी। काशीनाथ सिंह कुछ लिख रहे थे। उन्होंने कागज-कलम एक ओर रख दिया। श्रीकान्त ने पूछा-"डाक्साब, कोई नयी कहानी लिख रहे हैं क्या?"

वह बात को टाल गये। "और टुन्ना, महेश्वर के क्या हालचाल हैं?" उन्होंने पूछा।

टुन्ना उनके लिए महेश्वर का छोटा भाई था। और महेश्वर काशीनाथ सिंह का सबसे प्रिय और मेधावी स्टूडेन्ट मित्र। वह टुन्ना से घर की तरह व्यवहार करते थे। श्रीकान्त अपने बाप से भी बराबरी के स्तर पर बातचीत करता था। उसके लिए यह सह्य ही नहीं था कि टुन्ना जैसी नाचीज से काशीनाथ सिंह बात करें और वह चुपचाप बैठा रहे। उसने 'जनवादी' लेखन कितना जनवादी?' लेख पर बात शुरू कर दी। "और तो सब ठीक है डॉक्टर साहब, इस शहर में और हिन्दी विभाग में एकमात्र आप ही हैं जिसे देश भर में जाना जाता है।" उसने काशीनाथ सिंह के सामने उनकी तारीफ शुरू की। जो भी श्रीकान्त को राई-रत्ती जानता होगा, वह समझ जायेगा कि उस समय वह दिल की गहराई से उनकी सिर्फ तारीफ कर रहा था, कोई चाटुकारिता नहीं। दरअसल, वह जिस समय जो कहता था, उस समय वह उसी बात को दिल से सच मानता था।

काशीनाथ सिंह थोड़ी देर तक श्रीकान्त और टुन्ना से बातें करते रहे। उनकी आदत है, घर आये लोगों की पूरी बात सुन लेने के बाद-"अच्छा तो चलिए। सड़क पर चलकर पान खाते हैं।" और फिर पान लगने तक यूं ही दो-चार बातें करने के बाद वहीं से लोगों को टरका देंगे।-"फिर कभी"-उन्होंने श्रीकान्त से कहा।

"डॉक्टर साहब, यह देवेन्द्र है। बहुत अच्छी कविताएं लिखता है"-श्रीकान्त ने पहली बार मेरा परिचय कराया-"आपसे मिलना चाहता था।"

"ठीक है।"-काशीनाथ सिंह ने पान वाले को कुछ सिक्के देते हुए मेरी ओर देखा और बिना किसी नोटिस के अपनी गली की ओर मुड़ गये।

–यह आदमी तो बहुत अहमी है–मैंने काशीनाथ सिंह के बारे में सोचा और श्रीकान्त से पूछा–"यह बहुत बड़े रचनाकार हैं क्या?"

श्रीकान्त बहुत विश्वास के साथ मुझे लेकर उनके घर गया था। उनका यह व्यवहार उसे भी खला। उसने टुन्ना की ओर देखा और गुनगुनाना शुरू किया–

*"मुसईचा हैं स्वयं, स्वयं ही भोला बाबू*
*लाल किले का बाज हो गया है, बेकाबू।*
*ना जनता की बात है, ना जनता का साथ,*
*सिर्फ़ लफंगों की कथा लिखते काशीनाथ।"*

इसी बीच धूमिल की चौवालीसवीं वर्षगांठ पर बच्चन सिंह के बड़े पुत्र सुरेन्द्र प्रताप सिंह ने बनारस के डायमंड होटल में गोष्ठी आयोजित की। मैंने उस गोष्ठी के अभिजात आयोजन पर एक आलोचनात्मक रपट 'दिनमान' में भेजी। रपट छपने के बाद मैंने सोचा शायद काशीनाथ सिंह को यह रपट अच्छी न लगे। लेकिन विभाग के सामने पान की दुकान पर वह खड़े थे, उन्होंने मुझे बुलाया और रपट के लिए पीठ ठोकी। एक अनोखी आत्मीयता की धमक मेरी रीढ़ में कई दिनों तक बजती रही। यही मेरा उनसे पहला परिचय था। अब मैं किसी ओम प्रकाश, श्रीकान्त या टुन्ना का मुँहताज न रह गया। अब मैं उन्हें कहीं भी नमस्ते कर सकता था। अगर वह अकेले कहीं जा रहे हैं तो मैं भी साथ हो लेता था।

एक दिन मैंने उन्हें सूचना दी–"डॉक्टर साहब, हम लोगों ने विभाग में मुक्तिबोध पर एक गोष्ठी आयोजित की है। आप जरूर आइयेगा।"

हम लोग रामनारायण शुक्ल से जुड़े थे। काशीनाथ सिंह उनकी किसी गोष्ठी में नहीं जाते थे। वह टाल गये–"आज बच्चन सिंह के यहाँ जाना है।" वह गोष्ठी एक तरह से नामवर सिंह के खिलाफ थी। एक-एक कर जितने भी वक्ता खड़े हुए बोलने के लिए, उन सबने नामवर सिंह की स्थापना–'अस्मिता की खोज' की धाज्जियां उड़ा दी। बहुत बाद में जब मैंने 'कविता के नये प्रतिमान' में 'अंधेरे में पुनश्च' पढ़ा तो पाया कि वे स्थापनाएं तो उसमें कहीं हैं ही नहीं। किंवदन्तियों, दन्तकथाओं और श्रुत परम्पराओं के इस देश में जो वेदों का विरोध करते हैं वे भी, और जो समर्थन करते हैं वे भी, इस एक बात में जरूर समान होते हैं कि दोनों पढ़ते नहीं।

"कैसी रही गोष्ठी आप लोगों की"–काशीनाथ सिंह ने दूसरे दिन लंका की तरफ जाते हुए मुझसे पूछा। उन्हें पूरी सूचना पहले से थी, वह सिर्फ मुझसे

जानना चाहते थे। मैंने पूछा-"डॉक्टर साहब, आपकी मुक्तिबोध के बारे में क्या राय है?"

काशीनाथ सिंह थोड़ी देर तक चुपचाप चलते रहे। फिर उन्होंने विषय को थोड़ा सा घुमा दिया-"मैं राजनादगाँव गया था। इंदिरा कला-संगीत विश्वविद्यालय के डॉक्टर रमाकान्त श्रीवास्तव भी साथ थे। उन्होंने उस कस्बे से दूर एकान्त में बनी बावड़ी, चक्करदार सीढ़ियां, वगैरह-वगैरह, जो मुक्तिबोध की कविताओं में जगह-जगह मिलने वाले बिम्ब हैं, मुझे दिखाया। वहां एक खंडहरनुमा पुरानी और विशाल हवेली है। उसी हवेली की चक्करदार सीढ़ियों से गिर कर मुक्तिबोध को 'ब्रेन हैमरेज' हुआ था और फिर उनकी मृत्यु हुई।"

आप उनसे किसी कविता, कहानी पर बात करना चाहेंगे तो वह उस कवि या कथाकार के किसी जीवन-दृष्टान्त की चर्चा करने लगेंगे। और फिर चलते-चलते रास्ते में एक जगह उन्होंने मूंगफली खरीदी और मेरी ओर बढ़ाकर उन्होंने बताया-"एक बार होशंगाबाद से माखनलाल चतुर्वेदी राजनादगाँव गये हुए थे। वह मुक्तिबोध के यहां ठहरे थे। कविता की एक छोटी-मोटी गोष्ठी आयोजित की गयी थी। एक युवा कवि ने अपनी एक कविता उन्हें सुनाई। वह कविता चतुर्वेदी जी को बहुत अच्छी लगी। कविता मुक्तिबोध को भी अच्छी लगी थी। लेकिन-पार्टनर, आप की पालिटिक्स क्या है? मुक्तिबोध ने उस कवि से प्रश्न किया। चतुर्वेदी जी झल्ला उठे-भई गजानन, पालिटिक्स तो जो है सो है, लेकिन जरा तुम भी बताओ कि तुम्हारी कविताओं में जो चेहरे हैं, जो पात्र हैं, वे किस स्कूल में टीचर हैं? किस आफिस में बाबू हैं? उन सबके माँ-बाप क्या करते हैं? गांव के हैं या शहर के हैं? उनकी कितनी बहने हैं जिनकी शादियाँ नहीं हो रही हैं? उनके कितने भाई या बेटे बेरोजगार हैं? उनके घर में मेहमानों के लिए दोपहर का भोजन, चावल-चीनी, आटा-दाल या मुहल्ले में दुकान वगैरह है कि नहीं? ठीक है, व्यवस्था आतंककारी है। अंधेरी गलियों में लैंप पोस्ट की छाया में चारों तरफ जासूस खड़े टोह ले रहे हैं। लेकिन इस सबसे ज्यादा लोग हंसते-बोलते और चुहलबाजी भी तो करते हैं। और यह सारे लोग तुम्हारी कविताओं में कहाँ हैं।" -काशीनाथ सिंह लंका से अस्सी की तरफ बढ़ते हुए बोल रहे थे और मैं सुन रहा था। उन्होंने बताया कि-"मैं नहीं जानता कि मुक्तिबोध और माखनलाल चतुर्वेदी कभी मिले थे या नहीं। कविता सुनाने वाली यह घटना कहीं घटी थी भी या नहीं, लेकिन यह बात अक्षरशः सत्य है।"

काशीनाथ सिंह मेरे अध्यापक और गुरु रहे हैं। वह कैसे अध्यापक थे, बता पाना मेरे लिए मुश्किल है। लेकिन मेरे गुरु ने मुझे इसी तरह पढ़ाया। एक ऐसी पढ़ाई जिसकी परीक्षा देनी शेष है। हाँ, हिन्दी विभाग में उनका सिर्फ "फ्लैप पढ़ा जा सकता था। अगर पूरी किताब पलटनी है तो आपको उनके साथ अस्सी और लंका का खूब चक्कर मारना होगा। बीच-बीच में अपमान की हद तक उपेक्षा भी सहनी पड़ेगी। जाड़े की लम्बी रातों में जब सारा शहर कोहरे की सफेद चादर ओढ़े उँकड़ू पड़कर सो जाता तब धूमिल के साथ वह सिनेमा देख कर लौटते हुए देर तक सड़क पर घूमा करते थे। धूमिल के बाद बनारस शहर में वह मित्र-विहीन और अकेले हो गये। महेश्वर और जी.डी. सिंह माओवादी विचारधारा के थे। उन लोगों के साथ वह रात-रात भर जाग कर दीवारों पर नारे लिखा करते और पोस्टर चिपकाते थे। वह मस्त और फक्कड़ स्वभाव के थे। उनके स्वभाव में एक रचनाकार की आवारगी कूट-कूट कर भरी थी लेकिन-"छोटा भाई होने का सबसे बड़ा सुख यह होता है कि अपनी और घर की भी सारी जिम्मेदारियां बड़े भाइयों के भरोसे छोड़कर पैरों को मन से जोड़ दे। मन को आकाश की ऊँचाइयों और हवाओं में खुला छोड़ने का भरपूर अवसर मिल जाता है।" लेकिन उनकी जिम्मेदारियों में इतना बड़ा परिवार कि जिसका जिक्र अब इसलिए भी उचित नहीं होगा कि उस परिवार ने उनसे कुछ नहीं लिया। उनकी पत्नी एक प्राइवेट स्कूल में मामूली पैसे पाकर भी अपना खर्च उठाती रहीं और साथ ही उन्होंने पाँच छोटे-छोटे बेटे-बेटियों को बखूबी पाला-पोसा। कुदरत का न्याय कि तीन बेटियों की शादी का सारा तनाव जोड़ दिया जाय तो प्लेटफॉर्म पर सही समय से आ रही किसी ट्रेन की प्रतीक्षा से ज्यादा नहीं।

काशी हिन्दू विश्वविद्यालय में लम्बे समय तक लेक्चरर, रीडर, प्रोफेसर और फिर विभागाध्यक्ष होने तक उनकी समूची उपलब्धियां नौकरी के प्रथम दशक में 'परिवेश' का सम्पादन करते हुए सामने आयीं। महेश्वर महान, कुमार संभव, प्रभुनाथ झिंगरन आदि-आदि की पैदावार वहीं हुई थी। उस समय वह विश्वविद्यालय की युवा रचनाशीलता के केन्द्र में थे। उन्होंने चौथीराम यादव और बलराज पाण्डेय से जो कुछ भी संभव हो सका, लिखवाया। हिन्दी विभाग में नियमित उपस्थिति और भक्ति-काव्य से लेकर छायावाद तक की कविताओं की सन्दर्भ सहित व्याख्या का काम चौथीराम यादव और कुमार पंकज के भरोसे छोड़कर काशीनाथ सिंह सुर्ती ठोंकते हुए कुछ दूसरी बातें सोचा करते। किसी

छात्र की एकदम निजी बात गौर से सुनते हुए बीच में अचानक उठ कर थूकने चले जाते और इतनी देर बाद लौटकर आते कि तब तक वह सीरियस बात दम तोड़ देती। घर की एकदम गम्भीर समस्याओं में भी उनकी यही शैली।

लोलार्क कुण्ड का अपना पुराना मकान छोड़कर जब वह विश्वविद्यालय परिसर में रहने चले आये तो मेरा अक्सर उनके घर आना-जाना शुरू हो गया। शाम को हम लोग साथ ही टहलने जाते थे। इसी बीच उन्होंने 'सदी का सबसे बड़ा आदमी' संग्रह की कहानियाँ लिखनी शुरू की। मैं उन समूची कहानियों का न सिर्फ प्रथम श्रोता बल्कि उनकी रचना-प्रक्रिया का अक्षर-अक्षर गवाह बना। उनका रफ, फाइनल और प्रकाशित रूप देखा करता। वहीं मेरे भीतर कहानी लिखने की इच्छा पैदा हुई। 'पहल' के लिए उन्होंने लिखी-'कहानी सराय मोहन की'। मैंने थोड़ा सा तुक बदल दिया शीर्षक का, और पहली कहानी लिखी-'कविता शहर कोतवाल की'। यही शीर्षक बाद में इस तरह बना कि-'शहर कोतवाल की कविता'। जिस समय काशीनाथ सिंह पर लिखने का मूड सवार होता है, वह महीनों लगातार लिखते चले जाते हैं। बल्कि कुछ इस तरह कि एक कहानी के पूरा होने से पहले दूसरी कहानी की रचना-प्रक्रिया शुरू हो जाती है। वह लगातार चार-पाँच कहानियाँ लिख जाते हैं। उस समय वह सबसे ज्यादा आत्मविवास से भरे किशोर प्रेमी की तरह उन्मुक्त, निश्छल और प्रफुल्लित होते हैं। अपने पुराने दिनों की खूब चर्चा करते हैं। धूमिल, नागानन्द, महेश्वर आदि-आदि की। वह कभी किसी के मामले में दखल नहीं देते। आप कैसे सोचते हैं, किसके साथ रहते और कैसे जीते हैं, यह सब आपका विषय है उनका नहीं। आप लेखन को लेकर कितने सीरियस हैं? आपसे उनका सम्बन्ध बहुत कुछ इसी बात पर निर्भर करता है। आप कोई कविता या कहानी उन्हें सुनायें, उनकी राय बहुत संक्षिप्त होगी। पहली बात तो यही कि यह रचना है भी या नहीं। मैंने अपनी कहानी सुनाई-'तीसरा अपराध'। उन्होंने कहा-"असह्य है भाई! कहानी और भाषा की तो आपको रत्ती भर समझ नहीं। पाण्डेय जी, उन्होंने बलराज पाण्डेय से कहा-आप जरा इनकी भाषा सुधारें।" मैं कहानी समेट रहा था और वह उपेक्षा से उठकर चल दिये। भाषा के प्रति लापरवाही वह सहन नहीं कर पाते। उनसे जिन्दादिल भाषा उनकी पीढ़ी में किसी के पास नहीं है। भोजपुरी इलाके के किसानों जैसे ठेठ मुहावरों से रची-बसी भाषा। अश्लील चुटकुले, ननद-भौजाई की छेड़छाड़ और बारातियों की चुहलबाजी जैसे अनेकानेक रंग लिए हुए उनकी भाषा जब अपने

मूड में होती है तो गुरुदेव बच्चन सिंह से लेकर मधुकर सिंह या मित्र कालिया तक चाहे जिसका स्मरण कर दें, सबके सब आह! कर उठते हैं। वह घोषित रूप से मार्क्सवादी हैं लेकिन मैंने उनके मुँह से कभी भी डांगे, हरिकिशन सिंह सुरजीत या ज्योति बसु की तारीफ नहीं सुनी। भाजपा के लिए हुए वे लालू यादव, महेन्द्र सिंह टिकैत या देवीलाल की तारीफ करते हुए मिल जायेंगे।

अगर उनके घर के एक-एक सदस्य का ग्राफ लिया जाय तो शायद मेरा पलड़ा भारी पड़ जाय लेकिन उनका सबसे प्रिय महेश्वर था। वह अपने से जुड़े लोगों में जब भी महेश्वर का जिक्र करते, अत्यधिक आदर और आत्मीयता पूर्वक। महेश्वर की मृत्यु और कुमार संभव की आत्महत्या के बाद उन्होंने 'मुसाफिर खाना में चार दिन' शीर्षक से संस्मरण लिखा। उस संस्मरण में उन्होंने महेश्वर की तुलना में कुमार संभव का व्यक्तित्व बड़ा बताया था। जितनी बार और जिन-जिन क्षणों में मैंने उनके द्वारा महेश्वर का जिक्र जिस रूप में सुना था, वह उस संस्मरण में नहीं था। अगर वह संस्मरण महेश्वर के मृत्यु-पूर्व साक्षात्कार की प्रतिक्रिया में न लिखा गया होता तो निश्चित ही वैसा नहीं होता। महेश्वर ने अपनी मृत्यु से पहले बनारस के दिनों की बाबत और काशीनाथ सिंह पर केन्द्रित एक लम्बा साक्षात्कार 'जनमत' में दिया था। ढेर सारी बातों के बावजूद काशीनाथ सिंह महेश्वर से प्यार करते थे। शायद ही उन्होंने कभी महेश्वर से सहमति की उम्मीद की हो, ऐसी उम्मीद अपने सम्बन्धों में वह किसी से नहीं करते। लेकिन निश्चित ही उन्हें महेश्वर से अशिष्टता की उम्मीद नहीं थी। महेश्वर का वह साक्षात्कार अविवेकपूर्ण भाषा की धृष्टता और अनर्गल तथ्यों का मनगढ़न्त प्रलाप था। काशीनाथ सिंह दिल से आहत थे। वहीं से उन्होंने महेश्वर के समूचे व्यक्तित्व का आकलन किया।

बाद में कहानी लिखना स्थगित करके काशीनाथ सिंह ने संस्मरण लिखना शुरू कर दिया। इस समय वह विश्वविद्यालय परिसर में ही लेकिन दूसरी जगह रहने लगे थे। उनके घर से थोड़ी ही दूरी पर सर सुन्दर लाल अस्पताल का पोस्टमार्टम परिसर था। हजारी प्रसाद द्विवेदी और त्रिलोचन शास्त्री से लेकर बच्चन सिंह तक उन्होंने ढेर सारे लोगों की चीरफाड़ शुरू की। व्यक्ति तो व्यक्ति, चौराहे और गलियाँ भी इनकी कलम से अछूती न रहीं। संस्मरण जैसी बेजान और निर्जीव विधा इनकी भाषा के स्पर्श से सुबह की टटकी धूप सी खिलखिला उठी। हर अन्तरिम रपट के बाद कुहराम मच जाता। कुछ लोग न्यायालयों की ओर भागे और कुछ अस्पतालों की ओर।

बच्चन सिंह ने उन्हें बार-बार कोंच कर अपने ऊपर संस्मरण लिखवाया था। जब 'हंस' में 'गुरुदेव को अंग' आया तो पूरी तरह क्षत-विक्षत। बोलचाल बंद। किसी ने बच्चन सिंह को गुमनाम फोन किया-"अरे बुढ़वा मंगल। हंस तुमने पढ़ा कि नहीं? नहीं पढ़े तो पढ़ लो। इसी लायक हो।" बच्चन सिंह कराह रहे थे। क्या जवाब देते? जाहिर है अगर शैलेन्द्र फोन की बात प्रचारित नहीं करता तो बच्चन सिंह अपने बारे में दूसरे से क्यों कहते? बच्चन सिंह से काशीनाथ सिंह के घरेलू सम्बन्ध हैं। माँ जी को जब मालूम हुआ कि इनकी वजह से बच्चन सिंह नाराज हैं तो सवेरे-सवेरे-काशीनाथ सिंह अंकुरित मूँग और चना चबा रहे थे-बोलीं-"इतने बूढ़े आदमी हैं। आपको यह सब लिखने की क्या जरूरत थी?"

बच्चन सिंह की नाराजगी से काशीनाथ सिंह भी दुःखी थे लेकिन कुछ दूसरी बातें सोच रहे थे। मैंने कहा-"आप भी डॉक्टर साहब पर एक संस्मरण लिख दीजिए।"

"मैं लिख दूंगी तो इनकी सब पोल पट्टी खुल जायेगी।"

डॉक्टर साहब उठकर दूसरी तरफ चल दिये। वह बोलीं-"अपनी बार भागने लगते हैं।"

शिकायतों की नोंक-झोंक के बीच प्रेम, उल्लास और आत्मीयता से भरा यह परिवार मेरा घर बन गया है। बेरोजगारी के दिनों में जब सारे आत्मीय और रक्त सम्बन्ध तिल-तिल कर टूट रहे थे, तभी से मैं यहाँ बस गया। भाई-बहन सबके बीच। यहीं से पैसे लेकर मैं इंटरव्यू देने जाया करता। हमारे इन सम्बन्धों में डॉक्टर साहब कहीं नहीं होते हैं। हम लोग कभी-कभी आपस में बैठकर उनकी शिकायतें भी बतिया लेते। व्यावहारिक जीवन की समस्याएं, विभागीय विरोध या ऐसी ही छोटी-छोटी बातें उन्हें विचलित कर देतीं। ऐसे मामलों में दुविधाग्रस्त और कमजोर पड़ जाते। हास्यास्पद अनिर्णय की स्थितियां घेर लेती हैं।

पतन के इस चतुर्दिक माहौल में बनारस हिन्दू विश्वविद्यालय और उसमें भी हिन्दी विभाग जैसा पतन शायद ही कहीं देखने को मिले। हजारी प्रसाद द्विवेदी और नामवर सिंह के प्रति किये गये अपराधों की पाप छाया ने पूरे विभाग को आज पाखंड, आडम्बर और परनिन्दा-रस का महाशाप दे दिया है। एक कोढ़ी ब्राम्हण का दुर्भिक्ष अहंकार बना यह विभाग कामातुर ययाति का सुख भोगने में आकंठ मग्न है। काशीनाथ सिंह बार-बार प्रतिज्ञा करते कि

विभाग की इस गन्दी राजनीति से थोड़ा दूर रहकर कुछ लिखने-पढ़ने का सार्थक काम करूँगा लेकिन एक हफ्ते बाद ही यह समीकरण, वह गणित, कल के दुश्मन आज के दोस्त, वहाँ क्या बात हो रही थी? पाठ्यक्रम समिति की बैठक में किसने किस राजनीति के तहत किससे क्या कहा, आदि-आदि में घिर जाते, और ऊबने लगते। उनके घर की अन्तर्सरचना में उनके इन समीकरणों की भर्त्सना होती थी। प्रलय में भी बचा रह गया खैरा पीपल की तरह एकमात्र चौथीराम उनके साथी और शुभचिन्तक बने रहते हैं।

हिन्दी या अन्य दूसरी भाषाओं का आलोचना शास्त्र भले ही एक समय विशेष में किसी एक विचारधारा से प्रभावित होकर लिखा जाता रहा हो, रचना-साहित्य और पाठकीय अभिरुचियां इस दबाव से हमेशा मुक्त रहती हैं। नामवर सिंह की स्वीकारोक्ति के अभाव में भी शिव प्रसाद सिंह की कहानियों का विशाल पाठक वर्ग था। हम लोग भी बनारस में रहते हुए अक्सर ही उनसे मिलने जाया करते। उनकी बातचीत का प्रसंग हजारी प्रसाद द्विवेदी से शुरू होकर बेवजह ही नामवर सिंह की ओर मुड़ जाता, और वह नामवर भर्त्सना शुरू कर देते। रवीन्द्रपुरी कालोनी की सड़क पर एक शाम उन्होंने मुझसे कहा कि मैं भी प्रगतिशील हो जाता, लेकिन वहाँ नामवर थे। एक कुंठा हमेशा ही उन्हें घेरे रहती थी। मरते समय तक शायद वह इस बात से मुक्त नहीं हो सके, जबकि बनारस में शिव प्रसाद जी को बहुत बड़े साहित्यकार का सम्मान प्राप्त था। काशीनाथ सिंह के भीतर भी उन्हें लेकर कुछ वैसी ही बे-वजह की गाँठ थी। संस्मरणों में विषयान्तर हो-होकर वह बार-बार उन्हें खींच लाते।

एक बार काशीनाथ सिंह के ड्राइंग रूम में ढेर सारे लोग नीचे जमीन पर बैठे हुए थे। नामवर जी तख्त पर घुटनों के बल बैठ कर दाँत खोदते हुए सबको सुन रहे थे। प्रसंग शिव प्रसाद सिंह को यू.जी.सी. द्वारा सौंपी गयी पाठ्यक्रम समिति के आर्थिक घोटालों का चल रहा था। अचानक नामवर जी उठ खड़े हुए। भीतर आँगन की ओर जाते हुए उन्होंने कहा-"भाई, आप लोग हैं। काशीनाथ जी भी हैं। यहाँ क्या हो रहा है, आप सब लोग बेहतर और विधिवत् जानते होंगे। जहाँ तक मेरा अनुमान है शिव प्रसाद जी बौड़मपना कर सकते हैं, किसी तरह का आर्थिक भ्रष्टाचार नहीं।" वह भीतर चले गये। बात रुक गई।

हिन्दी विभाग के इस परिवेश ने ही दो समान धर्माओं को एक-दूसरे से दूर रखा। काशीनाथ सिंह का रचना-संसार अस्सी चौराहे से ज्यादा जीवनी

शक्ति अर्जित करता है। वकील साहब उनकी कहानियों के प्रथम श्रोता होते हैं। विभाग में बावजूद चौथीराम यादव के उनका कोई मित्र नहीं। मैं कभी-कभी सोचता हूँ कि आदमी की सबसे बड़ी ट्रेजेडी क्या है? यह कि उसका कोई मित्र न हो? या यह कि सिर्फ मित्र ही मित्र हों? मैंने कभी किसी को काशीनाथ सिंह की प्रशंसा करते नहीं सुना। उन्होंने अस्सी पर संस्मरण लिखा। जिसका जिक्र किया वह उन्हें बाँस लेकर खोजता और जिसका उल्लेख नहीं किया, वह उनकी रचना को दो कौड़ी का बताते हुए थूः थूः कर रहा था। उन्होंने 'किस्सा साढ़े चार यार' लिखा। और यारों ने आरोप लगाये कि इसमें उनकी छवि लफंगों जैसी की गई है। और जैसा कि बीस साल पहले श्रीकान्त ने शुक्ल जी के ठीहे पर मुझे बताया था-''सिर्फ लफंगों की कथा लिखते काशीनाथ।''

शुक्ल जी नक्सलवादी क्रान्तिकारी थे। वह लोग कहानियों में अपनी ही तरह का क्रान्तिकारी चरित्र चाहते थे। मुझे लगता है कि अगर अपने आसपास के क्रान्तिकारी चरित्रें पर काशीनाथ सिंह ने कहानियाँ नहीं लिखीं तो कम से कम आने वाली पीढ़ी के मोह-भंग को उन्होंने थोड़ी देर के लिए ही सही, लेकिन रोका। वरना एक 'लाल किले के बाज' का हश्र तो सामने आ ही चुका था। दूसरा जो नहीं आया वह यह कि उसी शुक्ल जी ने ब्राम्हणवाद का सहारा लेकर विश्वविद्यालय अध्यापक संघ की राजनीति में प्रवेश किया। रीडर बने। श्रीकान्त जो हमेशा लाल सूरज का गीत गाता था, एक दिन हेरोइन की काली और अंधी गलियों में भटक-भटक कर मर गया। इन सबकी तुलना में काशीनाथ सिंह ने ऐसे लोगों को अपनी कहानियों और संस्मरणों के लिए चुना जो लोग अभिजात और कुलीन वर्ग में लफंगे माने जाते हैं। जो लोग परिवार के सुख-दुःख को भूलकर देश और दुनिया के बारे में सोचते और चर्चा करते हैं। उपभोक्तावादी समाज में जब लोग राई-राई, रत्ती-रत्ती टूट-बिखर रहे हैं तब ये लफंगे सारी दुनिया को ठेंगे पर रख कर मस्ती में गाये और जीये जा रहे हैं। काशीनाथ सिंह का मन ऐसे ही लोगों के बीच लगता है। जब वह ज्ञानरंजन, रवीन्द्र कालिया, दूधनाथ या कि त्रिलोचन के बारे में लिखते हैं तो कतई जरूरी नहीं कि वह सब सच हो। हां वह उनका अपना सच जरूर होता है। एक ऐसा सच जो उनकी परम आकांक्षा है, जो कभी बहुत पहले उनसे छूट गया था। वह जिन्दगी और चरित्रों की चर्चा मन से करते हैं, किताबों की कम। कविताओं में उनकी रुचि धूमिल या चन्द्रकान्त देवताले या कुछ अन्य

समकालीन कवियों के अलावा नहीं है। वह निराला की तारीफ करते हैं, लेकिन मैंने उन्हें 'राम की शक्ति पूजा' या 'सरोज स्मृति' पर बात करते नहीं सुना। वह प्रसाद जी के प्रशंसक हैं, लेकिन 'कामायनी' की चर्चा बचा जाते हैं। वह मैथिली शरण गुप्त को कवि नहीं, सूक्तिकार मानते हैं-"नर हो, न निराश करो मन को।" उनके लिए साहित्य की पहली शर्त है कि वह साहित्य हो। विचारधारा का अनुवाद नहीं है साहित्य। वह साहित्य में ह्यूमर और विट का समर्थन करते हैं। जो बात उन्हें पसन्द नहीं, उसका तार्किक प्रतिकार नहीं करते, सिर्फ कुछ संस्मरण, कुछ किंवदन्तियाँ सुनाकर उसका मजाक उड़ा देंगे। चेखव और तोलस्तोय उनके प्रिय रचनाकार हैं। गोर्की की भाषा को नापसन्द करते हैं। पंचमढ़ी में आयोजित किसी वर्कशाप में उनके व्याख्यान का जिक्र करते हुए महेश कटारे ने बताया कि जब सारे लोग कमला प्रसाद जी के लम्बे, ऊबाऊ और दार्शनिक भाषण से क्षत-विक्षत हो गये थे तो काशीनाथ जी मंच पर आये। उन्होंने नये लिखने वालों को सावधान किया-"दर्शन सूखे होते हैं और जिन्दगी हरी।" फिर तो सारे नये लेखकों के सिर पर चढ़कर काशीनाथ सिंह का जादू बोलने लगा। देश के कोने-कोने में उनके पाठकों और प्रशंसकों की लम्बी सूची है। लोग बनारस आते हैं तो उनसे मिलने उनके घर जाते हैं। उन्हीं के घर पर मेरी पहली मुलाकात महेश कटारे से हुई थी। हरि भटनागर बनारस जाकर उनके घर पर ही ठहरा था। वह बाहर जितनी आत्मीयता दिखाते, घर पर वैसा व्यवहार नहीं कर पाते। हरि ने मुझसे पूछा-"क्या उनकी पत्नी रूखे स्वभाव की है? या वह पत्नी से डरते हैं?" मैं लोगों के बीच बैठकर काशीनाथ सिंह की शिकायतें सुना भी हूँ और बतियाया भी हूँ। लेकिन-"नहीं।" मैंने झट से कहा-"अगर उस घर में सबसे नेक दिल कोई है तो उनकी पत्नी। और अगर बुरा कहना ही मुनासिब हो तो मैं कहूंगा काशीनाथ सिंह।" लेकिन, मैं देवेन्द्र, यह भी कैसे कह सकता। कोई भी बात कहने के लिए कोई तुक, कोई तर्क भी तो होना चाहिए।

सन् 2007

•

# दलित कलम की स्याही

सत्तर का दशक। तुलसीराम का जीवन जो अभावों और गहरी विपन्नता में बीता था, लगभग टूट-बिखर जाता अगर वास्तव में उन दिनों गांवों में कम्युनिस्ट पार्टियों का व्यापक प्रभाव न होता। हमारा जीवन रेह और ऊसर और उजाड़ से बने उन गांवों का गवाह है, जहां खेलते हुए बच्चे गाया करते-छः छः पैसा, चल कलकत्ता। खेती में कुछ था नहीं, सिवा दरिद्रता के। अन्न का मतलब था सांवा और मंडुवा। मिठाई के नाम पर महुए का लाटा। नौकरी के नाम पर लोग कलकत्ता या झरिया की कोइलरी की ओर भाग रहे थे। सवर्णों की इस दशा से कई-कई गुना बदतर हालत उन दिनों गांव की दलित जातियों और उनके घरों की थी। प्राइमरी स्कूलों में छह नए पैसे की सरकारी फीस न दे पाने के कारण अक्सर लोगों की पढ़ाई छूट जाया करती। दलित जातियों के लड़के अगर प्राइमरी स्कूलों में पढ़ने के लिए किसी तरह पहुंच भी जाते तो अक्सर सवर्ण मास्टर, जिन्हें बाबू साहब या पंडितजी कहा जाता था, उन्हें बांस की सिटकनी से बेरहमी से मारते और भगा दिया करते। यह आश्चर्य होता है कि उजाड़ और ऊसर और रेह की भौतिक और मानसिक अवस्था वाले उन गांवों से दलित जाति का एक लड़का, जिसका बाप दूसरे के खेतों में मजदूरी करता था, एक दिन तुलसीराम बनकर न सिर्फ साहित्य के शिखर पर पहुंचा बल्कि दलित चिंतन धारा में एक ऐसा विचारक होकर उभरा जिसका शानी आज भारत में दुर्लभ है। जिन्होंने 'मुर्दहिया' और 'मणिकर्णिका' दो भागों में लिखी गयी उनकी आपबीती पढ़ी है, वे भी शायद ही उनके संघर्षों और उनके जीवन की तल्खी का अंदाजा लगा सकें।

मेरे बड़े भाई उन दिनों काशी हिंदू विश्वविद्यालय में पढ़ते थे। वहीं उनकी मुलाकात तुलसीराम जी से पहली बार हुई थी। छात्रों की जो एक आपसी

मंडली होती है, उसमें दोनों लोग एक साथ थे। मेरे बड़े भाई जब भी गांव आते, तुलसीराम के बारे में बताया करते। तुलसीराम के यहां ही उनकी भेंट एक नक्सली से हुई थी। भैया बताते थे कि उनके हॉस्टल वाले कमरे में चारू मजूमदार की फोटो लगी थी। उन दिनों वे नक्सलवाद से प्रभावित थे। बाद के दिनों में जब मैं बीएचयू पढ़ने गया तो मैंने नक्सलवादी आंदोलन पर ही अपना शोध प्रबंध पूरा किया। इसके मूल में वाया बड़े भाई तुलसीराम का प्रभाव मेरे तक आया। यह बात अलग है कि तब तक तुलसीराम बीएचयू छोड़कर जवाहरलाल नेहरू विश्वविद्यालय दिल्ली जा चुके थे। एक अध्येता और विचारक के रूप में लगभग पूरे देश में उनकी चर्चा होने लगी थी। मैं जब कभी जेएनयू जाता अक्सर उन्हें छात्रवास के सामने किसी न किसी के साथ पत्थरों पर बैठकर बातें करते देखा करता। मेरा उनसे कोई प्रत्यक्ष परिचय नहीं था। सो मिलना उन दिनों कभी भी संभव नहीं हो सका। मेरे एक मित्र ने वहीं पत्थरों पर उन्हें लेटे हुए भी दिखाया। उस समय वे थोड़े बेतरतीब और अकेले थे। शायद गहरे नशे में। मेरे मित्र सनातनी और सवर्ण थे। उन्होंने घृणा से थूकते हुए ही मुझे तुलसीराम को दिखाया था। तुलसीराम का समूचा जीवन ऐसी उपेक्षाओं का आदी था और इन लोगों की असलियत से बखूबी वाकिफ भी। मैं उनसे मिलना चाहता था लेकिन मुझे यकीन ही नहीं था कि उन्हें अब तक मेरे बड़े भाई की याद होगी। पिछले महीने मुझे किसी काम से जेएनयू जाना पड़ा था। अपने विद्यार्थी जीवन के मित्र गोपाल प्रधान को मिलने के लिए फोन मिलाया तो उन्होंने बताया कि यहीं तुलसीराम जी के यहां बैठा हूं, आप भी आ जाइए। किताबों से अटे-पटे जेएनयू के अपने कमरे में पहली बार तुलसीराम से विधिवत भेंट हुई। बात राजनीति और साहित्य की होने लगी। भाजपा, आरएसएस और मोदी की विजय और उन्माद से जवाहरलाल नेहरू विश्वविद्यालय का वातावरण आशंकित और सहमा हुआ था। यह सब लोग जानते हैं कि आरएसएस का इतिहास ज्ञान और उनकी साहित्यिक समझ बर्बर मूर्खताओं और जड़ताओं का दंभ स्तूप है। जाहिर है हमारी उस बातचीत में खुले विचारों वाले केंद्र के रूप में जवाहरलाल नेहरू विश्वविद्यालय के अकादमिक वातावरण के ऊपर आसन्न खतरा ही था। विदा होते समय जब मैंने चलते-चलते उनसे अपने बड़े भाई का जिक्र किया तो यह आश्चर्य कि उन्हें सब कुछ अच्छी तरह याद था। लगभग 40 साल पुरानी बात...प्रेमप्रकाश तो गणित के विद्यार्थी थे, आप साहित्य में कैसे आ गये? उन्होंने पूछा। कभी घर

जाइएगा तो उनसे बात जरूर कराइएगा। शकुन्तला मिश्रा विश्वविद्यालय का मेरा विद्यार्थी धार्मेंद्र वीरोदय एमए पास करके जेएनयू से एमफिल करने गया हुआ था। उसे तुलसीराम की आत्मकथा या कहिए 70 के दशक के काशी हिंदू विश्वविद्यालय छात्र आंदोलन, भारतीय राजनीति, साहित्यिक वातावरण आदि को समेटती 'मुर्दहिया' और 'मणिकर्णिका' की आपबीती पर शोध करना था। तुलसीराम जी ने कहा, धर्मेंद्र वीरोदय से कहिएगा, निस्संकोच चला आए। कल सुबह तुलसीराम के निधन की खबर मिली, हालांकि उनके स्वास्थ्य को देखते हुए इसकी आशंका हमेशा बनी ही थी। लगा कि पूर्वांचल का एक बहुत बड़ा बौद्धिक ध्वज असमय ही टूट गया। एक दलित कलम की स्याही अधूरे पन्नों पर ही हमेशा-हमेशा के लिए सूख गयी।

फरवरी 2015

# चिरकुमार कथाकार

अर्से से भारतीय लेखकों को सार्त्र और सिमोन द बोउवा का सम्बन्ध रोमांचित और आकर्षित करता रहा है। शायद ही कुछ लोगों को वह नसीब हुआ हो। हमारी सामाजिक संरचना की वजह से ऐसा संभव नहीं हो सका, या खुद हमारे अपने संस्कार ही इसमें बाधा बनते रहे हैं? इम अपने आस-पास फैली जिस समाजिक क्रूरता को रात-दिन कोसते रहते हैं वह और कुछ नहीं, हमारे पुरुष मन की छाया ही तो है।

अगर हमारी पीढ़ी में किसी एक कथाकार के पास प्रेम और सेक्स सम्बन्धों को लेकर लिखी गई एक से एक कई महत्वपूर्ण कहानियां हैं तो सिर्फ प्रियंवद के पास। 'नदी होती लड़की', 'होठों के नीले फूल', 'बूढ़े का उत्सव', 'एक अधेड़ औरत का प्रेम' तथा अभी-अभी प्रकाशित 'दर्शक'। ये कुछ ऐसी कहानियां हैं जिन्हें प्रचलित तथा रूढ़ अर्थों में यथार्थ की कहानियां कह पाना असंभव है। यथार्थ जिन महीन सामाजिक ताने-बाने से बुना होता है, जिन सूक्ष्म मानसिक संवेगों से बनता और बदलता रहता है, ये कहानियाँ उन्हीं संवेगों, संभावनाओं, सपनों, मानसिक आघातों और भीतर के भय की कहानियां हैं।

इतिहास प्रियंवद का प्रिय विषय है। वह कहानी लिखते हैं। इतिहास में पात्र सच होते हैं, घटनाएं झूठी। जबकि कहानी में घटनाएं तो सच होती हैं सिर्फ पात्र काल्पनिक होते हैं। जब 'कथादेश' में 'बूढ़े का उत्सव' कहानी छपी तो भूचाल सा आ गया। जो लोग प्रियंवद के संकोची और अन्तर्मुखी स्वभाव के बारे में नहीं जानते, वे सोच सकते थे कि कहानी की यह 'थीम' चर्चा में बने रहने के लिए ही चुनी गई है। एक बार बातचीत के सिलसिले में मैंने पूछा कि क्या इस तरह की कोई घटना आपने सुनी या पढ़ी थी, तो उन्होंने

बताया–'दरअसल, 'बूढ़े का उत्सव' कहानी एक अविकसित विकलांग बच्चे की समस्याओं से जूझती उसकी मां की कहानी है। सेक्स सम्बन्धों की कहानी नहीं है वह। मां की समस्या वहां दूसरी है उसकी चिन्ता और सरोकार ही दूसरे हैं। सेक्स का कोई सांस्कृतिक मूल्य वहां नहीं है। वह एक जैविक प्रश्न मात्र है वहां।'

–'ये पत्रिकाएं घरों में पढ़ी जानी चाहिए कि नहीं। ऊल–जुलूल जो भी मन में आयेगा आप लोग लिख देते हैं। –राजकीय पुस्तकालय में वही कहानी पढ़कर महाविद्यालय की एक महिला प्रवक्ता ने मुझसे पूछा था–'आप लोग समाज के बारे में कुछ नहीं सोचते क्या?'

–'समाज कुछ नहीं है। सिर्फ एक इल्यूजन है बस। समाज तो हमेशा एक मानव के पीछे चलता है... एक अतिमानव... और यह अतिमानव वही होता है जो उस समय से पलायन कर चुका होता है।' – आर्तनाद।

पाण्डेय! ...कानपुर में उनकी बहुत बड़ी ट्रेड–यूनियन थी। उन्होंने प्रियंवद की फैक्टरी में हड़ताल कराई थी। बाद में प्रियंवद से उनकी गहरी छनने भी लगी। इसी बीच एक दूसरी यूनियन ने फैक्ट्री में अपने पांव फैलाए। फैक्ट्री में हड़ताल हो गई। फैक्ट्री का काम बड़े भाई ही देखा करते। प्रियंवद पढ़ाई कर रहे थे। विश्वविद्यालय या किसी डिग्री कालेज में इतिहास का प्रवक्ता बनने की इच्छा थी। मजदूर हमला कर सकते हैं–यह सोचकर भाई ने फैक्ट्री जाना बंद कर दिया। अब प्रियंवद फैक्ट्री जाने लगे। पाण्डेय के खिलाफ थी यह हड़ताल। उसने प्रियंवद को ट्रेड यूनियन, मजदूरों उनके अंतर्विरोधों, उनकी मांगों से निबटने के तरीकों के बारे मे खूब सारी बातें बतायीं–'मजदूरों को कभी नहीं लगना चाहिए कि आप उनसे डरते हैं। आपका डर देखकर वे हमलावर और हिंसक होते हैं। आप एक–एक पल सावधान रहिए, लेकिन ऊपर से यही लगना चाहिए कि यह एक सामान्य बात है आपके लिए। लगभग दो महीने तक चलने वाली यह लड़ाई प्रियंवद ने जीत ली। पाण्डेयजी साहित्यकार प्रियंवद के व्यक्तिगत मित्र और सामाजिक मामलों में उनके गुरु हो गए थे। उन्होंने मजदूरों के पक्ष में कई एक बातें बतायीं। ट्रेड यूनियन की राजनीति में उनका लम्बा तजुर्बा था। ट्रेड यूनियन का वह दौर खत्म हो गया। लाल झंडा लिए जिन्दाबाद, मुर्दाबाद के वे नारे अब कानपुर में कहीं सुनाई नहीं देते। पता नहीं पाण्डेय भी अब कहां हैं! प्रियंवद बहुत आदर और सम्मान के साथ उन्हें याद करते हैं–'राज्य, धर्म और समाज तीनों संस्थाओं के वर्तमान रूप को वह

अधूरा विकृत और अमानवीय मानता था।'-'आर्तनाद' कहानी पढ़ते हुए मुझे निमाई की बातों में पाण्डेय के ही हाव-भाव दिखते रहे। 'लेकिन क्या ऐसा है?' यह न तो मैंने कभी प्रियंवद से पूछा और न ही उन्होंने कुछ बताया।

वैसे भी हम लोगों के बीच एक-दूसरे के अंतरंग जीवन को लेकर चाहे जितनी जिज्ञासाएं रही हों, किसी को छेड़ने और कुरेदने की बातें बहुत कम हुई होंगी। इस मामले में ओम शर्मा को ही छूट है। हम उन्हीं की कही बातों को ज्यों का त्यों मान लेते हैं। इसी तरह सामने वाले की किसी रचना पर चर्चा को बचाते हैं। साहित्यकारों के बीच अक्सर ऐसी बातें-अहो रूपम! अहो ध्वनि!! जैसी झूठ और हास्यास्पद होती हैं। इसीलिए कविता और कहानी की बात होगी तो वाया जिन्दगी।

जिन्दगी की बातें और मस्ती का मूड! शनिवार की सांझ। प्रियंवद फैक्ट्री का काम निबटाकर जल्दी ही कमरे पर लौट आते हैं। सप्ताह की यह सांझ वह अपने निहायत अंतरंग और आत्मीय दोस्तों के साथ बिताते हैं। बचपन की गलियों और कालेज के दिनों के दोस्त। बंद गली के आखिरी मकान का वह अकेला कमरा। तरह-तरह के लोग वहां शरीक होते हैं। अपनी-अपनी रुचियों को शेयर करते हुए बातों और बहसों का दौर...।

उन्हें जब भी कोई बात पसंद नहीं होती, तत्काल बिना किसी लाग-लपेट वह उसका प्रतिवाद करते। उनकी सतर्कता और तत्परता एकदम अनौपचारिक ढंग से होने वाली इन बहसों में ही दिखाई देती है। सार्वजनिक मंचों पर, चाहे वह 'कथाक्रम' का हो या 'संगमन' का, कभी किसी ने प्रियंवद को बोलते हुए नहीं सुना है।

अभी कुछ दिन पहले, दिल्ली पुस्तक मेले से निबटकर शाम के समय हम लोग राजेन्द्र यादव के यहां हंस कार्यालय में बैठे हुए थे। बात भाजपा और साम्प्रदायिकता से होते हुए दूधनाथ सिंह के उपन्यास 'आखिरी कलाम' पर आकर टिक गई। ओमा शर्मा, हरिनारायण, आनन्द हर्षुल सभी शिरकत कर रहे थे। थोड़ी देर बाद ही नामवरजी और काशीनाथ सिंह भी आ गए। 'आखिरी कलाम' पर हंस में तीन-तीन समीक्षाएं छपी हैं। प्रियंवद उपन्यास की कृत्रिमता और अपठनीयता पर बोले जा रहे थे-'डाक्टर साहब, आप बताइये न।' उन्होंने नामवरजी से कहा।

नामवरजी ने कहा-'उपन्यास में कुल दो स्थल ऐसे है जो बहुत मार्मिक और महत्वपूर्ण हैं। शेष पूरे उपन्यास के बारे में मैं तुम्हारी राय से सहमत हूँ-पात्रों के नाम-सर्वात्मन, सविनय-सबके सब कृत्रिम हैं।'

प्रियंवद आक्रामक मुद्रा में थे–'यह सिर्फ एक उपन्यास और उस पर छपी तीन-तीन समीक्षाओं की बात नहीं है। लेकिन बड़े-बड़े आलोचक एक साथ चारों ओर से किसी गैर-महत्वपूर्ण किताब को बढ़ा-चढ़ाकर बताते हैं तो नये लिखने वाले ढेर सारे लोगों पर दूर तक इसका गलत असर होता है। क्या दो रचनाकारों के बीच सम्बन्धों का आधार सिर्फ मुंहदेखी प्रशंसा रह गयी है? क्या अब हमारा जनतांत्रिक बोध इस हद तक गिर गया है?' उन्होंने राजेन्द्र यादव से सीधे-सीधे पूछा–'बताइये न! क्या है आखिरी कलाम में?'

राजेन्द्र यादव ने कहा–'मैंने उपन्यास पढ़ा नहीं है।'

सारी बात बंद।

जब मैं बाहर नामवरजी को छोड़ने गया तो उन्होंने कहा–'बहुत अच्छी रही यह सांझ। आपकी पीढ़ी के बहुत कम लोगों से मेरी खुल कर बात हो पाती है। वह भी बहुत कम देर तक। जब मैं 'कहानी नयी कहानी' की लेखमाला लिख रहा था तो नयी कहानी के दौर के लगभग सारे कथाकारों से बात करने, उन्हें सुनने का अवसर होता था। उनकी बातों से उनके लेखन को समझने में मदद मिलती थी। यही काशी की पीढ़ी के साथ भी था। लेकिन आपकी पीढ़ी जीवन को लेकर कैसे सोचती है? यह मुझे बहुत पता नहीं है। मैं यही जानता था कि प्रियंवद को कंठ ही नहीं है। लेकिन आज तो खूब बोले।'

मैंने कहा–'हां, इस तरह की अनौपचारिक मीटिंगों में ऐसे ही बोलते हैं।'

उन्होंने भरसक यह कोशिश की है कि 'संगमन' का स्वरूप अनौपचारिक ही बना रहे। न कोई अध्यक्ष। न मंच। फूल माला कुछ नहीं। एकदम सहज और आत्मीय माहौल में लोग वह बोलें, जो सोचते और जीते हैं। किताबों के उद्धरण रटकर उसी को मंच पर खड़े होकर माइक के सामने दुहराना अच्छी खासी रचनात्मकता को आतंकित करके मार देना है।

जैसे रेणु के लिए पूर्णिया है वैसे ही प्रियंवद का कानपुर। कभी उत्तर प्रदेश का सबसे बड़ा औद्योगिक शहर। चमड़े की दुर्गन्ध, धूल, धुंआ, भीड़-भड़ाका, गन्दगी और अब ऊपर से अपराधों का यह शहर। एक-एक कर सारे उद्योग बंद हो रहे हैं। तिल-तिलकर धीरे-धीरे मरता शहर-जैसे 'दर्शक' कहानी में स्त्री का मृत्यु की ओर बढ़ना-लेकिन अपना शहर तो अपना ही शहर होता है। दुधवा नेशनल पार्क में घूमते हुए एक बार श्रीलालजी ने कहा था-पता नहीं क्यों मुझे कभी ऐसा नहीं लगा कि कानपुर में भी कोई अच्छा साहित्यकार हो सकता है। प्रियंवद की बात चल रही थी- श्रीलालजी बोले-नये लेखकों में मैंने

इन्हीं को अब तक नहीं पढ़ा है। नामवरजी 'परछाईं नाच' उपन्यास की तारीफ कर रहे थे। 'आज तक मेरी प्रियंवद से भेंट नहीं हुई है। नामवरजी ने बताया। जब मैंने बाद में प्रियंवद से कहा कि नामवरजी आपके लेखन की तारीफ कर रहे थे तो उन्हें विश्वास ही नहीं हुआ कि नामवर सिंह बिना आग्रह के उन्हें पढ़े भी होंगे।'

हम लोग नवीन मार्केट से बड़े चौराहे की ओर जा रहे थे। सामने एक दुकान का बोर्ड दिखता है-'ठग्गू के लड्डू'। ऊपर बोर्ड पर लिखा है-'ऐसा कोई सगा नहीं, जिसको मैंने ठगा नहीं'। बगल में 'बदनाम कुल्फी'। क्या बढ़िया नाम है! मैंने कहा-'बनारस के लोग भी इस हद तक शायद ही अपना मजाक उड़ा सकें।' श्रीलालजी को यह शहर मशीनी लगा होगा। प्रियंवद इसे अपने शहर के 'ह्यूमर' और 'विट' से जोड़ते हैं। यह उनका इतिहास बोध है या अपने शहर को लेकर शुद्ध सात्विक श्रद्धा-सरसैया घाट को वह महाभारत से जोड़ते हैं। जीवन शैली के दो बिल्कुल अलग-अलग छोरों पर खड़े महेश कटारे और प्रियंवद बिल्कुल एक-सी शैली में पांचाली पर मुग्ध रहते हैं। दोनों समान भाव से वेदव्यास की इस रचना पर मोहित और चमत्कृत दिखते हैं।-'भीष्म पितामह वाणों की सेज पर यहीं सोये थे।' प्रियंवद बताते हैं। पता नहीं प्रियंवद की यह बात कितनी सच है। शायद भीष्म पितामह के होने जितनी ही सच या झूठ हो लेकिन 'लाल इमली' का विशाल फाटक, जिस पर मकड़ी के जाले और गोदरेज के बड़े-बड़े ताले झूल रहे हैं, देखकर शर-शैया पर लेटे भीष्म पितामह का ही रूपक बनता है।

'हेड पोस्ट आफिस' का पिछवाड़ा। एक बाजू में कचहरी और दूसरी ओर सिविल लाइन की तिर्यक सड़क, बीच में एक तंग गली का आखिरी मकान। एक ऐसा मकान जो घर बनने की 'ट्रेजेडी' से बचा रह गया। पहली बार मैं यहां महेश कटारे के साथ आया था। 'संगमन-4' लखीमपुर में होना तय हुआ था। उस सिलसिले में मुझे बार-बार कानपुर जाना पड़ा। प्रियंवद समय के पाबंद। 'आइये।' वह दरवाजा खोलते हुए मिलते। कमरे का भूगोल इस तरह का है कि वे लेटे या बैठे हुए गली में घुसने वाले को पहले ही देख लेते हैं। सामान्य ढंग से होने वाला परिचय धीरे-धीरे मित्रता और फिर गहरी आत्मीयता में बदलता गया। एक ओर थी उनकी मुस्तैदी, समय के भीतर हर काम को निबटा लेने की तत्परता। वह कहते-संकोच मत करिएगा। रुपये-पैसे की कोई जरूरत हो तो स्पष्ट बताइयेगा। 'संगमन' बढ़िया से निबटाना है। अनिश्चितता और

अराजकता का पर्याय मैं। कुछ भी तयशुदा समय के भीतर नहीं। प्रियंवद के साथ मैं बेहद सावधान रहता। एक बार समय से आधा घंटा लेट पहुंचने पर मैंने सफाई दी–'आपकी गली खोजने में मुझे बहुत दिक्कत होती है।'

सचमुच पता नहीं क्या है उस गली में। मैं हर बार भटक जाता हूँ। पचासों बार जाने के बाद मैं आज भी नहीं बता सकता कि वह गली दायीं ओर है या बायीं ओर। प्रियंवद को आश्चर्य हुआ–'अगर कानुपर में सबसे सीधा और सरल रास्ता किसी के घर का है तो वह मेरे घर का। अब तो यहां बहुत भीड़ बढ़ गयी है।' वह पुराने दिनों को याद कर रहे थे–'तब यह बगल वाला पार्क एकदम खुला और साफ-सुथरा होता था। जब हम छोटे थे तो यहीं गली के सामने सड़क पर दिन भर खेला करते थे। अब तो सड़क पार करने में डर लगता है।'

'पिताजी ने इसी शहर में मजदूरी से जीवन शुरू किया था और अपने ही बदौलत उन्होंने उद्योग लगाए। जीवन के इस ग्राफ में तरह-तरह के लोगों से भरा-पूरा उनका दायरा बहुत बड़ा था। इसी कमरे में उनकी बैठक जमती थी। यहीं उनके पास बैठा हुआ मैं तरह-तरह के लोगों को देखा करता। ट्रेड यूनियन के नेता, पत्रकार, कविसम्मेलनी कवि, सांसद आदि-आदि। शायद पिताजी के संस्कारों ने ही मुझे लेखक बना दिया। शुरुआत के दिनों में तो मैं कविताएं ही लिखा करता था। पहली बार यहां इसी कमरे में मां के सामने बैठकर मैंने शराब पी थी और सिगरेट भी। जैन परिवार के निरामिष संस्कारों पर यह मेरे जीवन की पहली चोट थी। जो भी गैरजरूरी है उसे सिर्फ इसलिए कभी नहीं ढोया कि वह अब तक होता चला आया है।' प्रियंवद कह रहे थे।

अक्टूबर 93 की कोई तारीख थी। मैं कानपुर गया हुआ था। वहीं अचानक महेश कटारे से भेंट हो गयी। पता चला कि स्थानीय साहित्यकारों की कोई एक संस्था 'संगमन' की गोष्ठी चल रही है। मैं भी महेश कटारे के साथ उसमें शरीक हुआ। तब मैं अनाहूत था। जहां तक मुझे याद है उस गोष्ठी में संजीव और शिवमूर्ति भी अनाहूत ही पहुंचे थे। वहीं मैंने पहली बार प्रियंवद, गिरिराज किशोर और राजेन्द्र यादव को देखा था। ऊपर हाल में गोष्ठी चल रही थी, प्रियंवद नीचे एक चारपाई पर अधलेटे सारी व्यवस्था देख रहे थे। कुछ थके-थके से लगे। बाकी पूरी गोष्ठी में वक्ताओं के आसपास वे कहीं नहीं दिखे। दो आयोजन कर चुकने के बाद 'संगमन' कानपुर के बाहर होने लगा। आज हिन्दी कहानी का यह अत्यधिक महत्वपूर्ण मंच है। और कभी किसी ने मंच के आसपास प्रियंवद को नहीं देखा है। श्रोताओं में भी वे सबसे कम समय

दे पाते हैं। किचेन के आस-पास या ऐसी किसी जगह जहाँ से सबको देखा जा सके।

गोल चौराहे से थोड़ा आगे रावतपुर के पास जी.टी. रोड के दोनों तरफ सब्जी की खूब सारी दुकानें लगती हैं। सब्जी मंडी जैसा ही धक्का-मुक्की। खटकिनों का मोल-भाव और लोगों का शोर। गिरिराजजी ने प्रियंवद से गाड़ी रुकवाई-'घर के लिए सब्जी ले लूं।'

बकौल अमरीक सिंह 'दीप'-थोड़ी देर बाद गिरिराजजी सब्जी लेकर आये तो गाड़ी में चढ़ते हुए बोले-'बड़ी महंगाई है।'

प्रियंवद गाड़ी चला रहे थे, मुस्कराए-'और सब मैंने जीवन में चाहे जो कुछ और जैसा भी किया हो। सही-गलत, वह सब मैं नहीं जानता। लेकिन एक काम जो मैंने निश्चित ही अच्छा किया वह यह कि शादी नहीं की।'

जीवन की मुश्किलें शादी से ही शुरू होती हैं। वैसे भी विवाह नामक संस्था में आदमी या औरत किसी को देने के लिए कुछ नहीं बचा है। मां, बहन, बुआ, चाची और पत्नी की ही तरह प्रेम भी एक रिश्ता है। मां, बहन की जगह नहीं ले सकती। दोनों के अलग-अलग अहसास और उम्मीदें हैं। बहन बुआ की विकल्प नहीं हो सकती। वैसे ही पत्नी प्रेमिका का विकल्प नहीं बन सकती। अगर एक यथार्थ है तो दूसरी कल्पना। एक की सत्ता देह से शुरू होकर देह तक ही खत्म हो जाती है, जबकि दूसरी सत्ता में देह और देह के परे का सम्पूर्ण मनोलोक होता है। एक में ऊब, उमस और शिकायतों का अविश्वसनीय मायाजाल है तो दूसरे में स्फुरण और रोमांच। अच्छा खासा प्रेम भी विवाह की बेदी पर बलि चढ़ जाता है। दरअसल, जिसे सफल प्रेम कहते हैं वही प्रेम की असफलता है। आज तक सफल प्रेम पर कोई महान काव्य लिखा गया हो तो मुझे अपनी अज्ञानता पर ग्लानि होगी। 'ट्रेजेडी' ही प्रेम की आत्मा है।

मैंने प्रियंवद की पहली कहानी 'नदी होती लड़की' पढ़ी थी। वहां प्रेम या स्त्री को लेकर कोई रूमानी खयाल नहीं था। वैसे तो अनेक रिश्तों में स्त्री-पुरुष एक-दूसरे से जुड़ते हैं लेकिन प्रेम और सेक्स का रिश्ता सबसे अधिक प्रवाहमय, आवेगपरक और उत्सर्ग भाव से भरा-पूरा होता है। एकान्त में पैदा होने वाला प्रेम पहली बार मनुष्य को पवित्र और सामाजिक बनाता है। बकौल प्रियंवद-मनुष्य जब पहली बार प्रेम करता है तो देवता होता है। दूसरी बार प्रेम करता है तो आदमी होता है। आदमी तीसरी बार कभी भी प्रेम नहीं करता।

(एक क्षमा याचना के साथ–वास्तव में मैं सारे देवताओं से घृणा करता हूँ।–'वे वहां कैद हैं' से साभार) प्रेम में सेक्स होता ही होता है। लेकिन हर सेक्स में प्रेम हो ही, यह कतई जरूरी नहीं। कभी समय से ज्यादा उम्र पार करके और कभी अनपेक्षित परिस्थितियों में दब–पिसकर प्रेम खत्म हो जाता है और बचा रह जाता है सेक्स। बीमार और बासी सेक्स। बदबू और मवाद से भरे फोड़े को सहती–कराहती जेनी की प्रतीक्षा में दुखता और डरा हुआ सेक्स। कहां प्रेम और स्त्री की कोमल छवि और कहां मवाद से भरा जेनी की देह का फोड़ा! बकौल प्रियंवद–'मैं हैरान था कि उसकी इस अवस्था में... इस घृणा पैदा करती देह के लिए भी मेरे अन्दर सचमुच लालसा जाग रही थी।'– दर्शक।

प्रत्येक जीवन की कोई एक केन्द्रीय भावना होती है जिसे हम 'विजन' कहते हैं। वह विचारधाराओं के प्रभाव से नहीं, स्वभाव से ही बनता है। हम बार–बार उसी को लिखते हैं। कहानी पूरी होती है। हर बार हमें लगता है कि जो बात हमें लिखनी थी वह तो छूट ही गई। :नदी होती लड़की' और फिर बारह–चौदह साल बाद–दर्शक।

धीरे–धीरे मृत्यु की ओर बढ़ रही प्रेमिका का शान्त स्निग्ध अवसाद–'हम अपना जीवन बहुत दूसरी तरह से जी सकते थे न!' वह बोली–'पर तुम डर गये थे उस रात।'

एक निर्णय हमारे समूचे जीवन को छलता रहता है। अब हम उससे मुक्त भी होना चाहें तो संभव नहीं रह जाता। टूटती बिखरती चली जा रही जिन्दगी के हिस्से बची रह जाती है–एक नीरव यातना। जैसा कब्रिस्तान के भीतर रात का सन्नाटा होता है। जैसे किसी हवेली की जर्जर दीवारों पर लैंप की पीली रोशनी में अपनी परछाई का कांपना होता है। जैसे किसी बीमार के पास दवा पीने के लिए रखे चम्मच के गिरने की झन्नाहट होती है। उनकी कहानियों में अवसर–अनवसर कब्रिस्तान आता रहता है।

अपने किसी भी मित्र के घर–परिवार में मेरी विशेष दिलचस्पी कभी नहीं रही। सम्बन्धों का एक बंधा–बंधाया खाका ही मामूली रद्दोबदल के साथ देखने को मिलता है। जैसा कि आमतौर पर होता है प्रियंवद ने जीवन को जैसा चुना है उसमें अफवाहों की गुंजाइश बनी रहती है–आखिर वह कौन है जिसके लिए उन्होंने शादी नहीं की? अब वह कहां है और उससे उनके रिश्ते कैसे हैं?

21 दिसम्बर 03 को उन्होंने अपनी पचासवीं सालगिरह मनायी। हरिनारायणजी को दिल्ली से आना था। 'कथादेश' का जनवरी अंक प्रेस में जा

रहा था, वे नहीं पहुंच पाए। लखनऊ से शिवमूर्ति और मैं–हम विशेष रूप से आमंत्रित थे। सारी व्यवस्था उनके भतीजे ने कर रखी थी। मैंने शिवमूर्तिजी से पूछा–'आप तो कानपुर में काफी समय तक रहे हैं। प्रियंवद के करीबी भी रहे हैं, आप मुझे वह शक्ल पहचनवा दीजिए न।'

शिवमूर्तिजी ने कहा–'मेरी पत्नी ने भी यही कहा था कि जरा 'उनसे' मिलकर आइएगा। मुझे तो कुछ पता नहीं है।'

हमने प्रियंवदजी से पूछा–'आपने ओमा शर्मा को जो कुछ बताया था 'कथादेश' के लिए हम उस 'सचाई' को देखना चाहते हैं।'

प्रियंवद मुस्कराए–'यहां सारे लोग हैं। अब आप पहचानिए।' उनके हाथ में तरल गिलास था। वे दूसरे लोगों से मिलने चले गए। हम थोड़ी देर तक इधर–उधर अन्दाजते रहे।

उनके जीवन जीने का ढंग, किसी काम को शुरू करते समय उनका आत्म विश्वास, फैसला लेने का ढंग, समयबद्धता और यारबाजी यह सब मुझे आकर्षित करता रहा है। मैं खुद ऐसा ही जीवन जीना चाहता था। लेकिन जिस तरह आप अपनी शक्ल–सूरत, अपना रंग, अपना भूगोल चुनते नहीं हैं बस स्वीकार करते हैं, उसी तरह जीवन जीने का तरीका भी आपको विरासत में ही मिलता है। आसान सी लगने वाली भाषा लिखना बेहद कठिन होता है। उसी तरह आसान सी दिखने वाली ज़िन्दगी कितनी कठिन होती है लोग इसका अनुमान नहीं कर पाते। ढेर सारे लोग यही जानते हैं कि प्रियंवद एक उद्योगपति हैं, लेकिन यह एक आधा–अधूरा सच है। भौतिक उपलब्धियों के जिस नैतिक तर्क पर वह उद्योगपति हैं उसी का कानूनी तर्क उन्हें सर्वहारा मानता है। उनके पिताजी ने इसी शहर में एक मजदूर के रूप में जिन्दगी शुरू की थी। संयुक्त परिवारों की मिथकीय अवधारणा की तरह है उनका परिवार। भाई और भाभियों का स्नेह–संबल। उस परिवार में छोटे भैय्या के सौ गुनाह माफ अगर वहं चाहता है कि शादी नहीं करे तो अब से कोई उस पर जोर नहीं देगा। वह जो चाहता है करने दो। उसे किसी को कोई हिसाब किताब नहीं देना है।

– 'चार्ली इतना अच्छा लड़का है फिर भी अकेला रहता है। क्यों?'

– 'कोई भी लड़की उसके साथ सुखी रहेगी।'

– 'हां।'

– 'बुला लो उसे... कुछ दिन यहां रह जाएगा।'

– 'वह नहीं आएगा।'

– 'तुम बुलाओगी तो आ जाएगा।'

– 'नहीं।' –जेनी बोली। *–नदी होती लड़की*

लौटते हुए उद्धव को गोपियों ने एक चिट्ठी लिख कर दी थी–'हे कृष्ण! हम अनन्त काल तक यहां इसी तरह खड़े होकर तुम्हारी प्रतीक्षा करेंगी। यह जानते हुए कि तुम अब कभी नहीं आओगे फिर भी हम तुम्हारी बाट निहारेंगी। हम डेढ़ सौ युगों तक यहीं वर्षा, आतप और शिशिर में कांपती रहेंगी। लेकिन हमें नहीं जाना है डेढ़ कोस दूर मथुरा। हम तुम्हारे लिए चाहे कुछ भी कर सकती हैं कन्हैया? लेकिन मथुरा के लिए नहीं। मथुरा के लिए ब्रज और वृन्दावन हम कैसे छोड़ दें! यहीं तुम हमें पहली बार मिले थे। ब्रज में तुम्हारे लिए मरना अच्छा है हमें, लेकिन पराए घर में तुमसे मिलना हम नहीं स्वीकारेंगी।'

21वीं सदी में बनने वाले स्त्री–पुरुष सम्बन्धों के सबसे सशक्त कथाकार प्रियंवद आलोचकों के बल पर नहीं, अपने पाठकों की भारी तादाद के कारण टिक हुए हैं।

मई 2004

# बनारस : गलियों और गालियों का शहर

बनारस। दुनिया का सबसे पुराना और जीवित शहर। जिन लोगों ने कचौड़ी गली और ठठेरी बाजार की घुमावदार तंग गलियों से गुजरते हुए पंचगंगा घाट और माधौदास के धौरहरा पर खड़ा होकर बनारस को देखा, बरबस ही उनके मुंह से फूट पड़ा-सुबहे-बनारस।

सुबह-सबेरे गंगा की लहरों में डुबकी लगाता, लंगोट और अंगोछे में लिपटा बनारस। मंदिरों में बजते घंटे। सुरंगनुमा दूर-दूर तक चली जाती गहरी और संकरी गलियों में कचौड़ी और जलेबी की सुगंध। बीच सड़क पर इत्मीनान से बैठे सांड़। चौक के इर्द-गिर्द और पक्का महाल के भीतर अंधेरी गलियों में बसा यह एक खांटी बनारस है। पंडों, पुरोहितों, ठगों और गुंडों का बनारस। एक बड़े गांव की तरह बेतरतीब बसा बनारस, जहां सब एक-दूसरे को पहचानते भी हैं और बहुत अच्छी तरह जानते भी हैं।

चाय और पान की डेढ़ फुटी दुकान पर पूरे-पूरे दिन बैठकर गप्पे हांकते हुए लोगों ने यहां जिन्दगियां गुजार दी हैं। निठल्लेपन का सुकून भरा इत्मीनान यहां लोगों में जगह-जगह दिखाई देता है। परनिंदा का स्थायी भाव लिए मौलिक सूचनाओं और गपोड़ कल्पनाओं का जैसा निर्बाध संचार आम तौर पर बनारस में पाया जाता है शायद वह कहीं भी असंभव है। इस प्रकृति का विशुद्ध अपना चिर-परिचित छन्द है-बनारसी। अनेक अर्थों में इसकी व्यंजना दूर-दूर तक जाती है।

काशी नरेश तो गंगापार रामनगर में रहते हैं और इस पार लम्बी-लम्बी गलियों में गुंथा बनारस। हर गली के अपने-अपने बादशाह। मुगलों की बादशाहत गयी। अंग्रेज आये और चले गए। जमींदारी चली गयी। लेकिन इन बादशाहों को चुनौती देने वाला कोई नहीं। दालमण्डी की सलोनी बाई का कोठा

हो या मंडुवाडीह की किसी पतुरिया की बदबूदार कोठरी। हर गली के वीर बादशाह। कोई किसी को कुछ नहीं समझता। बिना एक लाइन कहीं लिखे या छपे यहां जगह-जगह आपको राष्ट्रकवि मिल जायेंगे। समीक्षकों और आलोचकों की भी कुछ ऐसी ही बानगी है। रोज-रोज, दिन में कई-कई बार अपनी ही पीठ ठोकते रहने के कारण बनारस में लोगों के हाथ लम्बे होते हैं। गलियों और गालियों का शहर बनारस।

शिव की त्रिशूल पर सुरक्षित बसे होने का दंभ। कोई बाल भी बांका नहीं कर सकता। अक्सर बनारस इसी रूप में प्रचारित है। बनारस पर बातें करते हुए लोगों का ध्यान शायद ही कभी इस तरफ भी जाता है कि इसी नगर के दर्जनों मुहल्ले गन्दी और बजबजाती नालियों पर तैर रहे हैं। वहां घरों के भीतर रात-दिन परम्परागत हथकरघे और कुटीर उद्योगों की खटर-पटर है। आज जहां गांव के मजदूर भी सौ-डेढ़ सौ रुपया दिन भर में कमा लेते हैं वहीं इन घरों की हुनरमंद औरतें सुई की जगह आंखें टांकते हुए बमुश्किल पूरे दिन में बीस रुपये कमा पाती हैं। बीस-बीस लाख में बिकने वाली बनारसी साड़ियों के विश्वविख्यात कारीगर शायद ही दिन भर में 80 रुपये से ज्यादा कमा पाते हों। ये उसी कबीर के वंशज हैं जिसने कभी कहा था-जो घर फूंके आपना चले हमारे साथ। और ये अनन्त काल से न सिर्फ अपना घर बल्कि जीवन की एक-एक सांस को फूंकते चले आ रहे हैं। और इस तरह दुनिया के सबसे पुराने और एक मात्र जीवित शहर में लोग लावारिस की तरह रोज-रोज तिल-तिल कर मर रहे हैं। विश्वनाथ मंदिर और ज्ञानव्यापी की मस्जिद के नाम पर पक्ष और विपक्ष की राजनीति करने वाली किसी पार्टी के एजेंडे में ये मुसलमान कारीगर और लगातार बेआबरू! बदहाल होते जा रहे उनके धंधो का जिक्र और फिक्र कतई कहीं नहीं हैं। किसी मल्टीनेशनल की हरम में यह बनारस फिट नहीं बैठता! लिहाजा वे समान रूप से गंगा की आरती का उत्सव और दीपदान करते हैं।

मुम्बई के दलाल पथ को तो सब जानते हैं लेकिन टीवी और फेफड़े की तरह-तरह की बीमारियों से भरी इन बदबूदार गलियों में दलालों की समद्ध होती जाती जमात पर किसी का ध्यान क्यों नहीं जाता। समीपवर्ती कस्बों-मऊ, मुबारकपुर और भदोही तक चुपचाप फैली इन अंधेरी सुरंगों में खांसते-मरते कारोबार की चीख अक्सर बनारस की पहचान से नजरअंदाज कर दी जाती है। जबकि शंकर के त्रिशूल, विश्वनाथ मंदिर और पंचगंगाघाट की सीढ़ियों जितनी

ही वाजिब और पुरातन हैं ये बनारस की सुरंगें। कांपते, थरथराते जिस्म की आखिरी चीख, असमय बेजान, बूढ़ी और अंधी होती जाती औरतें। यहां रात भर खटर–पटर बजता रहता है।

विकास के जिस मॉडल को अपना कर आज देश के अधिकांश शहर अपनी शक्ल बदल चुके हैं। वह कभी बनारस को भाया नहीं। बावजूद इसके कि यहां भी इक्के–दुक्के माल खुलने लगे हैं, नई कालोनियों के आजू–बाजू शॉपिंग काम्प्लेक्स दिखाई देने लगे हैं, तब भी यह शहर गोदौलिया, चौक, लहुराबीर और मैदागिन की दुकानों के भीतर ही अपनी पुरानी नींद ओढ़े हुए है। यहीं कभी गामा के पान की दुकान हुआ करती थी। प्रसाद जी ने बहुत पहले एक कहानी लिखी थी गुण्डा। लोग पुराने दिनों को याद करते हुए किसी लल्लू सिंह की कहानियां सुनाते हैं। जबकि आज यहां हर गली में गामा को मात देती पान की दुकानें हैं और ए. के. 47 मार्का सड़क छाप सूरमाओं के सामने सहमी सिकुड़ी लल्लू सिंह की कहानियां।

आज पूरी दुनिया बदल रही है। सभ्यताएं और संस्कृतियां बदल रही हैं लेकिन बनारस उन सबसे बेअसर है। शिव प्रसाद सिंह ने इस नगर को गंगा के कटि प्रदेश पर संस्कृति का कुंभ कहा है। आज इस कुंभ के भीतर सड़न है। यहां सड़कों पर बेइंतहा भीड़ है। आपस में उलझे पड़े रिक्शों, साइकिलों और मोटर गाड़ियों में हजारों लोग जगह–जगह फंसकर छटपटा रहे हैं। कोई पुरसाहाल नहीं। दाएं–बाएं जिधर बन पड़े, निकलो और भागो, फिर भी पड़ोसी जिलों और बिहार के गांवों से खेत बेचकर लोग में बनारस में चले आ रहे हैं। अस्पताल और स्कूल की उम्मीद में लोग यहां घर खरीद रहे हैं। देश की किसी भी राजधानी से महंगी हैं बनारस की जमीनें।

बनारस के जिस स्वभाव और संस्कृति को दुनिया में जाना जाता है उसकी रीढ़ धर्म है। यही कारण है कि उपभोक्तावाद और बाजार की संस्कृति यहां माल कल्चर से नहीं, घाटों और घाटों के किनारे बने मंदिरों के रास्ते शहर में प्रवेश कर रही है। सुबहे–बनारस में तो इस बाजार के लिए विशेष गुंजाइश कभी नहीं रही। अब बनारस की शाम गंगा की आरती में सज संवर कर बिकने को बेताब खड़ी है। हरिश्चन्द्र घाट से लेकर दशाश्वमेघ तक गंगा की सीढ़ियों पर हर शाम दीवाली जैसा उत्सव, आज बनारस का सबसे बड़ा बाजार है। दूर–दूर से सैलानी, देशी–विदेशी पर्यटक देव दीपावली के दिन बनारस का श्रृंगार देखने आते हैं। कुछ दिन पहले तक बनारस के लोग इसे जानते तक नहीं थे।

विकास के वर्तमान स्वरूप को समृद्ध और विकसित होने के लिए जिस तेज रफ्तार भागती सड़कों की दरकार होती है वह बनारस के हिस्से मयस्सर नहीं है। बेतरतीब भीड़ में हाफता जख्मी शहर, भुखमरी से तार-तार होती बुनकरों की बदहाली, माफियाओं की आपसी गैंगवार, हफ्ता वसूली से भागते उद्योग ये सब बनारस के फेकड़े में लाइलाज घाव हैं। बनारस धीरे-धीरे मर रहा है। कभी शंकर के त्रिशूल पर सुरक्षित संरक्षित बसा बनारस आज किसी माफिया की रायफल के निशाने पर अटका पड़ा है। नई दिल्ली, नवी मुम्बई ये सब जाने कबके हकीकत बन गये लेकिन नई काशी कागजों में अटकी पड़ी एक सरकारी परियोजना है। जीवित होने की उम्मीद में शायद यह एक बनारस का सपना है। जो बनारस की आँखों में न जाने कबसे अँटका है।

सन् 2011

# एक मोहक सपना और जागने का डर

लगभग चार-साढ़े चार हजार साल पुरानी सिन्धु घाटी की सभ्यता। वहां किसी के पास मोटर कारें नहीं थीं। साइकिलें भी नहीं थीं। हवाई जहाज की कल्पना भी शायद ही इतिहास के उन वासिन्दों को मयस्सर और मुनासिब हो। मेरा अनुमान है कि न्यायपालिका, संसद या लोकतंत्र जैसी कोई वर्तमान संस्था शायद ही उनकी दिनचर्या में असुविधा पैदा करती रही हो। लेकिन वहां शहर की गन्दगी के निकास मार्ग थे। नालियां थीं। नाले थे। नगर के बाहर सरोवर थे। किसी नगर, किसी देश, किसी युग की सभ्यता का सम्बन्ध और सरोकार आखिर किस चीज से बुनियादी तौर पर जुड़ा होता है? इस अर्थ में लखीमपुर सबसे पुराना है। मगध, हस्तिनापुर, पाटलिपुत्र, उज्जैन और वाराणसी सबके सब बहुत पीछे हैं।

लखीमपुर के भाग्य में कुछ निकम्मे जनप्रतिनिधियों और नगरपिता की शुभकामनाएं हैं, जो बावजूद हैजा, सिफलिस, मलेरिया, मस्तिष्क ज्वर, डायरिया और तमाम घटनाओं-दुर्घटनाओं के आज भी यहां के लोग जीवित और बचे हुए हैं। अगर आज भी यहां लोग सुख और सुकून से बिना किसी को शाप दिए और कोसे जिये जा रहे हैं तो तय मानिये यहां की अदम्य जिजीविषा लोगों की आत्मा को बेहया बना चुकी है। वरना...

शहर की मृत्यु का मंजर जिनके लिए एक खूबसूरत तमाशा है, जिन्होंने नागरिकों को जलालत और गजालत भोगते कीड़ों में तब्दील कर रखा है। जनरेटरों का दम घोटू शोर, आंखों में चुभता धुआं, मुख्य सड़क पर बजबजाती नालियों का रिसाव ये सब यहां के आम दृश्य हैं। हम जहां से गुजर रहे हैं और जिस समय के भीतर गुजर रहे हैं वह तकरीबन सिन्धु घाटी की

सभ्यता के चार-साढ़े चार हजार वर्ष बाद का आधुनिक शहर है। यह शहर है या किसी मरे हुए विशाल जानवर का खोखल पेट। एक घिनौनी दुर्गन्ध से लिथड़ा खौफनाक अंधेरा। और हम हैं कि बार-बार उन्हीं निकम्मे जनप्रतिनिधियों के हवाले अपना भाग्य, अपना भविष्य सौंपने को मजबूर हैं जिनके पेशाबघर का बजट शहर के बजट से ज्यादा है।

'मृत्युजोन' की तरह फैली इस शहर की सड़कें। सड़कों पर बड़े-बड़े गड्ढे। इन गड्ढों में घरों की गन्दगी तैर रही है। बजबजा रहे हैं अगले और नये बजट के आश्वासन। ऐसे ही किसी गड्ढे में पिछले बीस सालों से फंसी पड़ी है शिवकालोनी, गोटैय्याबाग का पिछवाड़ा। लोगों की चीख बिजली के तारों में फंसी पतंग की तरह फड़फड़ा रही है। रोम में आग लगी थी। नीरो बासुरी बजा रहा था। नीरो ही इस अभागे नगर की नियति है।

यह अधिकारियों का मनपसन्द जिला है। यहां दुधवा नेशनल पार्क है। नेपाल की मार्केटिंग है। शारदा की कटान है। बाढ़ की समस्या है। समस्याओं की बाढ़ है। और इस सबसे बड़ी बात तो यहां के नागरिकों का अमन पसन्दगी से भरा मिजाज। कोई राजनीतिक हल्ला-गुल्ला,शोर-शराबा कहीं कुछ नहीं। लोगों का विश्वास है कि समस्याएं अपना समाधान खुद ढूंढती हैं। बिजली नहीं जनरेटर लगवा लो। तिजोरी भरी है। खोपड़ी खाली। सचमुच कितना सुकूनदायक है नगर का यह मिजाज अधिकारियों के लिए। यहां का मौसम-बारिश की फुहारें-जाड़े की गुनगुनी धूप। हिमालय की तलहटी में जंगलों से घिरा रमणीक जिला। अधिकारी यहां से जाने का नाम नहीं लेते।

साल में एक दिन यहां के लोग बहुत ज्यादा खुश होते हैं। सिर्फ एक दिन हंसते हैं यहां के लोग। जब संसद में रेलमंत्री बजट पढ़ रहे होते हैं-लखनऊ-लखीमपुर-पीलीभीत रेलमार्ग के बड़ी लाइन में तब्दील होने की घोषणा सुनकर। लोगों की आंखों में उम्मीद की डिबरी कौंधती है। यह खुशी बड़ी लाइन से ज्यादा इस बात को सोचकर होती है कि शायद नगर का कोढ़ बन चुके 'रेलवे क्रासिंग' पर कोई 'ओवरब्रिज' भी बन जाएगा। उस एक दिन लोग एक-दूसरे को बधाइयां देते हैं। मिठाइयां बांटी जाती हैं। दूसरे दिन से फिर वही अन्तहीन प्रतीक्षा। हताश, उदास दिनचर्या, वाईडी कालेज की प्रवेश प्रक्रिया, रेलवे क्रासिंग की भीड़। एक अबूझ पहेली-गटर शहर में फंस गया है? या शहर गटर में फंस गया है। एक थकी हारी सांझ।

मैं बार–बार सोचता हूं कि क्यों इस शहर में जब कोई पागल होता है तो सीधा चौराहे की ओर भागता हुआ जाता है। और हाथ में डंडा लेकर ट्रैफिक सुधारने लगता है। क्या शहर का व्याकरण दुरुस्त करने की चिन्ता सिर्फ पागलों में रह गयी है? क्या पढ़े–लिखे समझदार और चतुर लोग सिर्फ 'इंक्रोचमेन्ट' करते हैं? नालियों की जगह घेरते हैं? सभ्य और समझदार लोग राहत शिविरों में अकाल और बाढ़ और हैजा और आदि आदि बीमारियों के उन्मूलन का फण्ड भकोसते हैं। समाज सेवा के नाम पर हजारों एन.जी.ओ., बौद्धिक वेश्यावृत्ति के वैधानिक अड्डे चलाते हैं सभ्य और समझदार लोग। गिरहकटों और पाकेटमारों तक में पाई जाने वाली मामूली मनुष्यता आखिर इन पढ़े–लिखे–प्रोफेसर, डॉक्टर, वकील, जज और प्रशासन के उच्च अधिकारियों तथा राजनेताओं की दिनचर्या से क्यों गायब होती जा रही है? विश्वविद्यालयों से निकलने वाली इस नयी बौद्धिक प्रजाति की खोपड़ी क्यों गायब है? क्यों यह वर्ग इस कदर निकम्मा होता जा रहा है? आखिर इसके पेट का आयतन क्यों समूचे देश के आयतन से बड़ा होता जा रहा है? क्यों एक पागल ही शहर का व्याकरण दुरुस्त करने के लिए दौड़ता जा रहा है। आखिर कितनी बीमारियां किसी की मृत्यु के लिए जरूरी होती हैं? दुनिया में पाई जाने वाली वह कौन सी दुर्लभ बीमारी है जो आज हमारे लोकतंत्र पर काबिज नहीं है? शायद हम एक बहुत लम्बी और, कभी न खत्म होने वाली नींद में आधी सदी से सोये चले जा रहे हैं और एक मोहक सपना लगातार हमारे दृश्य पटल पर चल रहा है। इस लोकतांत्रिक सपने में एक न्यायपालिका है। एक संसद है। इस सपने में हमारे लिए ढेर सारे आश्वासन हैं। हम कभी नहीं जागेंगे। जागना वास्तव में भयानक है। एक सपने से दूसरे में हमारी उम्मीदों को तरजीह देती एक दफ्ती टंगी है–सावधान। आगे रास्ता बन्द है।

2004

# दर्द के जिस्म पर टंगी रायफल

आजादी के पहले गढ़वाल रेजीमेंट के एक सिपाही चन्द्र सिंह गढ़वाली ने अंग्रेज अफसर की हुक्म उदूली करते हुए भारतीय जनता पर गोली चलाने से मना कर दिया था। उसका कहना था कि सेना सीमा की सुरक्षा के लिए होती है, न कि अपने देश के नागरिकों पर गोली चलाने के लिए। गांधीजी ने बेहद कठोर शब्दों में गढ़वाली की भर्त्सना करते हुए कहा कि 'ऐसे पागलों की जगह जेल होती है।' अंग्रेजों ने चन्द्र सिंह गढ़वाली को जेल में डाल दिया। हिंदी के प्रसिद्ध गीतकार शंकर शैलेन्द्र ने गढ़वाली की बहादुरी को सम्मान के साथ याद करते हुए कविता लिखी। आजादी के बाद भी बहुत वर्षों तक चन्द्र सिंह गढ़वाली जेल में पड़े रहे। गढ़वाल का पूरा अंचल उनके समर्थन में आंदोलन करते हुए सड़कों पर उतर आया। दबाव में आकर भारी मन से नेहरू सरकार ने चन्द्र सिंह गढ़वाली को रिहा किया।

जाहिर है आजादी की लड़ाई लड़ने वालों के दिमाग में पहले से ही यह बात साफ थी कि पुलिस, पीएसी और सेना का ऐसा ढांचा होना चाहिए जो सरकार की उल्टी-सीधी नीतियों का आंख मूंद कर समर्थन और सिर्फ समर्थन करे। उन्हें सच का नहीं, सरकार का साथ देना है। उनका रुतबा, उनकी वर्दी, डंडा और बंदूक अंततः सरकार के लिए होती है। जनता उनके सरोकार में कहीं भी नहीं होती है। गुंडे और सिपाही सोचते नहीं। सोचने के जुर्म में उन्हें सजा दी जाती है। उनके सोचने को राष्ट्र विरोधी गतिविधियों की आहट के रूप में शुमार किया जाता है। एक संवेदनशील पुलिस तंत्र सरकार के लिए न सिर्फ असुविधा पैदा करता है, बल्कि बेहद खतरनाक माना जाता है।

चंद्रशेखर आजाद, भगत सिंह और ढेर सारे क्रांतिकारियों की जीवनियां पढ़ते हुए हमने कहीं ऐसा नहीं पाया कि चंद्रशेखर आजाद को पकड़ने के लिए

पुलिस वाले उनकी बूढ़ी और लाचार मां को थाने में उठा लाए हों। भगत सिंह पर सांडर्स हत्याकांड का केस था, ऐसा कभी नहीं हुआ कि अंग्रेज सरकार के पुलिस वाले उनके बाप, फफूा, ताऊ को थाने लाकर सारी रात उल्टा लटकाकर रखे हों। आजाद भारत में मामूली आंदोलनकारियों को ऐसे ढेर सारे अनुभवों से रू-ब-रू होना पड़ता है। जनता और जनांदोलनों का स्पेस आजाद भारत में लगातार कम से कमतर होता जा रहा है। इसमें पुलिस कहीं से दोषी नहीं है, और अगर है भी तो शायद सबसे कम। एक बर्बर, बेहूदी और निर्लज्ज सरकार हमारी आजादी की सबसे बड़ी विरासत है।

बातें ढेर सारी हैं और सबके धागे एक-दूसरे से जुड़े हुए हैं। आजादी के बाद से ही जो राजनीतिक और बौद्धिक कुहासा फैला हुआ है, उसमें पुलिस तंत्र के सुधार पर बातें करते हुए ढेर सारी बातें इतिहास के भीतर से उभरने लगती हैं, क्योंकि तैमूर लंग से लेकर नादिरशाह तक तमाम विदेशी हमलावरों को बहुत पीछे छोड़ते हुए देश की जैसी निर्लज्ज लूट आजादी के बाद की सरकारों ने किया, जिस बर्बरता पूर्वक गांवों को सम्मिलित रूप से उजाड़ा गया, उसमें सिर्फ पुलिस को दोष देना, अपने भीतर तक भर आयी कमजोरियों का सबसे सुरक्षित बचाव है। हमारी शिकायतें कभी डीजीपी, आईजी या एसपी स्तर के पुलिस अधिकारियों से उतनी नहीं होती, जितनी कि सिपाही, दीवान या दारोगा से। बड़े अधिकारी हमारी दिनचर्या में नहीं होते। सिर्फ उनका तंत्र होता है। उनकी व्यवस्था होती है। वे हाइवे पर ट्रकों को रोककर दस-दस रुपए की वसूली नहीं करते। वे इकट्ठे थाने को बेच देते हैं-हम कुछ नहीं जानते! सिर्फ हमें अमुक थाने से इतना रुपया चाहिए। यह तो दारोगा और सिपाहियों का सरदर्द है कि उतना पैसा वे कहां से ले आवें। किसी कहानी की तलाश में एक सांझ मेरी मुलाकात 'टाई गुरू' से हुई। टाई पेशेवर हत्यारा था। पैसा लेकर दूर-दूर तक हत्याएं करने जाता। उसने बताया कि आज से बीस साल पहले बीवी के कहने पर मैंने पाप का यह धंधा छोड़ दिया था। चार-छः महीने बीतने पर एक दिन कोतवाल साहब ने मुझे बुलाया और अपना हिस्सा मांगा। मैंने उन्हें बताया कि 'साहब, मैंने पाप का धंधा बंद कर दिया है। उन्होंने मुझे बेवजह तीन दिन तक कोतवाली में बंद रखा, यह कहते हुए कि-चाहे तुम महात्मा गांधी बन जाओ, लेकिन कोतवाली का हिस्सा तो देना ही पड़ेगा। मजबूरी में मुझे धंधा जारी रखना पड़ा। गांवों में लोग दारोगा और सिपाही को सरकार कहते हैं, और इस सरकार के बनने बदलने में हमारे वोट की कोई भूमिका नहीं।

हमारे यहां जनतंत्र का मतलब है–जनता के विरोध में काम करने वाली तमाम पार्टियों में से किसी एक को चुनना। हम पार्टी बदल सकते हैं। व्यवस्था बदलने की इजाजत हमें नहीं है। हमारे लोकतंत्र में यह कूबत भी नहीं है। पुलिस के असंख्य अमानवीय उदाहरण हमारे जेहन में कौंध रहे हैं। लेकिन वे सारी अमानवीयताएं बहुत बौनी लगती हैं जब हम किसी मरीज को लेकर अस्पताल जाते हैं, और डॉक्टर का व्यवहार देखते हैं। जब हम विश्वविद्यालय के प्रोफेसरों को एक मिनट में तीन–तीन कापियां जांचते देखते हैं। जब भूकम्प, अकाल, महामारी वाले इलाकों में पोस्टिंग पाने के लिए अफसरों को सचिवालयों में मारे–मारे फिरते देखते हैं। बचपन में जब हम प्रेमचंद की कहानी 'कफन' पढ़ते थे तो घीसू और माधव की अमानवीयता पर आश्चर्य होता था। आज वे ही आश्चर्य पुरुष हमारे भाग्य नियंता हैं। वे घीसू और माधव की तरह दलित और उपेक्षित नहीं हैं। वे उच्च पदस्थ रुतबाधारी निकम्मे लोग होते हैं। उनके पेट का आयतन देश के भूगोल से बहुत ज्यादा बड़ा होता जा रहा है। उसी पेट की रक्षा और खिदमत में 35 किलो की रायफल और दस किलो का जूता पहने सिपाहियों की भारी फौज लेफ्ट–राइट करती रहती है। पुलिस से अपेक्षा की जाती है कि वह एक सभ्य और लोकतांत्रिक देश में संवैधानिक मर्यादाओं के अनुरूप आचरण करे। वह नागरिकों को अपराध से बचाये। जबकि व्यवस्था अपनी हिफाजत के लिए नागरिकों के मताधिकार पर नहीं अंडरवर्ल्ड पर ज्यादा निर्भर करती है। सिगरेट के डिब्बे पर वैधानिक चेतावनी की तरह निरीह और बेबस संविधान अपनी रक्षा के लिए खुद आंसू बहा रहा है। एक अमूर्त व्यवस्था का सर्वाधिक मूर्तमान रूप है पुलिस। क्या हम इसमें सुधार चाहते हैं? क्या हमारे वोट में इसे बदलने की कूबत है?

आज से पांच साल पहले लखीमपुर में एक बेहद दिलचस्प अनुभव हुआ। सुबह–सुबह एक अधेड़ सिपाही अपने बेटे के एडमिशन को लेकर मेरे घर आया। उसकी आंखें लाल थीं और चेहरे पर तनाव था। मैंने सोचा–शायद इसने सबेरे–सबेरे पी ली है। उसका लड़का गांव पर रहते हुए कई साल से इंटर में फेल हो रहा था। एडमिशन की तारीख बीत चुकी थी। कई दिन से एक पर एक लगातार इमर्जेंसी ड्यूटी करते हुए उसे इतना भी समय नहीं मिला कि वह अपने बेटे का एडमिशन करा सके। वह पलिया में कहीं तैनात था और लखीमपुर आने के लिए उसे छुट्टी नहीं मिल पा रही थी।

पुलिस महकमे में छुट्टी कितनी मुश्किल होती है, यह तो शायद सभी को पता होगा। उस सिपाही ने बताया कि गन्ने के खेतों से घिरे बाग में एक लड़की की लावारिश लाश के पास पूरी रात उसकी ड्यूटी थी। उस घने बाग में पूरी रात एक और सिपाही के साथ वह हनुमान चालीसा पढ़ता रहा। आबादी से दूर घने बाग के निर्जन और डरावने जंगल में एक लाश के साथ पड़े रहना कितना दुर्दांत अनुभव है, जिससे मिलते-जुलते अनुभवों के बीच इन पुलिस वालों को रोज गुजरना होता है। ये गांव के गरीब किसान-मजदूरों के बेटे होते हैं। सरकार और भ्रष्ट तंत्र की रक्षा के लिए इन्हें रायफलें दी जाती हैं और अपनी रक्षा के लिए ये हनुमान चालीसा पढ़ते हैं लेकिन उस मानवाधिकार का ये क्या करें जो वीरप्पन से लेकर ददुआ तक के संवैधानिक अधिकारों के हनन की चिंता में इनके पीछे पड़ा है। इन सारी मुश्किलात में नौकरी तो इन्हें करनी ही है। इनके भी बीवी हैं, बच्चे हैं। कचहरियों में मुकदमें हैं, जहां इनसे भी घूस मांगी जाती है।

2012

# बया का घोसला

बचपन में शायद माँ ने कभी यह कहानी सुनाई थी-नर बया ने तिनके-तिनके जोड़कर घोसला बनाया था। जब घोसला बन गया तो वह रोज दूर-दूर तक उड़कर जाया करता। वह रोज अपने लिए एक मादा बया तलाश रहा था जो उसके साथ रहना स्वीकार कर ले। इस बीच कई मादा बया उसके साथ आयीं। उसके घोसले को देखतीं-शायद उन्हें उसका घोंसला पसन्द नहीं आता और वे दुबारा नहीं आतीं। बया फिर अपना घोसला दुरुस्त करने में जुट जाता। एक दिन अचानक ही उसे अपना साथी मिल गया। ऐसे ही बनते हैं बया पक्षियों के जोड़े। सभी अपने जोड़ों के साथ अपने-अपने घोसले में रहते हैं। कभी कोई बया अकेले नहीं रहता। अगर नर बया कभी बे-वफाई करता है तो उसे अपने लिए दूसरा घोसला बनाना पड़ता है। अमूमन बया बे-वफाई नहीं करते।

ऐसे ही अनेक किस्सों-कहानियों से जीवन की रुचियाँ, संस्कार और सौन्दर्य बोध बनते हैं। जो बातें मनुष्य की समझ में नहीं आतीं उसे समझने के लिए वह प्रकृति के नियमों को देखता है। यह जरूरी नहीं कि प्रकृति के नियम अन्तिम रूप से हमारे लिए सत्य और स्वीकार्य ही हों, बावजूद इसके...

यह जरूरी नहीं है कि इतनी बड़ी दुनिया में जीवन जीने का कोई एक ढंग हो, कोई एक ही सच हो जिसे सब स्वीकार करें। और खुद हमारा अपना जीवन अपने तईं बनाये गये उसूलों का कितना पालन कर पाता है जो हम दूसरों से अपेक्षा करें कि अमुक का जीवन-आचरण हमारे विश्वासों, रुचियों के अनुसार रहे। अलग-अलग वर्गों और समाजों के भिन्न-भिन्न विश्वास, नियम और सच होते हैं, हूबहू भले न हों लेकिन उसी दायरे में उनका जीवन-आचरण होता है। दुनिया का कोई भी सिद्धान्त, कोई भी नियम अगर

अपने को सार्वकालिक, सर्वोपयोगी अन्तिम सच के रूप में ईश्वर की तरह प्रतिष्ठित करता है तो वह ईश्वर की ही तरफ फरेबी साबित होगा। उसकी ट्रेजेडी उसकी अपनी समस्या होगी। मैं उसके बारे में क्यों सोचूँ?

स्त्री-पुरुष सम्बन्धों में प्रेम का आदर्श स्वरूप क्या होना चाहिए? यह तय करने के लिए मेरे पास न तो धर्मगुरुओं जैसा पाखंड है, न किसी तानाशाह की रक्त लोलुप तलवार। यह दो व्यक्तियों का निहायत निजी मामला होता है। जो जैसे चाहे रहे। दूसरे की दीवाल में सुराख करके रात-दिन उसी में झाँकते रहने का महान नैतिक दायित्व हमारे पड़ोसियों को मयस्सर है। मैं उनके सुख में साझीदार नहीं होना चाहता।

प्रेम को लेकर आज मैं जिस तरह सोचता हूँ, वैसे कल भी सोचूँगा ही-यह मैं दावे के साथ नहीं कह सकता। फिर भी... पता नहीं क्यों, मैं प्रेम सम्बन्ध के मामले में हमेशा एकनिष्ठता को ही स्वीकार कर पाता हूँ। जीवन में अलग-अलग समय हम अलग-अलग प्रेम तो कर सकते हैं। यह निहायत सम्भव है लेकिन एक समय में एकाधिक प्रेम जी पाना मेरे लेखे असम्भव प्रतीत होता है। शायद बेईमानी और कुरुचिपूर्ण भी। देह सम्बन्धों में तो ऐसा सम्भव होता है। हर देह सम्बन्ध, प्रेम सम्बन्ध नहीं होता है। जबकि प्रेम सम्बन्ध, देह सम्बन्ध के बगैर आधा-अधूरा और प्यासा रहता है। कभी प्रियंवद ने कहा था-''मनुष्य जब पहली बार प्रेम करता है तो देवता होता है। दूसरी बार प्रेम करता है तो मनुष्य होता है। आदमी तीसरी बार प्रेम नहीं करता।''

आज जब प्रियंवद यह कहते हैं कि ''जैसे माँ अपने कई बच्चों के साथ रहते हुए उन्हें एक सा प्यार करती है उसी तरह हम एक साथ अलग-अलग स्तरों पर कई प्रेम कर सकते हैं। यह अनैतिक नहीं होगा।''

अगर प्रियंवद की उन दोनों बातों का एक ही अर्थ नहीं है, जो कि निश्चित ही नहीं है, तो शायद प्रेम के बारे में यह दूसरी अवधारणा बदली हुई या वे कह सकते हैं कि ज्यादा विकसित और व्यावहारिक है।

चूँकि प्रेम हमारे नितान्त निजी जीवन के अन्तरंग अहसासों का मामला होता है इसलिए उसे लेकर बहुत व्यावहारिक और दुनियादार होने का मैं कायल नहीं हूँ। यौन प्रेम अपनी चरम अभिव्यक्ति में एकान्तिक होता है इसलिए प्रेम के अन्य रूपों से इसकी तुलना करना मुनासिब नहीं होगा। सात्र और सिमोन द बोउवा के हवाले प्रियंवद जब अपनी बात कहते हैं तो शायद दोनों के देह सम्बन्धों को प्रेम सम्बन्ध मानने की भूल कर बैठते हैं। क्यों वे

दोनों ही एक-दूसरे के प्रेमी माने जाते हैं। और अगर यह सच भी हो तो प्रेम की एकनिष्ठता उससे बौनी कहाँ साबित होती है। कहीं हम यह मानने की गलती तो नहीं करते हैं कि अपने कृतित्व की ही तरह हर महान व्यक्ति का निजी जीवन और जीवन के सारे सम्बन्ध भी महान ही होते हैं।

विचारों और विशेषकर प्रेम के अहसासों के मामले में मैं इतना पराश्रित और परजीवी नहीं होना चाहता कि 'कलाराजेटकिन' और 'लेनिन' की बहसों को उदृत करता फिरूँ। या यह पढ़कर सुनाऊँ कि 'परिवार व्यक्तिगत सम्पत्ति और राजसत्ता की उत्पत्ति' में 'एंगेल्स' ने क्या-क्या लिखा है। यह विज्ञान का प्रश्न ही नहीं है जो उद्वरणों की प्रयोगशालाओं में साबित किया जा सके। प्रेम विशुद्ध रूप से जीवन की कला है। प्रेमी की देह-गन्ध में ऊभ-चूभ होती नितान्त आत्मगत रुचियां हैं यहाँ। बहसों की अन्त्याक्षरी से बचते हुए सिर्फ अपने अनुभवों को 'शेयर' भर करना चाहता हूँ।

एक सहज और स्वाभाविक आकर्षण से देह सम्बन्ध तक की यात्रा में जो अवधि होती है, उसी के बीच पैदा होकर प्रेम धीरे-धीरे विकसित होता रहता है। प्रेमपात्र को किसी भी कीमत पर पाने की जुनूनी तन्मयता और तल्लीनता हमें इस कदर एकनिष्ठ बनाती जाती है कि किसी नये प्रेमपात्र को तो छोड़िये, पहले से बने-बनाये रिश्ते- माँ-बाप-भाई, बहन लोकमर्यादा, पत्नी आदि सब छूटते चले जाते हैं। बच जाती है एक जुनूनी आवारगी। बहुत कुछ आत्महन्ता स्थितियों की तरह। कौन सुख के लिए प्रेम करता है? और किसे प्रेम में सुख मिलता है? नहीं, यह खाला का घर तो कत्तई नहीं है। अगर ऐसा होता, सचमुच इतना आसान होता प्रेम तो हर जगह प्रेमी ही होते। क्यों प्रेमियों को लेकर लोग किस्से कहानियाँ रचते? क्या ही अच्छा होता कि मजे में गृहस्थी भी चलती रहती। पत्नी भी खुश रहती। प्रेमिकाएँ भी समय-समय पर बदल जाया करतीं। कितना सुकूनदायक होता प्रेम का यह सफर-ऊब, उमस और एकरसता से बचता-बचाता।

जिस तरह मित्रता के भीतर ही विश्वासघात का जहरीला कीड़ा पलता है उसी तरह प्रेम के भीतर बे-वफाई की सम्भावना बराबर बनी रहती है, वे लोग सौभाग्यशाली हैं जिनका प्रेम बे-वफाई की बलि नहीं चढ़ा। हालाँकि जिसे सफल प्रेम कहा जाता है अपनी सामाजिक भूमिका में वही 'ट्रेजिक' रहा है, बनिस्बत असफल प्रेम में होने वाली दुखान्तकी के। काम प्रवीण नायिकाओं के उन्नत उरोजों और उत्तेजक नितम्बों पर न्यौछावर होते सफल प्रेम का

कामशास्त्र चौंसठ कलाओं का योगासन बनकर थोड़े ही दिनों बाद दर्जन भर बच्चों की चिल्ल-पों, रोटी तेल के हिसाब, घूस के पैसे और शेयर बाजार की अन्धी गलियों से तिरोहित हो गया। जिन्दगी ऐसे उलझी कि स्मृतियों और सपनों की कोई गुंजाइश ही नहीं बची। प्रेम दुनिया से टकराने का माद्दा पैदा करता है, दुनियादार बनाता नहीं है। यथार्थ इतना महत्वपूर्ण और मुख्य नहीं होता कि हम अपनी कल्पनाओं का संसार ही छोड़ दें। सोचिए, अगर मनुष्य के भीतर से उसकी कल्पनाएँ स्मृतियाँ और सपने निचोड़ लिये जायें तो कितना निर्मम विद्रूप जीवन बचा रहेगा। 'ट्रैजिक' और असफल प्रेम ने इन्हीं स्मृतियों, सपनों और कल्पनाओं के बल पर विश्व की महानतम कृतियों को जन्म दिया। हमारे यहाँ संस्कृत काव्य परम्परा में और हिन्दी में भी एक लम्बी फेहरिस्त है। इसीलिए सफलता की जगह सार्थकता को देखना चाहिए। जिन्हें सफल होने की ज्यादा चिन्ता है, अच्छा हो वे किसी बनिए की दुकान पर तराजू और बटखरा लेकर तौलने और बेचने का काम शुरू कर दें।

जैसे ढेर सारी सामाजिक अवधारणाएँ ठोस भौतिक यथार्थ के उदाहरण की बुनियाद चाहती हैं वैसे ही प्रेम की समूची परिकल्पनाएँ और सपने देह सम्बन्ध की माँग करते हैं। प्रेम के लम्बे सफर में देह सम्बन्ध एक महत्वपूर्ण विराम है जहाँ से विश्वास और दायित्व की नयी भूमिकाएँ तय होनी शुरू होती हैं।

जबसे विवाह संस्था ने स्त्री को गुलाम बनाकर सुरक्षा की मामूली गारण्टी दी और उसे स्थायी दासी का दर्जा दे दिया तबसे कुछ लोगों ने पत्नी के सेवाभाव को ही प्रेम मान लिया। पिथौरागढ़ से लौटते हुए शिवमूर्ति ने यही कहा था कि "आखिर प्रेम में भी तो हम वही सब करते हैं जो पत्नी के साथ करते हैं।" उन्होंने थोड़ा व्यावहारिक होते हुए सलाह दी कि "अगर एक ही जगह मन ऊब जाय तो थोड़ा बहुत इधर-उधर कुछ कर लेने में भी हर्ज नहीं है।" शिवमूर्ति हमारी बातों पर हँस रहे थे-"इसमें इतना परेशान होने की बात नहीं है जो काम जैसे निबट जाय उसे वैसे ही निबटा लेना चाहिए।"

पत्नी और प्रेमिका जीवन के दो अलग-अलग रिश्ते हैं। दोनों के अहसास और उम्मीदें, दोनों के सपने और कल्पनाएँ, दोनों की 'डिमाण्ड' एक-दूसरे से इतनी अलग होती है कि देह सम्बन्ध के एक 'कामन तत्व' के आधार पर उन्हें कत्तई एक नहीं माना जा सकता। प्रेम और विवाह दोनों की सत्ता देह के परे बहुत दूर तक फैली होती है। दोनों का संसार ही अलग और

एक-दूसरे से अपरिचित और कभी-कभी विरोधी होता है। प्रेम सम्बन्धों में हिसाब किताब कम होता है। दुनियादारी और चतुराई नहीं होती है। अर्थशास्त्र और गणित कम होता है जबकि पत्नी का रिश्ता इन्हीं सब बुनियादों पर टिका होता है। अलग-अलग रिश्ते हैं। बहन, माँ की जगह नहीं ले सकती। बुआ, दादी का विकल्प नहीं बन सकती। इसी तरह पत्नी भी प्रेमिका का विकल्प नहीं ही बनेगी। सबकी अपनी-अपनी अहमियत है। रिश्तों में घालमेल करने से बचना चाहिए। मनुष्य के उम्र जितनी पुरानी है प्रेम की उम्र जबकि विवाह संस्था, जिसके बीच से पत्नी का रिश्ता पैदा हुआ, बमुश्किल तीन हजार साल पुरानी। व्यक्तिगत सम्पत्ति की रक्षा हेतु उत्तराधिकारी की तलाश के साथ अस्तित्व में आयी विवाह संस्था। पत्नी का रिश्ता-स्त्री को दिया गया पुरुष बर्बरता का प्रतिदान है। वेश्यावृत्ति इसकी सगी जुड़वा बहन है। स्मृतियों और सपनों के साथ बलात्कार को जायज और वैध बनाती हुई यह विवाह संस्था जाति, धर्म, कुल, गोत्र, हैसियत और भूगोल के बँटवारे जैसी अमानवीय निरंकुशता पर टिकी हुई है। इसकी आत्मा में ही प्रेम की सुकोमल भावनाओं के लिए गुंजाइश नहीं है। सम्बन्धों की गरिमा इस तरह नहीं देखी जानी चाहिए कि सम्बन्धों के बने रहने पर हम एक-दूसरे के लिए कितना और कैसे जीते हैं? बल्कि ऐसे कि सम्बन्धों के टूटने और बिखर जाने के बाद हमारे मन में हमारी स्मृतियों में क्या बचा रह जाता है? जहाँ प्रेम के टूटने में निस्पन्द चेतना का सन्नाटा खिंच जाता है वहीं वैवाहिक सम्बन्धों में यह टूटन वकीलों के कानूनी दाँव-पेंच, लेन-देन के हिसाब और अनर्गल आरोपों-प्रत्यारोपों में एक-दूसरे को रक्तरंजित करने के सिवा कुछ नहीं करती। एक बहुत बड़े झूठ की बुनियाद पर जिस रिश्ते की इमारत खड़ी हो अगर प्रेमीजन अपने प्रेम की खातिर उस रिश्ते से थोड़ा-बहुत झूठ बोल भी देते हैं तो कैसा अपराध? दूसरों के लिए कानून बनाने वाले इतना भी नहीं सोचना चाहते कि किसने उन्हें यह नैतिक हक दिया है कि वे दूसरों के लिए कानून बनायें? सिवा इस आधार पर कि आपके पास शक्ति है आप उसका बर्बर प्रयोग करके दूसरों को विवश कर सकते हैं। जो पीढ़ी आपके सामने पैदा नहीं हुई है। जिसकी जरूरतें और सपने तक से आप नावाकिफ हैं। उसके लिए भी आपने कानून बना डाला। और चाहते यह हैं कि लोग कृतज्ञभाव से आपको स्वीकार लें।

प्रेम की कोई उम्र नहीं होती। यह जीवन में कभी और किसी के प्रति भी घटित हो सकता है। फिर भी इस अशरीरी भाव पर कोई उम्र फबती है तो

वह किशोरावस्था से ही मिलती-जुलती होती है। ठीक उसी तरह जैसे लज्जा का रंग लालिमा लिये होता है। शर्म से चेहरा लाल पड़ जाता है। यही शर्म का रंग होता है। प्रेमी भी चाहे जिस उम्र का हो उसके भीतर किशोर चंचलता जैसी हरकतें फूटने लगती हैं। जैसा कि मुक्तिबोध ने लिखा है, "अपनी गम्भीरता के विरुद्ध चंचल होगा।" वह स्वभावतः चंचल होता है। दुनियादारी, चतुराई, उपयोगितावादी कुटिलता प्रेमियों के किशोर मन में वास नहीं करती। अपने को मिटा देने का जुनून और शान्त समर्पण इसकी विशेषता होती है। इस जुनून के कई रंग होते हैं- प्रेम बिखर जाने के बाद आजीवन एक शान्त और ठंडा अकेलापन चुनने का भी इसका एक रंग होता है।

जब हम एक साथ एकाधिक प्रेम करने लगते हैं तो हमारी कल्पनाओं का आकाश सिमटकर एक देह भर बन जाता है। जहाँ न स्मृतियाँ रह जाती हैं न सपने। इन सबके लिए मुनासिब एकान्त नहीं बचता। जब हम असीमित आकांक्षाओं के दास बन जाते हैं। जब हम जरूरत से ज्यादा चीजें जीवन में बटोर लेते हैं तो असम्भव है अपने को 'डस्टबिन' बनने से बचा सकें।

प्रेम की अनन्यता और एकनिष्ठता के कुछ अपरिहार्य तनाव होते ही रहते हैं। बहु प्रेम प्रथा जीवन को ऐसे तनावों से मुक्त करती है। क्योंकि इसमें कोई किसी से उसका सम्पूर्ण न तो चाहता है और न अपना देता है। समय का जो हिस्सा हमारे उपभोग से अधिक है, हम आपसी सहमति के आधार पर उसे 'शेयर' करते हैं। जीवन में वैसे ही तनाव कम हैं क्या, जो प्रेम के नाम पर भी तनाव ही बटोर लें, इस सम्बन्ध में झूठ की कोई गुंजाइश नहीं। जो कुछ है साफ-साफ। कोई किसी से छल नहीं करता। कोई किसी को धोखा नहीं देता। हो सकता है आने वाले समय का यही सच हो। सम्भव है प्रेम के सम्बन्ध में अनन्यता और एकनिष्ठता की हमारी अवधारणा खारिज कर दी जाय। देवसभ्यता बाजार की जिन गलियों में आज वसन्तोत्सव कर रही है उसे देखते हुए कुछ भी सम्भव है। विकल्प हमेशा से रहे हैं। सभी को स्वतंत्रा है अपने लिए उपयुक्त का चुनाव कर लें। सारस पक्षियों के जोड़े में अगर एक मर जाता है तो तय है दूसरा भी कुछ दिन बाद अन्न जल त्याग कर मर ही जाता है। मोर पक्षी असंख्य मोरनियों के साथ अपनी हरम बनाता है। प्रकृति के नियम हरेक के साथ हैं। हम अपनी बया को जब तक सम्भव होगा, बचाये रखेंगे। इस दुनिया में कुछ भी शाश्वत नहीं है। विविधाता और बदलाव ही सृष्टि का सौन्दर्य है।

फरवरी 2006

# अस्सी की एक शाम

*"चाक डोले, चकबन्ना डोले,*
*खैरा पीपल कबहीं न डोले।"*

हमारे गांव के बाहर जो वाम्हनपार का सिवान है, वहीं एक दुबला-पतला पुराना पीपल हुआ करता था। पता नहीं अब वह पेड़ है या नहीं। बचपन में जब हम गाय-भैंसे चराने सिवान की ओर जाते थे तब उसी पेड़ के नीचे चिकई, कबड्डी या कभी-कभार ओल्हापाती खेला करते थे।

गांव में लोग ऐसा मानते थे कि हमारे सिवान का यह पीपल ही खैरा पीपल है। मां ने ही शायद कभी बताया था कि प्रलय के दिनों में जब सारी धरती डूब गयी थी, तब डरे हुए देवताओं और सप्तर्षिगण ने इसी पीपल पर शरण ली थी। हमारे गांव को तीन ओर से घेरने वाला गोधनी नाला उसकी जड़ों को छूकर ही आगे बहता था। हमें विश्वास था कि पूरे दुनिया के लोग इस पीपल को आदर और श्रद्धा के साथ, इसकी अनन्त अखंडता, इसकी पवित्र पुरातनता को प्रणाम करते हैं। कुछ अलौकिक किस्म के कौतूहल और रहस्य के रोमांच से अभिभूत हम उस खैरा पीपल को निहारा करते थे।

बाद में, मिडिल की पढ़ाई के लिए मैंने कस्बे के स्कूल में दाखिला लिया। सातवीं में हमारे साथ पढ़ने वाला मनोहर, जो किसी दूसरे गांव का था, उसने अपने गांव के पोखर के बारे में बताया कि श्रवण कुमार अपने अन्धे मां-बाप को पीने के लिए उसी पोखर से पानी ले रहे थे, तभी दशरथ ने उन्हें शब्दवेधी वाण से मार डाला था। जब मैंने अपने गांव का महत्व बताने के लिए उसे खैरा पीपल और प्रलय की बात बतायी तो, मुझे यह जानकर बहुत आश्चर्य हुआ कि वह खैरा पीपल के बारे में कुछ नहीं जानता। जबकि मां ने बताया

था कि सारी दुनिया के लोग खैरा पीपल को जानते हैं।

'काशी का अस्सी' और अस्सी चौराहे के बगल में पप्पू की चाय की दुकान काशीनाथ सिंह का खैरा पीपल है। और काशीनाथ सिंह ही क्यों रामजी राय, तन्नी गुरू, सरोज यादव और डॉ. गया सिंह सरीखे आदि-इत्यादि ढेर सारे लोग अस्सी के महत्व पर उसी तरह अभिभूत रहते हैं। वरना, ग्वालियर का 'बाड़ा' हो या लखीमपुर रेलवे स्टेशन के सामने हसीन मियां की चाय की दुकान, प्रायः देश के हर शहर-पटना, मुंगेर, भागलपुर, मोतीहारी-में गप्पी-गपोड़ियों ने ऐसे अड्डे बना रखे हैं, 'कामायनी' के विश्लेषण में मुक्तिबोध ने भारत में अंग्रेजी राज के आगमन को प्रलय के रूप में ही देखा और परखा है। आज डब्लू.टी.ओ. और बाजारवाद के लगातार हो रहे विस्तार में जब देश संसदीय रास्ते से दूसरे प्रलय की ओर जा रहा है तब बातवीर गपोड़ियों के ये अड्डे, अपनी बन्द गुफाओं के भीतर कानों में उंगली डाले एक से एक ऊंची आवाज में शत्रु को ललकार रहे हैं। जबकि स्थिति यह है कि हमारे घरों की औरतें थकी-मांदी बाजार से लौट रही हैं। कोई ग्राहक नहीं मिला। चूल्हे पर क्या पकाया जायेगा, इसका कोई ठिकाना नहीं है। बात सिर्फ भोली आस्थाओं तक होती तो कुछ और थी। लेकिन...धूमिल की एक कविता है-"मेरे भीतर का भय, चीखता है दिग्विजय! दिग्विजय!!"

असहमति! लेकिन, इस अर्थतन्त्र में, शेयर बाजार की गन्दगी बटोर कर जिन्होंने अपने ड्राइंग रूम को सजा रखा है, जिनकी दिनचर्या बीवी के साथ शुरू होकर टी.वी. के साथ बीत जाती है, भद्र नागरिकता का लबादा ओढ़े जिन्होंने जीवन का व्याकरण कुलीनता के 'फ्रेम' में मढ़ लिया है, उन संवेदनहीन घोघा बसन्तों का तो जिक्र भी मैं नहीं करना चाहता। उनकी नियति है कि वे लोग जार्ज पंचम से लेकर जार्ज बुश के लिए तोरण पताकाएं और बन्दनवार सजाएं। अमरबेल की इन हरी-भरी लताओं ने हर आती-जाती बयार का गीत गाया है। इनके पास भाषा का छद्म है। भीतर गन्दगी और गजालत है। ऊपर ओढ़े हुए कुलीन संस्कार हैं। इन्हीं की प्रतिक्रिया में 'काशी का अस्सी' रचा गया है। अपनी पहली पंक्ति से लेकर आखिरी पंक्ति तक यह उपन्यास इसी मध्यवर्गीय भद्रलोक की ऐसी-तैसी करता हुआ भाषा के कुलीन छद्म को तहस-नहस करता है।

जो लोग बेटे का 'बर्थ डे' और गृह प्रवेश का संयुक्त उत्सव करते हैं, जिनके जीवन में हनुमान चालीसा से ज्यादा साहित्य की गुंजाइश नहीं है,

होली की गुझिया भर है जिनका सामाजिक सरोकार, उन सारे भद्रजनों को कोट के बटन में गुलाब टांके नेहरू के दरबार में श्रद्धांजलि देकर हम चलते हैं 'काशी का अस्सी'। नब्बे के दशक में जहां भारतीय समाज का समुद्र मंथन चल रहा है। मन्दराचल को लपेटे वासुकि के एक छोर पर देवतागण हैं और दूसरी ओर राक्षस। कमंडल और मंडल। क्या खूब है! जिनके पुरखों ने आदमी को जातियों में बांटा था आज उन्हीं के वंशज दूसरों को जातिवादी बता रहे हैं।

बहरहाल...'काशी का अस्सी' में अस्सी चौराहा एक जिन्दादिल चरित्र की तरह हर जगह मौजूद है। कभी तो देश-दुनिया, कभी नगर और कभी मुहल्ले में घटने वाली घटनाएं इस अस्सी के हाथ, पैर, मुंह, नाक-नक्श हैं जिसके बीच से इसकी आकृति उभरती और फैलती रहती है, यह अस्सी 'टिपिकल' नहीं, 'टाइप' है। जैसी बेफिक्र, मौजू और मस्त अस्सी की शाम, वैसी ही काशीनाथ सिंह की खिलंदड़ी भाषा। नामवर सिंह के अलावा इस त्रिलोक में ऐसा कोई नहीं है जो इस भाषा के प्रहार से, मुहावरों की नुकीली धार से, बचकर निकल सके। जैसे कोई नटखट शरारती बच्चा अपने क्लास-टीचर के सामने बिल्कुल आज्ञाकारी भाव से सिर्फ कान को सजग रखे रहता है, वैसे ही बड़े भइया के सामने काशीनाथ सिंह की खिलंदड़ी भाषा। तितली के पंख की तरह विमोहित, विह्वल और स्निग्ध। छुट्टी का घंटा बचते ही रास्ते में सबसे पहले मिल गए-'दन्त कथाओं में त्रिलोचन' और फिर 'काशी का अस्सी' तक आते-आते अपने समूचे उछाह, जोश और तरन्नुम के साथ भाषा ने अपने सतरंगी पंखों को खोल दिया।

जब 'हंस' में इस उपन्यास की पहली किस्त छपी तो लोगों ने आरोप लगाया कि इसमें अश्लीलता है। गो कि, यह आरोप हिन्दी की कई महत्वपूर्ण रचनाओं पर पहले भी लग चुका था। काशीनाथ सिंह ने सफाई दी-अस्सी की यही भाषा है।-मैंने पहले ही कह दिया है कि इस उपन्यास का मुख्य और एकमात्र चरित्र अस्सी ही है।-'टिपिकल' अस्सी नहीं। 'टाइप' अस्सी। कुछ लोग नमक या हल्दी को ही दाल मान लेते हैं वही लोग अपने को इस उपन्यास का नायक मान बैठे हैं। अस्सी की यह जबान गया सिंह, तन्नी गुरू या रामजी राय के ही भरोसे नहीं है। शिवजी! शंकर बाबा की जबान का नमूना-"बे धरमनाथ! कहां है बे! गधे, सुअर, उल्लू के पट्ठे! निकल बे कोठरी से... चूतिए, मैंने बहुत बर्दाश्त किया रे। जहां मुझे रखा है, वह मन्दिर है कि माचिस?" -"पांड़े कौन कुमति तोहें लागी' में यह जबान गालियों के 'माइक

टायसन' रामजी राय की नहीं है। इसीलिए मैंने नामवर सिंह को छोड़कर पूरे त्रिलोक की बात कही थी।

पिछले पच्चीस सालों से मैं काशीनाथ सिंह को देख रहा हूं। शायद ही बातचीत में उनके मुख से कभी किसी ने गाली का एक शब्द भी सुना हो। गांव का किसान अपने बैलों, बेटों, बेटियों और बहुओं के लिए प्यार और प्रसन्नता इसी भाषा में अभिव्यक्त करता है। जिन सफेदपोश शहरी लोगों की जिन्दगी में अश्लीलता और गन्दगी के सिवाय कुछ भी नहीं बचा है उनकी शिष्ट जबान में काशीनाथ सिंह की भाषा एक अश्लील उत्पात है। जब काशीनाथ सिंह ने यह उत्पात किया तो, पप्पू की दुकान में बेंच पर और सामने की सड़क पर महत्वाकांक्षाओं की छोटी-बड़ी सैकड़ों नागफनियां उग आयीं। गलियों, मुहल्लों के ढेर सारे शोहदे, जो पहले कभी भी इधर बैठकी नहीं करते थे, उन्होंने वहीं अड्डे बना लिए। विहिप में रहकर कौन ठिकाना, मुहल्ले स्तर का भी कोई पद मिले न मिले। सम्भव है किसी कहानी में मेरा भी नाम छप जाय। अजामिल, गीध, गणिका की तरह शायद जीवन का उद्धार हो जाय। काशीनाथ सिंह को देखते ही उन लोगों की भाव-भंगिमा ऐसी हो जाती है कि-

*"हूहें सिला सब चन्द्रमुखी।*
*परसे पद मंजुल कंज तिहारे।।*
*कीन्ही भली रघुनायक जू।*
*करुना करि कानन को पग धारे।।"*

ये रामजी राय से भी ऊंचे सुरों में 'हनुमान चालीसा' का पाठ करने लगते। सचमुच इस उपन्यास ने अस्सी की भाषा को भी बदल दिया। भाषा का भाजपाई छद्म त्राहि-त्राहि कर उठा। प्रवीण तोगड़िया की संस्कृतनिष्ठ तुकबन्दियों का जवाब देते हुए सोमनाथ चटर्जी या सोनिया गांधी के तर्क बाल भी बांका नहीं कर पाते। जबकि लालू यादव के ठेठ गंवई मुहावरे उनकी सही जगह, किसी कबाड़ी के कबाड़ में फेंक आते हैं।

## हम न मरे मरिहै संसारा

दुनिया का सबसे पुराना और जीवित शहर बनारस है। जो लोग बनारस को जानते हैं वे लोग अस्सी को भी जानते हैं, तुलसीघाट, रीवां कोठी, मुमुक्ष भवन, मारवाड़ी सेवा संघ, लोलार्क कुण्ड आदि-आदि के साथ बर्फी की दुकान वाले सीताराम जादो, केदार और पप्पू की चाय की दुकानें अस्सी के आजू-बाजू को

घेरे हुए हैं। 'सुख' कहानी के भोला बाबू डूबते सूरज के जिस सौन्दर्य पर अभिभूत हो गए थे, वह अस्सी की ही सांझ में है।

जिन लोगों ने बनारस को चौक की तंग गलियों से गुजरते हुए पंचगंगा घाट की सीढ़ियों पर खड़े होकर देखा, बरबस ही उनके मुख से फूट पड़ा-सुबहे-बनारस! और जिन्होंने चना-चबेना, गंगाजल, भांग और धतूरे में छनी पप्पू की चाय से जिन्दगी गुजारते हुए वहां सड़क पर लगने वाली संसद में शिरकत की है, वह उसकी सांझ के दीवाने होकर रह गए। सुभाष राय, कामता यादव और श्रीकान्त पांडेय की तरह वे लोग देश-विदेश जाने कहां-कहां गए और कहीं जी नहीं लगा तो आखिर में अस्सी लौट आये। वहीं दम तोड़ा। गया सिंह, रामजी राय, तन्नी गुरू आदि-आदि के लिए तो अस्सी ब्याहता है। जनम-जनम के इस बन्धन में ऊब, उमस और एकरसता चाहे जितनी हो, दूसरा ठिकाना ही इनके लिए कहां है?

मुहल्ले में, नगर में, देश-विदेश में कहीं कोई बड़ी घटना घटती है, उसे लेकर अस्सी पर हर सांझ बहसें होती हैं। यहां की संसद में ओसामा बिन लादेन और बुश के बराबर-बराबर वोट हैं। ज्योतिष, सेक्स, साहित्य और राजनीति की बहसों से गन्धाता अस्सी। आग चाहे कहीं लगे, अस्सी के आकाश पर उसका धुआं फैल जाता। धूल और धुएं के गुबार में अलसाया अस्सी। शादी चाहे जिसकी हो, उसके साथ पहला हनीमून अस्सी ही मनाता है। यही है-'काशी का अस्सी'। शब्द चित्र, संस्मरण, रिपोर्ताज की कई मिलीजुली शैली में लिखा गया हिन्दी का नया और अनोखा उपन्यास।

एक क्षेपक-जिस रांड़, सांड़, सीढ़ी और संन्यासी के लिए बनारस जाना जाता है, बनारस अपनी जिन तंग और घुमावदार संकरी गलियों की वजह से जाना जाता है, उन सबका कोई ताल्लुक अस्सी से नहीं है। फिर भी आप सबकी सुविधा का ध्यान रखा गया है। रामजी राय-हमारे गांव में एक फुलेसरा बुआ थीं। रांड़। वह अक्सर, रात के सन्नाटे में, जब सारा गांव सोया रहता, जोर-जोर से दहाड़ मारकर रोने लगतीं। जितनी जोर से रोतीं उतनी ही जोर से किसी को सरापतीं और गरियाती भी थीं। रामजी राय जब भी जोर-जोर से बोलना शुरू करते, मुझे फुलेसरा बुआ की याद आती है। उन्हें सचमुच कोई दुःख था या बुआ सिर्फ चोरों की आहट पाकर सारे गांव को जगाने के लिए ऐसा करतीं, जैसा कि सब लोग कहते थे, यह बात मैं नहीं जान पाया। रहीं सीढ़ियां! वह तो अस्सी घाट पर हैं। संन्यासी-वीर रस के राष्ट्रकवि आदरणीय

कौशिक जी देख रहे हैं। सामने सड़क के किनारे एक तरफ तीन-चार बेंचों पर संसद जमी है। संग्राम जोरों पर है। बाबा नागार्जुन की एक कविता का फिल्मांकन-

"टूटे सींगों वाले सांड़ों का,
यह अजीब सा टक्कर था।
उधर दुधारु गाय खड़ी थी,
इधार सरकसी बक्कर था।"

राजनारायण इसी बनारसी शैली के राजनेता थे। लालू यादव चाहे जहां पैदा हुए हों, उनका जनेऊ अस्सी पर हुआ है। उनका गंवई अन्दाज, ह्यूमर, विट और सब पर छा जाने की कला यह बनारसी शैली की खूबी है, जैसे संगीत में घराना चलता है उसी तरह राजनीति का भी घराना है। यह बात दीगर है कि अस्सी पर लालू के समर्थक सबसे कम पाये जाते हैं।

आज जहां पप्पू की चाय की दुकान है, हो सकता है दो-चार या दस साल के भीतर वहां कोई मल्टी स्टोरी, शॉपिंग काम्प्लेक्स बन जाय। सम्भव है, मारवाड़ी सेवा संघ किसी पांच सितारा होटल में तब्दील हो जाय। लेकिन तब भी अस्सी कहीं न कहीं मौजूद रहेगा। नाम और जगह बदलकर। यही अस्सी का महत्व है। क्योंकि आपाधापी की जिन्दगी में कुछ न कुछ ऐसे लोग बचे रहेंगे जिन्हें अपने लड़के को इंजीनियर बनाने के लिए रात-दिन हाय-हाय करते हुए अपने सुख-चैन, इत्मीनान और हंसी-ठिठोली को किसी साहूकार के यहां गिरवी रखना मुनासिब न लगे, वह लोग जरूर इस तरह भी सोच सकते हैं कि नालायक बेटा बाप का कमाया धन खाता है और डी.एम., एस.पी. जिले भर की विकास परियोजनाओं-अंधों, अपाहिजों के कल्याण का फण्ड, कोढ़ियों के इलाज का पैसा, मलेरिया उन्मूलन, साक्षरता प्रसार, बाढ़, अकाल, भूकम्प, महामारी इन सबके नाम पर करोड़ों-अरबों की रकम डकार जाते हैं। अब बताओ, लायक किसे कहोगे?

रात के अंधेरे में राहजनी करने वाले भी किसी मरीज को देखकर कहते हैं-निकल जाने दो। इसकी हालत खराब है-और शहर का डॉक्टर! कोट-पैंट और टाई में धुली-पुछी भद्र नागरिकता! उसका सारा पैसा, बीवी के गहने, इन्दिरा विकास पत्र सब एक-एक कर बटोर लेता है-'अब जरा सोचो, कौन लायक है? पी.डब्लू.डी. की सड़कें, टूटे मेनहोल, मुहल्लों में जाम सीवर लाइनें, आवास विकास की कालोनियां, सबके सब इंजीनियरों की प्रतिभा और

लायकियत के ऐसे गवाह हैं जिनकी आंखों में कीचड़ भर गया है। जो लुटे-पिटे, पथराये से सड़क के बीचोबीच चौराहे पर खड़े हैं।'

अगर लायक सन्तानों की यही करतूतें हैं तो जरूर कुछ लोग अपनी सन्तानों को लायक बनने से बचायेंगे। बे-औलाद मर जाना मुनासिब होगा उनके लिए। जीवन के मूल प्राकृतिक तर्कों के स्पर्श मात्र से-किताबों के, समाज के संस्कारों के सारे के सारे सच, जिन्हें हजारों साल से जतन पूर्वक सहेजकर धरोहर बनाया गया है-शीर्षासन करते दीखते हैं। शिक्षा और ज्ञान का सम्बन्ध महानता से नहीं है। महानता सरोकार से पैदा होती है। ऐसे ही सोचने वाले मैले, कुचैले, मस्त-मनमौजी और फक्कड़ लोगों की वजह से यह धरती बची रहेगी। ऐसे ही लोग बाजार-उदय प्रकाश के शब्दों में-'जहां हर आदमी कमाऊ और हर औरत बिकाऊ हो गयी है'-के बीचोबीच खड़े होकर कह सकते हैं कि-"जो घर फूंके आपना, चले हमारे साथ।"

बीतती सदी का आखिरी दशक। डब्लू.टी.ओ. के रथ पर सवार एक क्रूर तानाशाह विश्वविजेता बनने के दंभ में हमारे घरों के भीतर तक बे-रोक-टोक घुसता चला आ रहा है। 'व्हाइट हाउस' में बैठा दुनिया का सबसे बड़ा गुंडा किसी तिलिस्म की तरह अपने हाथ बढ़ाता है और सात समुद्र पार हमारी बेटी के समूचे जिस्म को योनि में तब्दील कर देता है। किशोर सपनों में मौत का खौफ, हिंसा और घृणा के बीज रोपकर चुपचाप गायब हो जाता है। यह सारा नृशंस दृश्य अपनी लाचार आंखों से निहारने के अलावा हम कुछ नहीं कर पाते।-"**यहां का समाचार यह है कि अंधेरा, कुहरे और धुन्ध का लाभ उठाकर किसी ने बूढ़े का सिर काट दिया है। सिर गायब है। खोज जारी है। सीमाएं सील कर दी गयी हैं। अंदेशा है कि इसके पीछे किसी विदेशी एजेन्सी का हाथ है।**" -"कौन ठगवा नगरिया लूटल हो।"

यही बीसवीं सदी का आखिरी दशक 'काशी का अस्सी' उपन्यास की मुख्य चिन्ता है। गो कि सारी दुनिया में होने वाली तबाही और युद्ध का अक्स इस उपन्यास में बाबरी मस्जिद ध्वंस का प्रतीक बनकर दिखाई देता है। नकारात्मक अफवाहों से अस्सी का समूचा वातावरण विषैले बारूदी गन्ध से भर जाता है। वह अस्सी, जिसे लेकर काशीनाथ सिंह को इत्मीनान था कि उत्सव, उल्लास से सराबोर मस्ती, फक्कड़पना और वर्ग विहीन समाज का जनतन्त्र यहां की मूल आत्मा है।-इस कदर प्रदूषित होता है कि अन्ततः वे चले जाते हैं-गंगा किनारे। अंधेरी सीढ़ियों पर सन्नाटा पसरा हुआ है। गंगा की लहरों

में दंगाइयों के पद-चाप गूंज रहे हैं। चुपचाप और अकेले बैठ जाते हैं काशीनाथ सिंह थके-थके से। कर्फ्यू की आशंका से सारा शहर डरा हुआ है। 'चमकती दूर ताराएं, ज्यों हों कहीं पार'-एक जोगी निर्गुण गा रहा है-'देख तमाशा लकड़ी का।'

'देख तमाशा लकड़ी का' शीर्षक से 'काशी का अस्सी' उपन्यास की पहली किस्त जब 'हंस' में छपी तो उसमें हरिद्वार पांडेय (भाषण कला के बैजू बावरा) छाये हुए थे। आज पांडे जी का नामो-निशान भी अस्सी पर नहीं है। गया सिंह, रामजी राय, दीनबन्धु तिवारी वगैरह-वगैरह दूसरे-तीसरे परिच्छेदों से जुड़ते चले गए। यह लोग भी कल रहें, न रहें, अस्सी पर राई-रत्ती फर्क पड़ने वाला नहीं है। इसलिए कि अस्सी देश के किसी भी शहर में, किसी नुक्कड़ के कोने-अँतड़े में, अपनी जगह खुद-ब-खुद बना लेता है। अस्सी किसी एक की वजह से नहीं है। रामजी राय, गया सिंह, तन्नी गुरू सबको अस्सी ने रचा है।

चूंकि यह उपन्यास परम्परागत उपन्यासों से भिन्न जीवित और वास्तविक व्यक्ति चित्रों के ताने-बाने, हास-परिहास से ही बुना गया है, इसलिए हमें यह भी जानना चाहिए कि अस्सी वाले गया सिंह लहरतारा वाले कबीर की तरह नहीं हैं, जो घर फूंक तमाशा देखें। इनकी जड़ें बाबा कीनाराम के मठ, एक डिग्री कॉलेज में रीडर और सुदूर पहाड़ी इलाके के महाविद्यालय में बतौर प्रबन्धक, गहरे पैठी हुई हैं। अस्सी के जनतन्त्र में उनकी निरन्तर शिरकत एक बड़े जुगाड़ तन्त्र की देन है। कहां साबरमती का आश्रम और कहां हरियाणा का भोड़सी। खल्वाट खोपड़ी, बकौल काशीनाथ सिंह, जिसमें सिर्फ भूसा और गोबर भरा हुआ है। जुगाड़ तन्त्र में चौबीस घंटे 'होलटाइमर' है। घर वह लोग फूंकें जिन्हें नौकरी की उम्मीद में डिग्रियां खरीदनी हैं। गया सिंह सिर्फ तमाशा देखेंगे। इस उत्तर आधुनिक युग में धडल्ले से शिक्षा का व्यापार चल रहा है। हर शहर में कोई न कोई शिक्षा माफिया मिल जायेगा। अपनी-अपनी हैसियत और औकात! कोई माफिया और कोई छुटभैया! यह है ऊपर से दिखने वाली मस्ती, फक्कड़पन और भांग की गोलियों का आन्तरिक रहस्य। जुगाड़ तन्त्र।

## "इस अंजुमन में आपको आना है बार-बार"

हर सांझ अस्सी पर जुटने वाली संसद और उसके अनिर्वचनीय, अनाहूत सदस्यों के बारे में काशीनाथ सिंह बताते हैं कि-**"हर गदरहा किसी न किसी**

**पार्टी का सदस्य है। लेकिन बंधुआ किसी का नहीं है। इतनी गुंजाइश बराबर रखता है कि संकट की घड़ी में इससे उसमें, या उससे इसमें आ-जा सके। यही गुंजाइश लोकतन्त्र की ताकत है। और ये हमेशा उसे ताकतवर बनाने की फिराक में रहते हैं। जो इस गुंजाइश को नहीं समझता वह सिद्धान्त के मर्तबान में पड़ा-पड़ा अचार हो जाता है। राम वचन पांडे की तरह।''**

अगर यही लोकतंत्र है तो लोकतंत्र का बहुरुपिया कैसा होगा? इस तरह तो अजीत सिंह भारतीय लोकतंत्र की सबसे बड़ी ताकत कहे जाएंगे। ऐसे ही तर्कों से धरमनाथ शास्त्री ने अपनी पड़ाइन को बहलाया-फुसलाया और अंग्रेजिन को 'पेइंग गेस्ट' बनाकर शंकर बाबा को देश निकाला दिया था। अपने बेटों के हर गुनाह मानवीय लगते हैं। यही किया है काशीनाथ सिंह ने अपने गदरहों के लिए। अस्सी के प्रति अन्धी मोहासक्ति इन्हें इस हद तक जकड़ लेती है कि हू-ब-हू अपने पात्रों की तरह सोचने भी लगते हैं।

यह घोर प्रतिक्रिया है। ड्राइंग रूम की बन्द दीवारों के भीतर निरन्तर जोड़-घटाना लगाने वाले मध्यवर्गीय बुद्धिजीवियों के दोगलेपन और उनके भाषाई छद्म से। या सम्भव है, घर के तनावों से आकुल-व्याकुल मन को यह सुकून देता हो! छायावादी कवियों के क्षितिज जैसा ही कुछ-कुछ प्रतीत होता है यह अस्सी।

लेकिन इन ढेर सारी इधर-उधर की फुटकल बातों के बावजूद, चाहे कोई रहे, न रहे, अस्सी रहेगा। बावजूद गया सिंह के, अस्सी बचा रहेगा। भारत के हर शहर में कहीं किसी चाय की दुकान के आसपास जहां चार-छह लोगों के बैठने-बतियाने की जगह बची रहेगी, वहीं खानाबदोश जातियों की तरह अपना डेरा-डंडा डालकर अस्सी बस जायेगा। जो जीवन की ऊंचाइयां पाने के लिए प्रवासी हो गये हैं, उनके जेहन में लड़कपन की तरह अस्सी याद आयेगा। जो असफल रह गये, एक-एक कर जीवन के सारे मुकदमे हार चुके, लोगों को सुकून देने के लिए अस्सी बचा रहेगा। डी.एम., एस.पी. या कोतवाल, अस्सी को उपद्रव की तरह देखेंगे। तानाशाह के हुक्म से बार-बार तबाह किया जायेगा अस्सी। 'इंक्रोचमेन्ट' के नाम पर हल्लागाड़ी आयेगी और अस्सी को उजाड़कर शहर का व्याकरण दुरुस्त करेगी। फिर दूसरी सांझ किसी न किसी जगह अपनी मस्ती, अपनी बे-परवाही, अपनी हंसी की छटा बिखेरता, जिन्दगी के गीत गाता अस्सी दिख जायेगा। दीवाली और होली की तरह व्यापक है काशी का यह

अस्सी। मां कहती थी–प्रलय के दिनों में जब सब कुछ डूब गया था तब भी खैरा पीपल बचा रह गया था। वही खैरा पीपल जहां हम लोग ओल्हापाती खेला करते थे।

आज गांवों में अलाव नहीं जलते। पता नहीं खैरा पीपल अब है या नहीं। पच्चीस–तीस साल होने को हैं। मैं इतनी देर के लिए गांव कभी नहीं गया कि जाकर खैरा पीपल का हालचाल ले सकूं। लेकिन गांव के बाहर दूर–दूर तक फैले ऊसर के टीले, जहां से 'रेह' ले जाकर हम अपने कपड़े फींचते थे, अब नहीं रह गये हैं। नागफनी के जंगल, महुवे के बाग और इन सबके बीच दूर–दूर तक फैले चरागाह, जहां हम गाय–भैंसें चराया करते थे, उनके नामो–निशान भी गांवों में नहीं रह गये हैं, अब उनकी यादें भी असम्भव हो गयी हैं। हरित क्रान्ति ने गांवों की शक्ल–सूरत बदल दी। व्यवसाय का पुश्तैनी और परम्परागत ढांचा बदल दिया।

अर्थशास्त्र जानने वाले कहते हैं कि गांव की तरक्की हो गयी है। समाजशास्त्र के विद्वान कहते हैं कि रिश्तों में दरार आ गयी है। गांव के लोग कहते हैं कि अब वह बात नहीं रही। बहुत उदास–उदास लगता है। यहां रहने का मन नहीं होता। लब्बो–लुबाब यह कि इतनी उदास, मनहूस और कर्ज में डूबी तरक्की। बैंकों की मदद से हमारे गांव में तीन लोगों ने ट्रैक्टर खरीदे और तीनों के आधे खेत बिक गये। ट्रैक्टर औने–पौने दाम में बेंचने पड़े। पता नहीं कर्ज चुकता हुआ कि नहीं? पंचायती राज में लोकतंत्र को गांवों तक ले जाने का कार्यक्रम बना। फिर तो, अपहरण, हत्याएं और मुकदमेबाजी। सारे के सारे गांव थानों और कचहरियों में जाकर कानून की धाराएं रटने लगे।

गांधीजी का अन्तिम आदमी, जो आजादी की लड़ाई का नैतिक तर्क और सम्बल था। आज उसके हाथों में एक तिरंगा है और वह भाग रहा है। ग्रामीण विकास बैंकों के दलदल में उसके पैर धंस गये हैं। सांस धौंकनी की तरह चल रही है। भारी–भरकम सिर पेट की अंतड़ियों में फंसकर फड़फड़ा रहा है। वकील, जज, अर्थशास्त्र के विद्वान प्रोफेसर, नेता, पुलिस अधिकारी सब उसे चारों तरफ से घेर रखे हैं। सबके हाथों में एक–एक फंदा है। सब उसे ही पुचकार रहे हैं–आजादी की आधी शताब्दी का महोत्सव जारी है। अपराध के अंधेरे में चारों ओर संशय और अविश्वास की फुसफुसाहटें फैल रही हैं। अपनी ही सांसों का बोझ ढोते गांवों की तरक्की की यही दास्तान है। कितना भयावह और डरावना है अंधेरे का यह एकाकी सफर।

एक मामूली-सी लगने वाली घटना, जिसे हम यूं ही हो जाने देते हैं, यह सोचकर कि इतने मात्र से क्या फर्क पड़ेगा, और वह देखते-देखते हमारे समूचे वजूद को तहस-नहस कर देती है। पंडित धरमनाथ शास्त्री अपने घर में एक अंग्रेजिन को 'पेइंग गेस्ट' बनाकर रखते हैं। पता भी नहीं चलता कब पड़ाइन उसी घर में, जहां मालकिन बनकर रह रही थी, नौकरानी बन जाती है। ईस्ट इंडिया कम्पनी का इतिहास भारत की प्रथम गुलामी का इतिहास है तो आज उत्तर आधुनिक युग में देश की दूसरी गुलामी का आख्यान है-'पांडे कौन कुमति तोहें लागी।'

यह सब इसलिए कि आज इन गांवों के आसपास पंडित धरमनाथ शास्त्री के सपने की तरह कोई न कोई कस्बा समृद्ध हो रहा है। इन कस्बों में भी किसी न किसी दुकान पर एक अस्सी बस गया है। यहां भी लोग गप्पें हांकते हैं। गया सिंह, रामजी राय या तन्नी गुरू की ही तरह यहां भी लोगों के कोई सरोकार नहीं हैं। समय काटने के लिए अड्डे हैं ये। पूर्वांचल के ये कस्बे अन्तर्राष्ट्रीय आपराधिक तन्त्र की नर्सरी हैं। मजदूर नेता शंकर गुहा नियोगी हों या फिल्म इंडस्ट्री के गुलशन कुमार इन सबके खून के धब्बे इन गुमनाम कस्बों में बिखरे पड़े हैं। हवाला, दाउद, इब्राहिम, सउदी अरब, छोटा राजन, दुबई यहां की बातचीत के विषय हैं। यह भी अस्सी का ही दूसरा चेहरा है। गया सिंह, रामजी राय और तन्नी गुरू आदि-आदि से गुजारिश है कि अपने आपको इस उपन्यास का नायक न समझें। जो स्थान अस्सी का है उसे अस्सी के हिस्से रहने दें। जहां हर कोई नायक बनने लगता है उस देश की शक्ल विदूषकों जैसी दिखती है।

इतिहास के अलग-अलग कालखण्ड हैं, और जिन्दगी के अलग-अलग मंसूबे। कभी गांव में चौपालों और अलाव के इर्द-गिर्द बैठकर भी लोग बतकही किया करते थे। अब वह सब नहीं रहा। उस समय भी वहां एक प्रजाति पायी जाती थी, जिसके बारे में लोग कहा करते-"गंजेड़ी यार किसके? दम लगाये खिसके।" सुना है अब वह प्रजाति अस्सी पर बस गयी है। शहर में आकर थोड़ा-बहुत सभी बदल जाते हैं। गंजेड़ी और भंगेड़ी में अन्तर ही कितना होता है।

कभी गोदोलिया के 'दी रेस्टोरेन्ट' और पास में ही किसी माखन दा की दुकान हुआ करती थी। लोग वहीं घंटों बहसें किया करते थे। साहित्य और राजनीति की गम्भीर बहसें। इस परिवेश ने बनारस में चन्द्रबली सिंह और नामवर सिंह जैसी शख्सियत को पैदा किया। और आज रामजी राय या गया सिंह की

अन्त्याक्षरी। छिछले चुटकुले। जब सरोकार खत्म हो जाते हैं तो यही बचा रहता है। मस्ती और फक्कड़पन की शक्ल में बहुरुपिये और मसखरे पैदा होते हैं। दूसरों का मजाक उड़ाने से ज्यादा क्रूर और अमानवीय कुछ नहीं होता। 'काशी का अस्सी' में जो सामाजिक पतनशीलता और व्यक्तित्व के विघटन के चिह्न मात्र हैं वही अपने आपको नायक होने का मुगालता पाल बैठे हैं। इनकी तुकबन्दियां, इनके तर्क, इनकी भाषा किसी चीज पर इन्हें खुद का भरोसा नहीं और चाहते हैं दुनिया इन्हें ही मसीहा मान ले।

अगर गया सिंह एक जीवित चरित्र नहीं होते और उनका वजूद सिर्फ 'काशी का अस्सी' उपन्यास में ही होता तो इतनी पड़ताल की जरूरत नहीं पड़ती। लेकिन संस्मरण से रिपोर्ताज और फिर उपन्यास तक का सफर पूरा करने वाली इस कृति की समीक्षा में इस गैर-साहित्यिक पद्धति का सहारा लेना पड़ रहा है। काशीनाथ सिंह की दिक्कत यह है कि वे रहजनों से ही ठिकाने तक पहुंचने का रास्ता बूझ रहे हैं। इस उपन्यास में काशीनाथ सिंह उस भावुक भक्त की तरह हैं जो जीवन के तनावों से ऊबकर भगवान को खोजते-खोजते किसी मन्दिर या मठ के पाखंडी पुजारी के आप्त वचनों से गद्गद होकर उसे ही जीवन का सन्देश मान लें। यह अजीब इत्तिफाक है कि डॉ. गया सिंह सिर्फ एक डिग्री कॉलेज में लेक्चरर और एक महाविद्यालय, जहां उनका छोटा भाई प्रिंसिपल है, के प्रबन्धक ही नहीं हैं, उनके जुगाड़ तन्त्र की आभा से कीनाराम मठ की भव्य दीवालें भी जगमगा रही हैं। किसी सिद्धान्त का सबसे बड़ा तर्क होता-जीवन जीने का वैसा ही मिलता जुलता ढंग, वरना एक फ्राड पैदा होने की गुंजाइश बनी रहती है।

## दिल ढूंढता है फिर वही फुर्सत के रात-दिन

मध्यवर्गीय तनावों को लेकर काशीनाथ सिंह ने एक से एक बेहतरीन कहानियां लिखी हैं। 'आखिरी रात', 'कविता की नयी तारीख', 'अपना रास्ता लो बाबा' आदि-आदि। काशीनाथ सिंह का जीवन, जिसे उन्होंने भोगा और जिया है और जिसे करीब से देखने का अवसर किसी न किसी तरह मुझे भी मिला है-इन कहानियों में ज्यादा वास्तविक होकर झांकता रहता है-बनिस्बत अस्सी पर लिखे इस संस्मरणात्मक उपन्यास के।

'सुख' कहानी के भोला बाबू एक सांझ डूबते हुए सूरज के वृत्त की आभा देखकर इस कदर अभिभूत और चमत्कृत होते हैं कि हास्यास्पद लगने लगते

हैं। जोड़-घटाने में रत्ती-रत्ती टूट और बिखर चुकी जिन्दगी को प्रकृति का एक अति परिचित मामूली दृश्य भी अलौकिक आभा से सम्मोहित कर लेता है। स्थितियों और पात्रों के मामूली हेर-फेर के साथ हर अच्छी कहानी किसी आत्मकथा का अंश प्रतीत होती है।

'काशी का अस्सी' का पहला परिच्छेद 'देख तमाशा लकड़ी का' जब 'हंस' में प्रकाशित हुआ था तो संस्मरण जैसा कुछ था। उसमें काशीनाथ सिंह अपने जीवन की एक बात बताते हैं। उस बात की पुष्टि उनकी पत्नी ने की तब मैं जान सका कि वह एक हू-ब-हू घटना है। हुआ कुछ यूं कि एक दिन सवेरे-सवेरे जब वह घर से सब्जी लेने निकले थे, तहमत और कुर्ता डाले, तभी उनके एक मित्र मिल गए। वे किसी 'टूर' पर जा रहे थे। धर लिया काशी को। अभी और इसी तरह साथ चलो। डॉक्टर साहब ने आनाकानी की। **''घर से कपड़े बदल आने दो। पत्नी को बता दूं।** मित्र ने समझाया-**''काहे की हैं हैं और काहे की खट-खट। साथ तो जाना नहीं कुछ। फिर क्यों मरे जा रहे हो चौबीस घंटे। सारा कुछ जुटाये जा रहे हो। फिर भी किसी के चेहरे पर खुशी नहीं। यह नहीं है तो वह नहीं है। इसे साड़ी तो उसे फ्रॉक, इसे फीस तो उसे टिफिन, इसे दवा तो उसे टॉनिक, इसे...कुछ करो तब भी, न करो तब भी यह दुनिया चल रही है और चलती रहेगी...प्यारे लाल अपनी भी जिन्दगी जियो, दूसरों की ही नहीं,- और सुनों! कार्यक्रम बना कर तो सारी जिन्दगी गंवा रहे है हम!1''**

जब कई दिन बाद टूर से लौटे तो घर में कोहराम मचा हुआ था। काशीनाथ सिंह लिखते है

**''मुझे जल्दी ही अहसास हो गया कि माया मोह के जंजाल में फंसा मैं -अस्सी का प्रवासी-इस दर्शन के काबिल नहीं।''** असमर्थता है। लेकिन आकांक्षा बनी हुई है काशीनाथ सिंह और भोलाबाबू के तनाव एक जैसे है भोलाबाबु के लिए एक सांझ का सौन्दर्य अलौकिक प्रतीत होता है और काशीनाथ सिंह को पप्पू की चाय की दुकान। भोला बाबू नौकरी से रिटायर हो चुके हैं। काशीनाथ सिंह रिटायर होने के करीब हैं। अपनी जिन्दगी में सामर्थ्य भर नक्सलवादी आन्दोलन से भी जुड़े रहे। एक सपना था-शायद भारतीय समाज की मुक्ति और इस तरह अपनी भी मुक्ति का यह रास्ता हो सकता है। यह भी हो सकता है कि लेखकीय अनुभव में खतरों से खेलने के रोमांच की जरूरत महसूस हुई हो। इसी दौरान उन्होंने 'सुधीर घोषाल' कहानी भी लिखी। 'अपना

मोर्चा' उपन्यास का 'ज्वान' उन दिनों के काशीनाथ सिंह और धूमिल का मिलाजुला रूप है। लेकिन युग तेजी से बदलता जाता है। कीर्ति व्यवसायियों के हमले से एक-एक कर सबकी कलई खुलती जाती है। 'लाल किले के बाज' और 'वे तीन घर' कहानियां प्रकाशित होती हैं। आस्थाएं एक-एक कर भहरा रही हैं। काशीनाथ सिंह चुपचाप सबको देख रहे हैं, कमी विचारधारा में नहीं, उसकी व्याख्या करने वाले संगठनों में है-वह सोचते हैं। 'ग्लास्नोस्त', 'पेरेस्त्रोइका'! गोर्बाचेव का नोबेल प्राइज पर बिक जाना। बुद्धिजीवियों, कलाकारों की आस्था और विश्वास पर बीसवीं सदी का सबसे बड़ा हमला-समाजवादी सोवियत संघ का पतन। गले की हड्डी क्यूबा और वियतनाम के अपमान का धब्बा अपनी समूची बर्बर विरासत के साथ इराक पर टूट पड़ता है। खुली खिड़कियों से औपनिवेशिक बाजारवाद का प्रदूषण भीतर तक भरने लगता है।

विचारधारा के क्षेत्र में उत्तर आधुनिक विमर्श का वर्चस्व। उधर शब्द अर्थ की गुलामी से मुक्त होते हैं और इधर लेखक संगठन विचारधारा के नाम पर कुछ संगठन कर्ताओं के ज्ञान दम्भ और ठगी से। जो यथार्थ हमारे आसपास वर्षों से हमें दिन-रात घेरे हुए थे, जिन्हें हम चोर निगाहों से निरन्तर देख और महसूस कर रहे थे, लेकिन प्रतिक्रियावादी होने के डर से लिख नहीं पा रहे थे, बाद के नये लेखकों ने उन्हें शिद्दत के साथ जद्दोजहद से अपनाया। हिन्दी कथा साहित्य का नया परिदृश्य जीवन की विविध छटाओं से भर गया। गुजरे जमाने के इसराइल, विजेन्द्र अनिल और सुरेश कांटक ने लिखना बन्द कर दिया। दूधनाथ सिंह ने धर्मक्षेत्रे-कुरुक्षेत्रे, नमोअन्धकारम और निष्कासन जैसी महत्वपूर्ण कहानियां या उपन्यास लिखे। काशीनाथ सिंह ने 'अस्सी को एक चरित्र की तरह 'ट्रीट' किया और 'रागदरबारी' की तरह पठनीय, रोचकता से भरपूर अपना महत्वपूर्ण उपन्यास 'काशी का अस्सी' लिखा।

रामजी राय और तन्नी गुरू इस उपन्यास में अपनी स्वाभाविक वेश-भूषा और जिन्दादिली के साथ उभरे हैं। इनके चरित्र में कोई विशेष काट-छांट भी सायास नहीं की गयी है। इनके जीवन का आनन्द, उत्सव और उल्लास अस्सी का वाकई मुखड़ा है। इनके अलावा कुछ और महत्वपूर्ण चरित्रों का अन्तर्सच बहुत कुछ छिपा-बचाकर प्रस्तुत किया गया है। अगर कथाकार काशीनाथ सिंह पर डॉ. काशीनाथ सिंह का प्रभाव पड़ने से बच गया होता तो निश्चित ही जनतंत्र के साथ-साथ हमारे युग और समाज की बहुत बड़ी समस्या जुगाड़ तन्त्र

का भी चेहरा उभरा होता। लेकिन जो नहीं हो सका उसका क्या? आइए देखें-"**वी.पी. के खिलाफ बोलने वाले का सिर फोड़ देने वाले रामजी सन् 92 में वी.पी. भक्त थे। जनता दली। वे गालियों के मामले में ही 'माइक टायसन' नहीं थे, इसलिए भी थे कि मन्दिर-मस्जिद के मुद्दे पर भाइपाई राधेश्याम के कान चबा गये थे। लेकिन इधर काफी बदलाव आया है उनमें, ऐसा सुना था.**

**-कहिए किस पार्टी में हैं आजकल? -वे हंसे मेरी मूर्खता पर।**

**-यह पर्चा लीजिए-"अबकी बारी, अटल बिहारी।"**

नजरिया बदल जाता है। तीस-पैंतीस साल पहले इसी तरह के किसी रामजी राय पर काशीनाथ सिंह ने 'आदमी का आदमी' और ऐसी ही बहसों पर 'चाय घर में मृत्यु' कहानी लिखी थी।

आजादी के बाद नेहरू युग के सम्मोहन में नयी कविता और नयी कहानी के भीतर रोमानी तत्व उभर रहे थे। नामवर सिंह ने कहीं लिखा है, शायद मुक्तिबोध के सन्दर्भ में लिखा है कि उस युग का महत्वपूर्ण और सार्थक लेखन नेहरू युग के जादू से मुक्त होकर लिखा गया। सम्मोहन का खतरा अस्सी से भी है। लेकिन यह सम्मोहन ही तो इस उपन्यास की जान है। अगर यह नहीं होता तो न ही इस उपन्यास में भाषा का ऐसा उछाह होता और न ही अस्सी की इस मस्ती और फक्कड़पन का ऐसा मोहक संगीत होता, जो मिठाई लाल के कंठ से फूटकर देर तक और दूर तक हमारी आत्मा में बजता रहता है।

आज विश्वग्राम की अवधारणा है। हम चौराहे पर खड़े हैं। भौचक्क और पथराये से हम। हमारे भीतर मुक्तिबोध का एक सवाल बार-बार गूंज रहा है-"कहां जायें? दिल्ली या उज्जैन।" एक सौदागरों की नगरी है और दूसरी कालिदास की। हम तय नहीं कर पाते और थक-हारकर टी.वी. के सामने बैठ जाते हैं। सूचनाएं! अतिसूचनाएं! और अतिशय सूचनाएं!! सूचनाओं का अम्बार लगा है। हम भौचक और भकुवाये हुए हैं। "कौन ठगवा नगरिया लूटल हो।" 'काशी का अस्सी' इसी आशय का आख्यान है। कभी भविष्य में इतिहासकारों, विशेषकर 'सबाल्टर्न' इतिहासकारों को अगर बीसवीं सदी के आखिरी दशक का अध्ययन करना पड़ा तो 'काशी का अस्सी' सबसे भरोसे का उपन्यास लगेगा। क्योंकि डायरी के पन्नों की तरह यहां सब कुछ ज्यों का त्यों क्रमवार दर्ज है। नेहरू युग की सामाजिक-राजनीतिक संस्थाओं में आई पतनशीलता को आधार बनाकर जिस तरह 'रागदरबारी' लिखा गया था कुछ वैसे ही कथा

विन्यास को लेकर, वैसे ही रोचकता और पठनीयता से सन्तुलन साधकर लिखा गया यह उपन्यास अपने युग का प्रामाणिक दस्तावेज और आख्यान है।

आज काशीनाथ सिंह के पास हिन्दी की समृद्ध और लोकरंजक भाषा है। जो न सिर्फ भाषा के परम्परागत और शास्त्रीय ढांचे को तोड़कर विकसित हुई है, बल्कि समाज में जो भी कुलीन प्रभामंडल का छद्‌म फैला हुआ है उस पर वज्रपात करके पली–बढ़ी है। भाषा का ऐसा स्फुरण और ऐसी गतिमयता कि उसके संस्पर्श से, हजारी प्रसाद द्विवेदी या त्रिलोचन को छोड़ भी दें तो कमला प्रसाद पांडेय जैसा व्याकरण निबद्ध भाषा और कठोर अनुशासन से निर्मित जीवन चरित भी कसमसाकर शुष्क सिद्धान्तों की मर्यादा रेखा लांघने को बेताब बन्द दरवाजों की सांकल खटखटाने लगता है।

अक्टूबर 2003

# प्लेटोनिक प्रेम की : लालरेखा

बचपन में जिन लेखकों की किताबों ने हममें किताबें पढ़ने और फिर पढ़ी गयी किताबों पर बातें करने का व्यसन पैदा किया, उनमें सबसे ज्यादा महत्व कुशवाहाकांत के उपन्यास 'लालरेखा' का है। 'लालरेखा' कुशवाहाकांत की संभवतः सबसे ज्यादा बिकने और पढ़ी जाने वाली किताब थी। अंग्रेजों से आजादी की लड़ाई की एक प्रमुख और महत्वपूर्ण धारा उन क्रान्तिकारियों की थी, जिसके शीर्ष पर चन्द्रशेखर आजाद थे। भगत सिंह से पहले तक क्रान्तिकारियों की वह धारा सामाजिक चेतना की तुलना में क्रान्ति के लिए शौर्य और साहस को ही महत्वपूर्ण मानती चली आ रही थे।

1857 का प्रथम स्वाधीनता संग्राम शौर्य और साहस की अनेक किंवदन्तियों से मिलजुल कर एक विराट मिथक के रूप में इन क्रान्तिकारियों को अजस्र प्रेरणा प्रदान करता था। अंग्रेजों ने यहां आकर कितने राजनीतिक और सामाजिक सुधार किए? रेल की लाइनें बिछाई। नहरों का जाल फैलाया। जिले स्तर पर न्यायपालिकाएं स्थापित कीं। प्रति वर्ष अंग्रेज भारत से लूटकर कितना माल अपने देश ले जाते थे? अर्थशास्त्रियों, इतिहासकारों और समाज सुधारकों की इन बकवासी बहसों को दर किनार कर क्रान्तिकारी लोग अंग्रेजी सत्ता को सिर्फ गुलामी के अपमानजनक कलंक की तरह देखते थे। आजादी उनके लेखे सिर्फ आर्थिक संपन्नता का मामला नहीं थी। यह उनके स्वाभिमान का मामला था। वे इसी रूप में 1857 को देखते थे। झांसी की रानी और तात्या टोपे को देखते थे। राणा प्रताप और शिवाजी की कहानियों से वे विशाल सत्ता से अनवरत टकराते रहने की प्रेरणा पाते थे। अंग्रेजों के क्रूर दमन से निरंतर जूझते-लड़ते इन क्रान्तिकारियों के भीतर आजादी के लिए मर मिटने की भावना रूमानी आवेग

पैदा करती थी। कुशवाहाकांत की किताब 'लालरेखा' उसी क्रान्तिकारी धारा की बेहद रोचक और रोमांचकारी फैण्टेसी है।

'लालरेखा' का समूचा कथा विन्यास अद्‌भुत कल्पनाशीलता का सहारा लेकर क्रान्तिकारी राष्ट्रवाद की भावनाओं पर तो बुना ही गया है, साथ ही इस उपन्यास में उस दौर के दूसरे महत्वपूर्ण उपन्यासकार गुलशन नन्दा, रानू, प्रेम बाजपेई के गलदश्रु भावुकता भरे लिजलिजे प्रेमी की रुदन भरी उदासी के उबाऊ दुहराव भी नहीं हैं। उस दौर में लिखे जाने वाले इब्ने सफी बी.ए. और कर्नल रंजीत के जासूसी उपन्यासों से ज्यादा रोमांचक कारनामे कुशवाहाकांत के इस उपन्यास में जगह-जगह गुंथे गए थे, जिन्हें देखकर जासूसों के जासूस भी दांतों तले उंगली दबा लें। तमाम सारे जासूसी उपन्यासों से ज्यादा प्रभावशाली समर्थ और सक्षम रहस्यमयता और रोमांच से कुशवाहाकांत का उपन्यास 'लालरेखा' भरा पड़ा है।

जिन व्हीलर्स की दुकानों पर कभी कुशवाहाकांत के उपन्यास भरे होते थे आज वहां उनके निशान भी मिट चुके हैं। आज से लगभग पैंतीस-चालीस साल पहले ननिहाल जाते हुए मऊ बस अड्डे पर मैंने 'लालरेखा' खरीदी थी। यूं ही नहीं। कहीं कुछ बड़े लोगों की बातचीत में मैंने इस उपन्यास के बारे में सुन रखा था। किताब खरीदने के बाद वहीं बस अड्डे पर, कुछ देर तक बस की प्रतीक्षा करते हुए और शेष, बस का सफर करते हुए, लगभग एक सांस में मैंने यह किताब पढ़ डाली थी। सोते हुए पूरी रात मुझे सपने में इसी उपन्यास के दृश्य दिखाई देते रहे। मेरे किशोर मन पर पहली बार किसी किताब का इतना मार्मिक और गहरा असर पड़ा था।

फिर तो उपन्यासों को पढ़ने का व्यसन धीरे-धीरे इस कदर बढ़ता गया कि कोर्स की पढ़ाई एक ओर धरी की धरी रह गयी। हमारे कस्बे में ऐसी किताबों की कोई दुकान न थी। एक से दूसरे हाथ घूमती, या फिर रिश्तेदारी में आए पढ़े-लिखे फैशनेबुल लोगों के पास से हम इन किताबों को बीच में ही झटक लेते थे। और फिर चोरी-चोरी पढ़ जाते थे। घर के बड़े-बुजुर्गों की नजर में ये किताबें आवारगी की पहली पगडंडी थीं। जैसे ताश खेलना। जैसे सिनेमा देखना। जैसे छुप-छुप कर बीड़ी पीना।

कुशवाहाकांत के उपन्यास हम खोज-खोज कर पढ़ते थे। मुझे नाम तो याद नहीं है। उनके किसी उपन्यास में रिक्शा खींचने वाले का चरित्र था। वह बनारस की गलियों का मशहूर छुरेबाज था। एक छुरेबाज के रूप में लोग

उसके नाम से कांपते थे। लेकिन उसे पहचानते कम ही लोग थे। लोग अक्सर उसे मामूली रिक्शावाला समझ कर उसके साथ अपमान जनक व्यवहार करते। यहीं उसके छुरेबाजी का हुनर उसके श्रम को स्वाभिमान और गरिमा प्रदान करता था। जब मैंने बाद में प्रसाद जी की गुण्डा कहानी पढ़ी तो बनारस के परिवेश में कुशवाहाकांत का वह चरित्र बार-बार याद आता। दबंग और स्वाभिमानी।

सुभाषचन्द्र बोस के जीवन को आधार बनाकर भी कुशवाहाकांत ने 'क्रान्तिकारी सुभाष' नाम से जो गल्प लिखा उसमें उनके शौर्य और साहस को तो उचित ही महत्व दिया गया था, लेकिन साथ ही सुभाषचन्द्र बोस के जीवित होने की किंवदन्ती को अवैज्ञानिक, असंभव ढंग से प्रस्तुत किया गया था। यह संभवतः कुशवाहाकांत की सबसे कमजोर कृति थी। शौर्य या श्रृंगार की असंभव कल्पनाएं न रोमांच का सुख देती हैं न चमत्कार का कौतूहल। उनमें सिर्फ भाषा का भद्दा कण्ठ फुस्फुसा कर रह जाता है। निश्चित तौर पर 'लालरेखा' ही उनका सबसे बेहतर प्रभावशाली; बिकने और पढ़ा जाने वाला उपन्यास था, जिसमें व्यक्तिवादी विद्रोह के शौर्य और साहस का सौन्दर्य चरम कल्पनाशीलता के माध्यम से अभिव्यक्ति पाता है। 'रेखा' का चरित्र उस क्रान्तिकारी धारा के बीच स्त्री-पुरुष की गैर बराबरी को मिटाकर समानता का मिथकीय मानक प्रस्तुत करता है।

'लालरेखा' उपन्यास में लालचन्द एक क्रान्तिकारी नवयुवक है। बाकायदा क्रान्तिकारी दल का महत्वपूर्ण सदस्य। नगर का पुलिस अधीक्षक शर्मा पूरी तरह अंग्रेज परस्त है। अंग्रेजों के प्रति अपनी वफादारी प्रमाणिक करने के लिए वह रात-दिन हाथ धोकर क्रान्तिकारी गतिविधियों के पीछे पड़ा रहता है। लोग उसे अंग्रेजों का कुत्ता और चाटुकार अधिकारी मानते हैं। शर्मा को अपनी इस छवि से गुरेज नहीं है। क्रान्तिकारी दल के लोग कई बार उस पर असफल जानलेवा हमला कर चुके हैं। रेखा उसी शर्मा की इकलौती बेटी है। स्निग्ध सौन्दर्य और शोख चंचल स्वभाव वाली रेखा पड़ोस में रहने वाले लालचन्द के यहां अवसर-अनवसर हर समय उपस्थित रहा करती है। क्रान्तिकारी लालचन्द की रहस्यमय गतिविधियों के लिए जो मुनासिब एकान्त चाहिए उसे वह किसी से मतलब न रखकर चुपचाप पढ़ाई करने वाले छात्र की छवि से मयस्सर करना चाहता है। बातूनी और शरारती रेखा गाहे-ब-गाहे अपनी उपस्थिति से लालचन्द के रहस्यमय एकान्त को तार-तार करती रहती है।

लालचन्द क्रान्तिकारी अवधारणाओं के अनुसार स्त्री रेखा से दूरी बनाए रखना चाहता है। दूसरे, वह शत्रु की बेटी भी है। लेकिन रेखा की उपस्थिति उसके आस-पास के समूचे वातावरण में घुलती और गहराती जाती है। दरअसल, रेखा लालचन्द से प्यार करती है। शायद लालचन्द भी। हालांकि उस दौर में, जहां क्रान्ति की अवधारणा ब्रह्मचर्य, त्याग, शौर्य और साहस के ताने-बाने से बुनी होती थी, वहां प्यार की कोमल नैसर्गिक भावनाओं के लिए आलिंगन या चुम्बन के दृश्य पूर्णतः वर्जित थे। उस क्रान्तिकारी राष्ट्रवाद में ऐसे प्रेम की गुंजाइश कहीं नहीं होती। चन्द्रशेखर आजाद के समय तक प्रेम पथभ्रष्ट होने की शुरुआत माना जाता था। ऐसे में लालरेखा का प्रेम मुंहलगी छोटी बहन की शरारतों के सामाजिक शिल्प में उभरता है। पूरी तरह 'प्लेटोनिक।' देह की सत्ता से परे। इतना पवित्र कि किसी किस्म का स्पर्श सुख उसे मैला बना सकता है। वह सिर्फ भाई-बहन के बीच की शरारतों और ममत्व भरी आत्मीयता के नाना शिल्प में झिलमिलाता रहता है। उपन्यास में लालरेखा का प्रेम अन्त तक ऐसे ही धड़कता रहता है।

लालचन्द को किसी गुप्त मिशन का निर्देश देने के लिए क्रान्तिदल का सरदार रहस्यमय छाया की तरह आता रहता। वह हर बार वेश बदल लेता है। क्रान्तिदल का कोई सदस्य उसे पहचानता नहीं है। उसका नाम क्या है? वह कहां का रहने वाला है? वह और क्या करता है? वह अंग्रेजों का दुश्मन तो है लेकिन देश, दुनिया और समाज के बारे में क्या सोचता है? दल के किसी सदस्य को उसके बारे में कुछ नहीं मालूम। सिवा यह कि सरदार अन्यायपूर्ण सत्ता को पल-पल चुनौती देने वाला अक्षय शक्ति का प्रतीक है। दल के सदस्यों से मिलते समय सरदार अपनी दायीं आंख के थोड़ा ऊपर हाथ की उंगली से अपना माथा खुजलाता है। इसी संकेत से दल के सदस्य उसे पहचानते और निर्देश प्राप्त करते हैं। बचपन में चेचक की वजह से चन्द्रशेखर आजाद की आंख के ऊपर माथे पर गड्ढा नुमा छोटा सा दाग था। चन्द्रशेखर आजाद की जीवनी में मैंने ऐसा कहीं पढ़ा है कि बचपन में उनकी मां उनके उस दाग को अक्सर सहलाया करती थीं। सरदार लालचन्द को बार-बार इस बात की हिदायत देता कि शत्रु की बेटी का हर समय तुम्हारे घर में बना रहना अच्छा नहीं है। लेकिन रेखा मानती ही नहीं। वह तो उल्टे सरदार को लेकर भी लाल से चुहल करती। जब भी सरदार आता रेखा लालचन्द को उसका एकान्त सौंपकर घर के बाहर चली जाती। एक दिन तो वह हद ही कर देती

है, जब सरदार लालचन्द से मिलने आता है। घर से बाहर निकलते हुए रेखा सरदार को देखकर स्निग्ध शरारतों के साथ उसकी आंखों में आंखें डालकर अपनी आंख के ऊपर माथे के पास खुजलाते हुए बाहर निकल जाती है। सरदार, जिसके रहस्य को पुलिस के आला अधिकारी और बड़े-बड़े जासूस छू नहीं सके थे, उसका गुप्त और खास संकेत रेखा की पकड़ में आ चुका था। सरदार भौचक। लालचन्द रेखा की ऐसी हरकतों से चिढ़ जाता। लेकिन वह थी ही ऐसी शरारती जिसके सामने किसी किस्म का क्रोध, कठोरता या अनुशासन ज्यादा देर टिक नहीं पाता।

हंसोड़, गप्पी और आकर्षक व्यक्तित्व वाली रेखा क्रान्तिकारियों की रहस्यमय जीवन पद्धति और कठोर अनुशासन की गुरुता को भंग करते हुए सहज और सरल जीवन का स्वच्छन्द संगीत रचती है। इसी तरह रहते हुए अवैध और अनाहूत ढंग से वह क्रान्तिकारी गतिविधियों में हिस्सा भी लेने लगती है। कई बार रात अंधेरे में लालचन्द अपने गुप्त मिशन पर जाते हुए उस समय ऐन मौके पर रेखा को अपने करीब पाता है, जब वह पुलिस के हाथों पकड़े जाने को होता है। रेखा उसे बचा लेती है। एक दिन लालचन्द मारा जाता है और उसी के साथ रेखा पकड़ी जाती है। जाहिर है इस घटना की वजह से एस. पी. शर्मा की बहुत बेइज्जती होती है। अंग्रेजों की नजर में उनकी विश्वसनीयता पर सवाल उठ रहे होंगे, यह सोचकर वह सकपका गये थे। पुलिस सुपरिटेन्डेन्ट शर्मा अपनी स्वामिभक्त प्रमाणित करने के लिए रेखा को दी गई सजा में 'गोली मारने का आदेश' खुद अपने प्रयास से स्वयं पा लेते हैं।

क्रान्तिदल का सरदार, जिसकी रहस्यमयी छाया को पुलिस के आला अधिकारी, सरकारी जासूस या खुद उसके दल का कोई सदस्य छू तक नहीं सका था, अब वह रेखा की बहादुरी के समक्ष श्रद्धावनत नजर आता है। शताब्दियों से संचित क्रान्तिकारियों की स्त्री सम्बन्धी अवधारणा यहां तक आते-आते टूट बिखर जाती है। जब आप एक बड़े उद्देश्य को चुनते और उसकी ओर बढ़ते हैं तो ढेर सारे छोटे-छोटे प्रश्न अपने आप सुलझते चले जाते हैं। पूरे उपन्यास में रेखा स्त्री स्वतन्त्रता या समानता के प्रश्नों पर ऐय्याशी भरी बौद्धिक जुगाली कहीं नहीं करती है। सजा के घटनाक्रम तक आते-आते वह पूरे उपन्यास के कथानक पर छा जाती है। किसी स्त्री चरित्र का इतना प्रभावशाली चित्रण किसी साहित्यिक-गैरसाहित्यिक कृति में उस उपन्यास से पहले या फिर उसके बाद देखने को मिला हो, मुझे याद नहीं। जाहिर है यह

कहते हुए मुझे प्रसाद जी की ध्रुव स्वामिनी, कामायनी की इड़ा, गोदान की मालती, गणदेवता की दुर्गा, शरतचन्द्र की पारो और यशपाल के ढेर सारे स्त्री चरित्र एक साथ याद आ रहे हैं। आज से लगभग चालीस साल पहले पढ़े गए उपन्यास 'लालरेखा' पर लिखते हुए मैं याद करता हूं कि कैसे कथानक के इस बिन्दु तक आते-आते पाठक की सांस थम सी जाती है।

शहर के बड़े मैदान में खुलेआम क्रान्तिकारी रेखा को अंग्रेजों के वफादार पुलिस सुपरिन्टेन्डेन्ट और पिता शर्मा के हाथों गोली मारा जाना है। जहां तक मुझे याद है, गोली मारे जाने से पहले उस खूबसूरत और चंचल लड़की रेखा की बातूनी, शरारती आंखों में जलती सलाखों से सुराख कर दिया जाता है। उस दौर में स्त्री सौन्दर्य नितम्बों या कुचों के उभार में नहीं, आंखों की स्निग्ध वाचालता में ही मोहक होता था। जनता की भीड़ मैदान के चारों तरफ दूर-दूर तक फैली है। लोग अंग्रेजों के चाटुकार एस.पी. शर्मा की बहादुर बेटी को देखने आये हैं। वह सबकी हीरो हैं। रेखा भीड़ से घिरे मैदान के एकान्त में कुछ क्षण के लिए अपने पिता से मिलना चाहती है। शायद मृत्युदण्ड से पहले मुल्जिम की आखिरी इच्छा पूरी करने की किंवदन्ती के अनुसार। वहीं रेखा अपनी चिर-परिचित वत्सल और अल्हड़ चंचलता के साथ पिता से पूछती है-"पापा, अब आपका सिर नहीं खुजलाता?" शुरू से आखिर तक पूरे उपन्यास पर छाये रहस्य का अचानक एक साथ पटाक्षेप होता है।

उपन्यास में मौजूद कोई नहीं, सिर्फ पाठक यह जान पाता है कि क्रान्तिकारियों का सरदार और कोई नहीं एस.पी. शर्मा ही है। एस.पी. शर्मा का दो अलग-अलग और एक-दूसरे का पूर्णतः विरोधी व्यक्तित्व। दिन के क्रूर, कठोर और दमनकारी उजाले पर रात का पारदर्शी रहस्य आत्मीय छांव बनकर छा जाता है। रहस्य खुलते ही दुःखान्त के चरम पर उम्मीद की किरणें फूटने लगती हैं।

कुशवाहाकांत जिस श्रेणी के उपन्यासकार थे उस तरह के उपन्यासकारों के जीवन के बारे में न तो हमें कहीं पढ़ाया जाता है और न हम जान पाते हैं। सस्ते मनोरंजन के लिए लिखे गए व्यावसायिक और बाजारू कहे जाने वाले इन उपन्यासों के किसी साहित्यिक और सामाजिक सरोकार की कभी पड़ताल नहीं की जाती है। इन उपन्यासों के माध्यम से सामाजिक या राजनीतिक यथार्थ को समझने के लिए किसी आलोचक ने आलोचनाएं भी नहीं लिखी हैं, न ही ये किताबें अपनी ख्याति के लिए किसी आलोचक की मुंहताज होती हैं। अपने

वजूद के बल पर ये बाजार में टिकी होती हैं। पाठकों की अदालत में निरस्त तो निरस्त। 'लालरेखा' के छोटे-छोटे वाक्य। क्रान्तिकारी राष्ट्रवाद का साहस भरा आख्यान। घटनाक्रमों में अविराम गतिमयता। क्रान्तिदल के सरदार की गाहे-ब-गाहे उभरती रहस्यमयी छायाकृति और सबसे बड़ा खिलंदड़ी रेखा के स्निग्ध चंचल संवाद। इन सबसे रचा बसा यह उपन्यास उस दौर में लिखे जाने वाले गुलशन नन्दा, रानू या प्रेम बाजपेई के उपन्यासों से सघन प्रभाव छोड़ता है।

इण्टरमीडिएट तक कुल छः-सात वर्षों में हमने सैकड़ों के आस-पास उपन्यास पढ़े होंगे। आज उनमें शायद ही किसी के बारे में कुछ याद हो। मैं नहीं कह सकता कि कुशवाहाकांत आजादी के पहले या बाद के दौर के उपन्यासकार हैं। लेकिन तब हमें किसी ने बताया था कि अंग्रेजी राज में 'लालरेखा' पर प्रतिबन्ध लगा दिया गया था। आज मुझे उनके समय और इस सच्चाई को लेकर संदेह है। अनुमान यही है कि शायद यह आजादी के बाद की रचना है। इस बात से कोई विशेष फर्क नहीं पड़ता। बनारस हिन्दू विश्वविद्यालय में हमारे साथ पढ़ने वाले मुन्नालाल वर्मा की कोई रिश्तेदारी कुशवाहाकांत के यहां थी। उसी ने बताया था कि होली के दिन किसी परकीया प्रसंग में किसी ने छुरा मारकर उनकी हत्या कर दी थी। इससे ज्यादा मैं उनके बारे में कुछ नहीं जानता।

इस उपन्यास की लोकप्रियता को देखकर कुशवाहाकांत के छोटे भाई जयंत कुशवाहा ने पुलिस सुपरिंटेंडेंट शर्मा का आधार लेकर उसी कड़ी में 'बारूद', 'क्रान्तिदूत', 'कफन' और 'जनाजा' नाम से चार उपन्यास और लिखे। ये उपन्यास भी खूब बिके लेकिन इनमें 'लालरेखा' वाली बात नहीं थी। बी.ए. में पढ़ने के लिए जब मैं बनारस गया तो एक दोपहर जयंत कुशवाहा से मिलने उनके कबीरचौरा स्थित चिंगारी प्रकाशन गया। मैंने पहले से कोई समय नहीं लिया था। उन्होंने मुझे खास तवज्जो नहीं दी। अपने पाठकों से मिलकर अपनी ही रचना पर बतियाने का साहित्यकारों जैसा रोग शायद उस श्रेणी के उपन्यासकारों में नहीं होता है।

उन दिनों हमारे गांवों में एक नक्सलवादी नवयुवक अक्सर आया करता था। एक दिन मैंने चुपके से उसका बैग खोलकर देखा। उसमें रिवाल्वर जैसी कोई चीज नहीं थी। हां कुछ किताबें और उस अखबार की कुछ प्रतियां थीं, जिन्हें शहर में छाप कर वह गांव के लोगों के बीच बांटा करता था। मुझे निराशा

हुई। ये आजादी के बाद के दौर के नये किस्म के क्रान्तिकारी थे। साहस और संकल्प के साथ सामाजिक चेतना का महत्व इनमें बढ़ गया था।

उस नक्सलवादी नवयुवक ने ही मुझे पहली बार गोर्की का 'मां' उपन्यास पढ़ने के लिए दिया। फिर तो यशपाल का 'दादा कामरेड', 'तेरी मेरी उसकी बात', भगवतीचरण वर्मा का 'प्रश्न और मरीचिका', ताराशंकर वन्द्योपाध्याय का 'गणदेवता' फिर हावर्डफास्ट के उपन्यास हमने पढ़े। उसी समय ताजा-ताजा छपकर आयी मेरी टाइलर की 'भारतीय जेलों में पांच साल' हमने पढ़ी। फिर तो नये किस्म की किताबों से परिचय होने लगा। उस नक्सलवादी ने चुपके से हमारी 'ट्रैक' बदल दी। हम किताबों की दुकान पर जाते तो वैसी किताबों की ओर अब कभी ध्यान ही नहीं जाता।

जब राजेन्द्र यादव ने मुझसे कुशवाहाकांत पर लिखने के लिए कहा तो तत्काल मेरे दिमाग में 'लालरेखा' कौंध गयी। मेरे किशोरावस्था की सबसे प्रिय पुस्तक। व्हीलर की दुकान पर कुशवाहाकांत की किताबें कहीं नहीं मिलीं। शायद इतनी ही उन किताबों की उम्र होती है। प्रेमचन्द या यशपाल के उपन्यास अभी भी हर जगह मिल जाते हैं। जो बाजार के बल पर समय के एक खास हिस्से को जकड़ कर अपने रंग में रंगने की चेष्टा करते हैं, समय उन्हें मैल की तरह उतार कर फेंक देता है। और वे किताबें जो समय की धड़कन से अपना संगीत रचती हैं, समय उनके संगीत को सहेज कर देर तक और दूर तक उनमें अपना सुख-दुख सुनता रहता है। वैसी रचनाओं में ही कालातीत होने की गुंजाइश बनी रहती है। इस बाजार के कई अक्स हैं। सिर्फ वही नहीं जो व्हीलर की दुकानों में दिखता है। हिन्दी आलोचकों के यहां भी इसे तमाम तरह के जोड़-तोड़ में देखा जा सकता है।

लेकिन यह तय है कि कोर्स से ज्यादा उन किताबों ने लेखक बनने में योगदान दिया है। वे एक ऐसे बीज की तरह साबित होती रही हैं जिनके भीतर अंकुरण की संभावना भरी होती है। लेकिन अंकुर के विकसित होने की प्रक्रिया में बीच का कठोर आवरण टूट बिखर कर सड़ जाता है। वैसे लेखन को स्वस्थ साहित्यिक लेखन का विरोधी माना जाता रहा है। लेकिन तब शायद बहुत दिनों तक दूर-दूर गांवों में किताबें पढ़ने की परम्परा उन्हीं के कारण बची हुई थीं। कुशवाहाकांत की 'लालरेखा' का इस परम्परा में शायद सबसे महत्वपूर्ण योगदान रहा है।

सन् 2010

## अन्तःकथा - उपकथा

भारत विभाजन की त्रासदी-लाखों लोगों के अपने घर, अपनी जमीन, अपने सामाजिक और वैयक्तिक रिश्तों से उजड़ जाने तथा हजारों हत्याओं और बलात्कारों के नृशंस दृश्यों पर हिन्दी में पचासों कहानियां और लगभग दर्जन भर उपन्यास लिखे गये लेकिन हिन्दी पाठकों के पास हिन्दी में लिखी गयी कोई इतिहास की पुस्तक नहीं थी जिससे वह जान सके कि इस त्रासदी के रेशे भारतीय इतिहास की किन-किन घटनाओं से राजनीतिक और मनोवैज्ञानिक धारातल पर जुड़ते हैं, विभाजन की पृष्ठभूमि धीरे-धीरे किस तरह तैयार होती जाती है? इतिहास की कौन-कौन घटनाएं, शक्तियां चाहे-अनचाहे इस ऐतिहासिक त्रासदी का उपकरण बनती है? इतिहास अपनी क्रूर और कठोर नियति का प्रहसन किन-किन इतिहास पुरुषों की अनचाही, अनसोची इच्छाओं की बलि लेकर पूरी करता है। राजा राममोहन राय से लेकर मुहम्मद अली जिन्ना तक फैले इस प्रहसन के सारे किरदार, जो इतिहास की धारा बदल देने की सामर्थ्य-शक्ति से भरे हुए थे, क्यों और कैसे उस दुर्भाग्यपूर्ण नियति की कठपुतली बनकर रह गये। एक बूढ़ा जिसने पिछले लगभग 30 सालों से भारतीय राजनीति का केन्द्र बनकर दुनिया के सबसे बड़े साम्राज्य को थका-थका कर लगभग परास्त कर डाला था, अब वह स्वयं निरुपाय और शक्तिहीन आंखों से देख रहा था कि जिस गर्भ से आजादी का शिशु जन्म लेने वाला था उसने तो विभाजन के भयानक दैत्य को ही रंगमंच पर ला उपस्थित किया है। अली सरदार जाफरी की कविता अपने प्रसंग बदल-बदलकर सबसे पूछती रही-

**'कौन आजाद हुआ? किसके माथे से सियाही छूटी?'**

कथाकार प्रियंवद ने इन सारे प्रश्नों को समेटते हुए इतिहास की बेहद गम्भीर पुस्तक लिखी। यह कहने में कोई संकोच नहीं कि लगभग 25 सालों के उनके लेखकीय जीवन की सर्वोत्कृष्ट उपलब्धि है-**'भारत विभाजन की अन्तःकथा'**।

कुल छह अध्यायों में बंटी, लगभग छह सौ पृष्ठों की यह पुस्तक **'ढलान पर लुढ़कते मुगल साम्राज्य'** से होकर क्रमशः **'विभाजन'** तक जाती है। औपनिवेशिक शासन के भीतर भारत में होने वाले तमाम सामाजिक राजनीतिक परिवर्तनों पर पैनी नजर से लेखक यह देखता जाता है कि कोई एक घटना, एक आन्दोलन चाहे वह सामाजिक सुधार का हो, अंग्रेजी शिक्षा का हो, अदालतों की भाषा का हो, भूमि सुधार या कोई अन्य राजनीतिक मसला-उनके सकारात्मक और नकारात्मक प्रभाव हिन्दुओं और मुसलमानों पर भिन्न-भिन्न तरीके से पड़ते हैं। दोनों समुदाय और धर्मों पर उनकी भिन्न-भिन्न प्रतिक्रियाएं होती हैं। और इस तरह क्रमशः देश या राष्ट्र का प्रश्न समुदाय अथवा धर्म के प्रश्न के सामने गौण होता जाता है। यहीं से पैदा होती है धर्म की साम्प्रदायिक-राजनीति और परिणाम होता है-भारत विभाजन।

बन्द सामन्ती समाज में राजनीतिक चेतना के प्रसार की गुंजाइश न के बराबर होती है जबकि लोकतान्त्रिक समाज में यही जनाकांक्षाएं वोट के माध्यम से सत्ताओं के बनने बिगड़ने में निर्णायक भूमिका अदा करती हैं। ऐसे में धर्म और राजनीति अपनी सत्तागत महात्वाकांक्षाओं के लिए एक-दूसरे के स्वाभाविक मुखापेक्षी होते हैं। ये सारे प्रश्न प्रियंवद की इस इतिहास पुस्तक को पढ़ते हुए बार-बार उभरते हैं। अन्य साहित्यकारों की तरह प्रियंवद ने इस समस्या का कोई विशुद्ध भारतीय या हिन्दू मन का चलताऊ उत्तर देकर नहीं छोड़ दिया है कि मुस्लिम लीग की साम्प्रदायिक सोच और जिन्ना की राजनीतिक महत्वाकांक्षा ही इस विभाजन की एकमात्र जिम्मेदार है। प्रियंवद इसका सूत्र तलाशते हैं कि जान डिगबी की नौकरी करते हुए अंग्रेजी में दीक्षित बंगाल में नवजागरण के अग्रदूत राजा राममोहन राय 'अपील टू द किंग आफॅ कौंसिल' में जब यह विचार करते हैं कि **'ईश्वर की असीम अनुकम्पा से अन्त में अंग्रेजी राज्य ने उन आतताइयों का जुआ तोड़कर दबे हुए बंगाल के निवासियों को अपनी सुरक्षा में ले लिया जो सदियों से मुसलमानी समाज के अधीन रहा है।'** तो दुर्भाग्य पूर्ण अनपेक्षित घटनाओं की पृष्ठभूमि बनने लगी, जिसे न तो वे चाहते थे न जानते थे। राजा राममोहन राय,

द्वारकानाथ टैगोर और बंकिमचन्द्र अंग्रेजी राज पर किस कदर सम्मोहित थे उसकी एक बानगी इस पुस्तक में है–**'जनवरी 1809 की भागलपुर की एक सड़क पर अंग्रेज कलक्टर द्वारा राममोहन राय की सिर्फ इस बात पर निर्लज्ज बेइज्जती की गयी कि उन्होंने उसे 'सेल्यूट' नहीं किया था। राजा के नौकरों द्वारा बार-बार सफाई पेश की जाती रही कि पालकी पर पर्दा पड़ा रहने के कारण वे देख नहीं सके। राजा ने दोबारा सेल्यूट किया तो उन्हें धमकी भरी चेतावनी के साथ नजराना लेकर जाने दिया गया। बंकिम चन्द्र के साथ भी ऐसा ही कुछ घटित हुआ था। राजा राममोहन राय के ढेर सारे ऐतिहासिक महत्व के सामाजिक सुधार वाले कामों में यह अनिवार्य रूप से जुड़ा है कि इस हिन्दू नवजागरण का मुख्य स्वर मुसलमान विरोधी और अंग्रेजपरस्त है।'**

दूसरी तरफ मुसलमान थे जिनके हाथ से अंग्रेजों ने सत्ता छीनी थी। ईस्ट इंडिया कम्पनी के भूमि सुधार (स्थायी बन्दोबस्त की व्यवस्था), कार्नवालिस की पुलिस व्यवस्था, वारेन हेस्टिंग्स की नयी न्याय व्यवस्था आदि के कारण मुसलमान बर्बाद हो रहे थे। हिन्दुओं में एक अमीर वर्ग अंग्रेजों का कृपाकांक्षी होकर मजबूत होता जा रहा था। मुसलमानों को पहली बार प्रतिद्वन्द्वी के रूप में हिन्दू दिखा जो छलांग मारकर लगातार उनसे आगे जा रहा था। बंगाल नवजागरण की पृष्ठभूमि में यह एक महत्वपूर्ण आर्थिक कारण था।

1857 के विद्रोह को कुचल चुकने के बाद अंग्रेजों ने उस गदर का मुख्य अपराधी मुसलमानों को ही माना। राजनीतिक असुरक्षा तथा शैक्षिक सामाजिक पिछड़ेपन की वजह से लगातार सत्ताहीन और विपन्न होते जा रहे मुसलमानों के लिए सर सैयद अहमद लगभग उसी ऐतिहासिक भूमिका में आये जैसे हिन्दुओं के लिए राजा राममोहन राय। प्रियवंद लिखते हैं कि **'सामान्य भारतीय मुसलमानों के बीच दुविधा की स्थिति थी कि वह ब्रिटिश साम्राज्य का साथ दे या उस राष्ट्रीय कांग्रेस का जो प्रतिवर्ष अधिक ब्रिटिश विरोधी होती जा रही थी। जिसका नेतृत्व उनसे अधिक शिक्षित हिन्दू कर रहे थे। जबकि कांग्रेस की मांगों में प्रत्यक्षतः कुछ भी मुस्लिम विरोधी नहीं था। सब कुछ राष्ट्रीय नीति और राष्ट्रीय परिप्रेक्ष्य में था।'**

इतिहास के इस पूरे दौर में हिन्दुओं और मुसलमानों के भीतर पैदा हो रही राष्ट्रवाद की भावना का भी अन्तर था। हिन्दू राष्ट्रवाद की जिन सामाजिक

गतिविधियों-बंगाली संगठन हिन्दू मेले, गणपति पूजा, शिवाजी उत्सव, गोरक्षा सोसायटी, आर्य समाज का शुद्धि कार्यक्रम, वन्दे मातरम् और अग्रगण्य सम्प्रभुओं-दयानन्द, तिलक, अरविन्द, लाजपतराय, रानाडे तथा विवेकानन्द आदि ने नया हिन्दू प्रभामंडल रचा। **'हिन्दू राष्ट्र का यह विकसित होता हुआ स्वरूप अब एक सम्भावना था, जिसे मुस्लिम जगत हैरत, भय और दूरी के साथ देख रहा था।'**

हिन्दू और मुस्लिम दोनों तरह के राष्ट्रवाद की सबसे बड़ी सीमा उसका धार्मिक कलेवर था। इस्लाम के सारे धार्मिक केन्द्र अरब देशों में थे। हिन्दुओं के लिए यह भी कि उनका धार्मिक और राष्ट्रीय होना उतना अन्तर्विरोधी नहीं था जितना मुसलमानों के लिए। शाह वली उल्लाह (1703-1762) से शुरू होकर अहमद शाह अब्दाली के भारत आगमन और बहावी आन्दोलन के नेता सैयद अहमद बरेलवी तक मुस्लिम राष्ट्रवाद की धारा अपने धार्मिक कलेवर के बावजूद हिन्दुओं के खिलाफ नहीं थी। बहावी आन्दोलन का जेहाद मुख्यतः अंग्रेजों के विरोध में था जिसका उत्कर्ष रूप कलकत्ता में अदालत की सीढ़ियों पर न्यायाधीश जान पैक्सटन नार्मन तथा अंडमान द्वीप समूह में सजायाफ्ता शेर अली द्वारा छुरा मारकर वायसराय 'मेयो' की हत्या के रूप में दिखाई देता है। प्रियंवद लिखते हैं कि-**'यह दुखद व दुर्भाग्यपूर्ण है कि बहावी शेर अली का नाम कभी स्वतन्त्रता संघर्ष के उन दूसरे युवकों के साथ नहीं लिया जाता जिन्होंने मामूली अंग्रेजों की हत्या की तो उन्हें महान देशभक्त माना गया।'**

1857 के बाद मुस्लिम पुनर्जागरण की दो धाराएं फूटती हैं। अंग्रेजी राज से टकराने वाली एक धारा जमालुद्दीन अफगानी सरीखे लोगों की थी तथा दूसरी धारा अंग्रेजों की कृपाकांक्षी होकर सहूलियतें बटोरनी वाली, बहुत हद तक साम्प्रदायिक-राजनीति करने वाले सर सैयद अहमद की। प्रारम्भ में यह दूसरी धारा हिन्दू विरोधी नहीं थी, लेकिन जल्द ही उसका कांग्रेस विरोधी स्वर साम्प्रदायिक होने लगा। शासन द्वारा उर्दू की मौजूदा स्थिति को खत्म करने के कारण हिन्दू-मुस्लिम विरोध गहराता गया। 1905 में बंगाल विभाजन के साथ साम्प्रदायिक राजनीति चरम उग्र रूप धारण कर रही थी। तथ्य के बावजूद कांग्रेस इस सत्य को स्वीकार नहीं कर रही थी कि मुसलमान उसके साथ नहीं हैं। विभाजन की तिथि तक कांग्रेस अपने को पूरे भारत का प्रतिनिधि मानने के जिद पर अड़ी रही। 1906 में कांग्रेस को चुनौती देने वाला मुसलमानों का अलग संगठन 'मुस्लिम लीग' नाम से बन गया।

लीग और कांग्रेस के बीच सौहार्द्रपूर्ण सम्बन्धों के लिए जिन्ना की भूमिका सबसे महत्वपूर्ण थी। 1916 में तिलक और जिन्ना के संयुक्त प्रयासों से ही 'लखनऊ समझौता' सम्भव हो सका था। दोनों दलों के सदस्य एक-दूसरे के अधिवेशनों में जाया करते थे। संयुक्त बैठकें और नीतियां तय की जाती थीं। 1857 के बाद पहली बार इतने व्यापक पैमाने पर आजादी की लड़ाई का यह सुखद दृश्य बन रहा था। स्वामी श्रद्धानन्द ने जामा मस्जिद से जनता को सम्बोधित किया। गांधी और सरोजिनी नायडू बम्बई की मस्जिद से बोले थे। असहयोग आन्दोलन के ठीक पहले के इस राजनीतिक वातावरण में जिन्ना की भूमिका सबसे महत्वपूर्ण थी। तुर्की में सत्ता परिवर्तन हुआ। भारत में खिलाफत आन्दोलन की समाप्ति के साथ ही अंग्रेजों की कुटिल चाल ने राजनीतिक शून्य को एक पर एक लगातार होने वाले दंगों से भर दिया। 1923 में हिन्दू महासभा बनने के साथ ही हिन्दू राष्ट्रवाद मुसलमानों के विरोध में आक्रामक मुद्रा में खड़ा होने लगा जिसकी अध्यक्षता लाला लाजपत राय जैसे कांग्रेसी नेताओं ने भी की। लाजपत राय ने तो बाकायदा एक अलग पाकिस्तान का नक्शा तक खींच डाला जो बाद में बनने वाले पाकिस्तान का सचमुच 'रफ ड्राफ्ट' बना। **'साइमन कमीशन' के बहिष्कार के समय एक बार फिर हिन्दू-मुस्लिम एकता अपने अपूर्व तेज के साथ प्रकट होने लगी।** प्रियंवद लिखते हैं कि-**'राष्ट्रवाद के चोगे के अन्दर अनेक कांग्रेसी साम्प्रदायिक दृष्टिकोण वाले थे।'** हिन्दू महासभा और कांग्रेस के बीच गहरी आपसी समझदारी थी। लाला लाजपत राय ही नहीं मदन मोहन मालवीय तक हिन्दू महासभा के भी अध्यक्ष थे और कांग्रेस के भी।

1937 का चुनाव कांग्रेस ने जातीय समीकरण के आधार पर लड़ा। राजेन्द्र प्रसाद जैसे हिन्दू नेता को कांग्रेस का यह स्वरूप खटक रहा था। थोड़ी हिचकिचाहट के साथ ही उन्होंने लिखा-**'ये बातें एक राष्ट्रीय संस्था के लिए गौरवशाली नहीं हैं।'**

जिन्ना पृथक निर्वाचन मंडल की मांग छोड़कर संयुक्त निर्वाचन की मांग पर सहमत हो चुके थे लेकिन तब तक जिन्ना और कांग्रेस में अविश्वास का वातावरण और विरोध की खाई बहुत गहरी हो चुकी थी। **'सच तो यही है कि न कांग्रेस में साहस था कि हिन्दू महासभा और अन्य हिन्दू संगठनों का विरोध सह सके और न जिन्ना ही आगा खां या अन्य मुस्लिम संगठनों का विरोध सहकर हिन्दुओं के आगे समर्पित होने सा**

**दिखता हुआ कोई समझौता कर सके।'** धीरे-धीरे जिन्ना का विसंवादी स्वर बदलता और बढ़ता गया। उन्होंने खुलेआम कांग्रेस को हिन्दू पार्टी और गांधी को हिन्दू नेता कहना शुरू कर दिया। सन् 1945 में चुनावों की घोषणा हुई। लीग ने यह चुनाव पाकिस्तान के नाम पर लड़ा। 86.6 प्रतिशत वोट पाकर मुस्लिम लीग ने लगभग सारी मुस्लिम सीटें जीत लीं। जयकर सरीखे कांग्रेसी जो अकसर सार्वजनिक मीटिंगों में यह कहकर जिन्ना का मजाक उड़ाते और फब्तियां कसते कि आप सारे मुसलमानों के प्रतिनिधि नहीं हैं, उन सबकी जबान बन्द हो चुकी थी। जिन्ना ने कहा-हमारे ऊपर अंग्रेजी शासन और कांग्रेस की दो पिस्तौलें तनी थीं। आज हमने भी एक पिस्तौल उठा ली है। जिन्ना की 'सीधी कार्रवाई' के समय कलकत्ता लाशों से पट गया था। मरने वाले 4000 लोगों में मुसलमानों की संख्या ज्यादा थी। कांग्रेस मुस्लिम लीग पर दोषारोपण कर रही थी। लीग कांग्रेस पर। भय असुरक्षा और आशंका ने देश का वातावरण विषाक्त कर दिया था। लीग की ही तरह कांग्रेस भी विभाजन का मन बना चुकी थी। दंगाग्रस्त क्षेत्रें में जा-जाकर अकेले गांधी सच्चे दिल से इस समस्या का समाधान खोज रहे थे। नेहरू तक साथ छोड़ चुके थे।

यह मजेदार बात है कि जब कैबिनेट मिशन ने विभाजन की योजना को अस्वीकार कर दिया था तो जिन्ना ने इस योजना को कांग्रेस से पहले स्वीकृति दी थी। कांग्रेस ने बाद में अपनी स्वीकृति दी, वह भी आधे-अधूरे मन से। बाद में माउंटबेटन आया। विभाजन उसकी योजना में था। इस योजना को पटेल और नेहरू के नेतृत्व में कांग्रेस ने पहले जाकर लिखित स्वीकृति दी। जिन्ना उसे टाल रहे थे और समय मांग रहे थे। वह भी निश्चित नहीं। कई दिन। शायद कई महीने। लेकिन **'जवानी में उबलते 46 साल के गवर्नर जनरल ने 71 साल के एक बूढ़े (जिन्ना) जिसके फेफड़े टी.वी. से गल चुके थे, जो भारत की स्वाधीनता की लड़ाई में पिछले 50 सालों से शामिल सबसे पुराना (गांधी से भी पुराना) और समर्पित योद्धा था, को धमकाते हुए विभाजन की स्वीकृति ले ली।'**

इतिहास में आत्मगत अवधारणाओं का कोई महत्व नहीं। प्रियंवद ने पूरी कोशिश की है कि तथ्यों और उद्धरणों को सारे सन्दर्भों के साथ प्रस्तुत करके सच को सामने लाया जा सके। 'बात बोलेगी हम नहीं।' विभाजन के रेशों को दूर तक जाकर पकड़ने और खोलने की कोशिश करती यह एक ऐसी इतिहास पुस्तक है जो उन सारे लोगों को चाहे वे पाकिस्तान के रहने वाले हों

या भारत के, जो धर्म और राष्ट्र की सीमाओं से ऊपर उठकर आत्ममूल्यांकन करना चाहेंगे, खुद को और खुद के धर्म तथा समुदाय को समझना चाहेंगे, जो सच का सामना करना चाहेंगे–जरूरी लगेगी। वरना इतिहास तो लोग लिख ही रहे हैं। अपनी विशिष्ट धार्मिक बनावट के कारण इस्लाम की कट्टरता, मुस्लिम लीग की साम्प्रदायिक चेतना अंग्रेजों की फूट डालो नीति और जिन्ना की राजनीतिक महात्वाकांक्षा ही अगर नृशंस दंगों की श्रृंखला और विभाजन की जिम्मेदार रही है तो लगभग इन सबकी अनुपस्थिति के बावजूद दिल्ली में सिक्खों के सामूहिक नरसंहार के लिए कौन लोग जिम्मेदार हैं। सभी धर्मों और सभी समुदायों के प्रतिनिधित्व का दावा करने वाली राष्ट्रीय पार्टी की किस धर्मनिरपेक्ष चेतना का रिहर्सल 84 की दिल्ली और फिर नरेन्द्र मोदी के गुजरात ने देखा है।

मार्च 2006

# कैमीभूड़ मर रहा है!

इस बात से कोई फर्क नहीं पड़ता कि 'कैमीभूड़' कहाँ है? देश के मानचित्र पर काली बिन्दियों से दर्शाए गए असंख्य गांवों की शक्ल इससे किसी भी तरह अलग नहीं है। हर पगडंडी जहां जाकर खत्म हो जाती है वहीं आपको कैमीभूड़ मिल जाएगा। कैमीभूड़, यानी कर्ज और यातना के अंधेरे में छटपटाता गांव, जहां किसान एक-एक कर आत्महत्याएं कर रहे हैं। लोकतंत्र के नाच घर में थोड़ी देर के लिए बत्ती गुल होती है। शोक संवेदनाएं पढ़ी जाती हैं। पालतू अर्थशास्त्रियों की भीड़ सेंसेक्स के तापमान को देखकर आश्वस्त हैं कि विकास की दर बेहतर है जबकि यहाँ रात-दिन आजादी के सपनों का संहार हो रहा है। लखीमपुर-खीरी जनपद मुख्यालय से 37 किलोमीटर दूर कैमीभूड़ का सीमान्त, जहां से एक साथ सिर्फ दो ही रास्ते अलग-अलग दिशाओं की ओर जाते हैं। एक नक्सलबाड़ी की ओर और दूसरा राजधानी के सुरक्षित और संरक्षित राजमार्ग पर, जहाँ संसद है, न्यायपालिकाएं हैं, अमीन का दफ्तर है। 15 अगस्त 1947 की आधी रात को कैमीभूड़ के लैम्पपोस्ट पर उम्मीद की जो लालटेन लटका दी गई थी, उसमें कालिख और धुआं भर चुका है।

लाश होने से पहले थरथराती कांपती देह की जान में जितनी सांस होती है उतनी ही सांस कैमीभूड़ के हिस्से मयस्सर है। यहां एक वीभत्स तबाही का खौफनाक मंजर है। शकों, हूणों या मंगोलों ने नहीं, विशुद्ध आर्य नस्ल के भारतीय प्रशासनिक ढाँचे ने कैमीभूड़ को उजाड़ा और बर्बाद किया है। आर्थिक उदारीकरण और मनमोहनी विकास की परिकल्पना में कैमीभूड़ एक ऐसे वोट बैंक की तरह है जो नए अर्थतंत्र में असुविधा पैदा करते हुए बेवजह सताता रहता है, जबकि वे कैमीभूड़ के जनतंत्र का मतलब जानते हैं। एक ऐसा

जनतंत्र, जहाँ आपको अपने विरोध में काम करने वाली तमाम सरकारों में से किसी एक को चुनना होता है।

सरकार कहती है कि तीन एकड़ तक खेत वाले किसान को लगान नहीं देनी है। लेकिन यहाँ दो बीघे खेत वाले से भी लगान ली जाती है। दुनिया के सबसे बड़े गणतंत्र का संविधान कैमीभूड़ की गलियों में मृतप्राय कराह रहा है। अमीन और तहसीलदार ने उसके पीछे एक खूंटा ठोंक दिया है। अब यहाँ अमीन की मर्जी ही संसद है और संविधान भी। लेखपाल जब चाहे यहाँ किसी की वल्दियत बदल सकता है। न्यायपालिकाएं न तो इसे अपनी अवमानना मानती हैं, न संसद अवज्ञा। यहाँ अमीन का मतलब सरकार होता है। अमीन की बेजा हरकतों में हस्तक्षेप, सरकारी काम में बाधा माना जाता है। अमीन को पीटना दरअसल सरकार को पीटना है। अमीन है तो सरकार है। न्यायपालिका है, प्रशासन है, संसद है, प्रजातंत्र है।

हफ्ता भर पहले कैमीभूड़ में अमीन ने न तो ग्राम प्रधान को सूचना दी, न तो डुगडुगी बजवाई, न खेतों में झंडा ही गाड़ा, जबकि न्यायिक प्रक्रिया में ऐसा करना जरूरी है। उसने तहसील दफ्तर में बैठ कर ही एक किसान की सारी जमीन बैंक की उस मामूली रकम के एवज में नीलाम कर दी, जिस जमीन में खड़ी फसल ही बैंक कर्ज का भुगतान करने के लिए काफी होती। एक बुरी सूचना यह थी कि उसी किसान का पैसा अजवापुर चीनी मिल पर पहले से बाकी पड़ा था। अमीन या तहसील ने यह भी मुनासिब नहीं समझा कि जमीन नीलाम होने की सूचना किसान को दे दी जाए। उस सुबह वह खेत पर अपनी फसल काटने गया था। उसे वहीं सूचना मिली कि अब वह खेत और फसल उसकी नहीं रह गई है, तो उसने बगल में खड़े पेड़ से लटक कर आत्महत्या कर ली। थोड़ी देर बाद जब यह खबर उसके भाई को लगी तो उसने भी दूसरे पेड़ से लटककर आत्महत्या कर ली। यह कोई आत्मघाती कदम नहीं है, बल्कि उस समूची न्यायिक प्रक्रिया पर थूकना है जहाँ उसी अमीन के बड़े-छोटे भाइयों का दुष्चक्र फैला हुआ है। देखा जाए तो भारत के दूर-दूर तक फैले भूगोल में कैमीभूड़ कितनी जगह घेरता है? गाँव स्तर की इस मामूली खबर का प्रचार करना, हो सकता है कुछ लोगों को अरुचिकर लगे। उन कुछ लोगों में शेयर बाजार के दलाल, मल्टीनेशनल के पालतू अर्थशास्त्री, राज्य सरकार, जिले का कलक्टर या वे भद्र नागरिक भी हो सकते हैं, जिनके रामरथ का टूटा हुआ पहिया गुजरात से होता हुआ सेतु समुद्र पर तमाशबीनों की भीड़ के लिए

डुगडुगी बजा रहा है। लेकिन मेरे लिए कैमीभूड़ महज एक सूचना नहीं, एक सवाल है, जिसका उत्तर तय करेगा कि 15 अगस्त 1947 को कैमीभूड़ के बारे में चुपचाप क्या कुछ तय किया गया था। आजादी, लोकतंत्र, संविधान और संसद सबका चरित्र इस बेहद मामूली से दिखने वाले प्रश्न के उत्तर पर टिका है।

औपनिवेशिक गुलामी के दौर में भी किसानों की दुर्दशा कम न थी। गाँवों के सामन्ती ढाँचे और साहूकारों की सूदखोरी व्यवस्था में फँसे किसानों का दयनीय चित्रण करते हुए प्रेमचन्द ने उपन्यासों और कहानियों की लम्बी श्रृंखला रची है। लेकिन वहाँ स्थितियां इतनी जटिल और भयावह नहीं है कि किसान आत्महत्या करें। तब किसान लड़ता था। माना जाता था कि वह आजादी के लिए लड़ रहा है। आज यह मानने में हमें कोई गुरेज नहीं कि आजादी के बाद विकसित नए तंत्र की वजह से ही किसान आत्महत्या कर रहे हैं। कैमीभूड़ धीरे-धीरे मर रहा है। कस्बों में फैले भूमि विकास बैंक को गाँव के लोग भूमि विनाश बैंक कहते हैं। इन बैंकों में दलालों की भीड़ है, जिनके पास किसानों के अंगूठा निशान गिरवी रखे हैं। वे जब चाहें किसी की जमीन पर किसी दूसरे को कर्ज दिला सकते हैं। यहाँ लेखपाल जब चाहे किसी की वल्दियत बदल सकता है। प्रशासनिक तंत्र का यह एक ऐसा समृद्ध और अय्याश वर्ग है जिसकी अंतड़ियों की लम्बाई समूचे देश के इतिहास और भूगोल से बहुत ज्यादा लम्बी है। एक कैमीभूड़ को डकार जाना उसके लेखे बेहद मामूली तजुर्बा है।

इतिहास की किताबों में हमने पढ़ा था कि भारत को आजादी शांतिपूर्ण ढंग से कांग्रेस के नेतृत्व में अहिंसा के रास्ते मिली थी। एक बूँद खून नहीं बहा था आजादी की लड़ाई में। और हमने पाया कि नेहरू युग के प्रथम दशक में ही बगैर एक बूँद खून बहाए एकदम शांतिपूर्ण ढंग से उसी ठंडी अहिंसा के रास्ते प्रजातांत्रिक भारत की एक-एक संस्थाएं निर्जीव और निष्प्राण कर डाली गईं। श्रीलाल शुक्ल का उपन्यास 'रागदरबारी' इन्हीं मरी संस्थाओं और भ्रष्ट राजनीति का महाकाव्यात्मक वृत्तांत है। कैमीभूड़ ने पाया कि आजाद भारत में उसके हिस्से एक मरा हुआ संविधान, रक्त पीती न्यायपालिका, दलाल पथ पर टिकी संसद और भ्रष्ट अधिकारियों का कभी न खत्म होने वाला अटूट सिलसिला है। कैमीभूड़ के लिए वोट की शक्ति दरअसल, ऊसर में उगे उस नागफनी की तरह है, जिससे वह अपनी फसलों को रूंधता है ताकि कोई रौंद

न सके। और एक दिन उसका भविष्य नागफनी की उन्हीं कंटीली झाड़ियों में उलझकर रह जाता है। प्रजातंत्र के जिन निर्जीव स्तनों पर वह दूध की उम्मीद में पिछले 60 वर्षों से चिपका हुआ है, वहाँ मवाद और बीमारी के सिवा कुछ भी शेष नहीं है।

यथार्थ की परतें इस सबसे भी बहुत गहरी हैं। अभिव्यक्ति की स्वतंत्रता भी है। लेकिन मैंने बचपन से उस राजा की कहानी पढ़ रखी है, जिसने कह रखा था कि हर उस नागरिक को सूली चढ़ा दिया जाएगा, जो कहेगा कि हाथी मर चुका है। डरे हुए मंत्रियों की तरह मैं सिर्फ इतना ही कह सकता हूँ कि महाराज, आपका हाथी न हिलता-डुलता है। न चलता है। कुछ भी नहीं बोलता है, आपका हाथी। आपका हाथी साँस भी नहीं लेता है महाराज। चारों ओर दुर्गन्ध और बदबू फैला रहा है आपका हाथी। पता नहीं कब से कैमीभूड़ में सरकारी संस्थाओं को सफेद हाथी कहने का चलन शुरू हो गया है।

2008

# विलुप्त प्रजाति का शोक गीत

देखा जाए तो शहर में स्कूल होते हैं, अस्पताल होते हैं, संसद, न्यायपालिकाएं, थाने का कांस्टेबुल वगैरह-वगैरह और इन्हीं सबसे बनी एक सरकार होती है। अपेक्षाकृत शहर में पढ़े-लिखे लोग होते हैं जो देश-दुनिया के बारे में तो सब कुछ जानते-बूझते ही हैं, उन्हें दूसरे ग्रहों के बारे में भी खूब पता है। यह एक अजीब विडम्बना और विरोधाभास है कि शहर के लोग जो इतना सारा कुछ जानते हैं, उन्हें सड़क पर चलने का मामूली शऊर नही होता। जगह-जगह चौराहों पर ट्रैफिक पुलिस वाले हाथों में डंडा लेकर उन्हें चलने का सलीका सिखाते हैं। तब भी अक्सर एक चौराहे से दूसरे चौराहे तक जाने में वे पढ़े लिखे लोग भूल कर जाते हैं। विडम्बना की इस मामूली पर्त के नीचे आधुनिक सभ्यता का क्रूर रहस्य छिपा हुआ है। जिसे देखना वास्तव में अपने गिरेबान में झांकना है जहाँ पढ़े-लिखे होने का दम्भ, सभ्यता और विकास का मॉडल बनाने के अहंकार में अटक गया है।

जंगलों के लगातार सिकुड़ते जाने और धीरे-धीरे जंगल राज के फैलते जाने के बीच एक बाघ ठीक उसी तरह शहर में दाखिल होता है जैसे किसी निस्पन्द कविता में बिंब। पौराणिक आख्यानों से होता हुआ आधुनिकतम संविधाान के काले हर्फो में सुरक्षित-संरक्षित चमकता और चटकार बिम्ब। जैसे संसद और न्यायपालिकाएं सबके लिए एक जैसी नहीं होतीं, उसी तरह बाघ का गांवों में होना भी सबके लिए एक सा नहीं होता। भ्रष्टाचार के चारों पाये पर टिका वन विभाग और उसके छोटे-बड़े अधिकारी बाघ को लाखों रुपये के 'बे-आडिट' बजट के रूप में देखते हैं। महीनों से किसी सनसनीखेज खबर की तलाश में ऊबते-ऊंघते पत्रकारों के लिए बाघ रोमांचकारी अनुभवों, गप्पों को

बांटने और सुनने-सुनाने का धंधा होता है। बाघ चलता फिरता टी.आर.पी. है। वन्य जीव संरक्षण के नाम पर फल-फूल रहे सैकड़ों एन.जी.ओ., जो रोज-रोज लाखों का पेट्रोल पी रहे हैं, उनके बारे में कोई टिप्पणी करना भी बेहद संजीदा मामला है। लेकिन जिनका जीवन इस मामूली बात पर निर्भर करता है कि या तो वे बचेंगे या बाघ और बाघ के तमाशबीनों का धंधा? वे अपेक्षाकृत कम पढ़े लिखे, इसीलिए मनुष्य के रूप में बचे रह गए, गरीब, फटेहाल और चीथड़े लोग होते हैं। उनके लिए बाघ एक चलती-फिरती मृत्यु का दबे पांव खूंखार झपट्टा होता है।

जहां पचासों गांवों का जीवन बाघ की अफवाह मात्र से ठहर जाता है, वहां बाघ को देखना ढेर सारे बाघों के बीच घिरा होना होता है। उनकी बकरियां, बैल, गायें, उनके बच्चे, जो झोला पटरी लेकर स्कूल में पढ़ने गए हैं, उनकी औरतें जो शौच के लिए खेतों में गयी हैं, इनमें से कब कौन कहां मांस के नुचे-खुचे, अधखाये लोथड़ों में पाया जायेगा, इसी अंधेरे में एक-एक पल घुटना होता है। बैल, बकरियां, कुत्ते, हाथी आदि-आदि ढेर सारे जानवर, सरकारी बही-खाते में, चाहे उन्हें विलुप्त प्रजाति का घोषित किया गया हो या नहीं, सब के सब उनके जीवन और दिनचर्या के हिस्से होते हैं।

वे साथ-साथ उदास और प्रसन्न होते हैं। वे उनसे उन्हीं की भाषा में बोलते-बतियाते हैं। उनका सोने-जागने का साथ होता है। जीने-मरने का साथ होता है। किसी एन.जी.ओ. की पाठशाला में वन्य जीव संरक्षण का ककहरा उन्हें नहीं पढ़ना है। तमाम आदिम और नैसर्गिक क्रियाओं की तरह वे जानवरों और उनकी बोलियों को मां के पेट से सीख कर आते हैं। लेकिन इससे भी ज्यादा वे आदमखोरों की अनिवार्य परिणति में अपनी भूंमिका भी पहचानते हैं। वे पराए और परजीवी लोगों की नीयत और अपनी नियति में ताल-मेल बैठा कर ही अपने को बचाए हुए हैं। वे प्रकृति के इस मूल रहस्य से वाकिफ हैं कि अपनी संततियों और फिर अपनी रक्षा इस प्रकृति संसार का सर्वाधिाक बड़ा दायित्व है। वे यह भी जानते हैं कि कुछ धंधेबाज लोग सक्षम और समर्थ होकर कैसे और कितनी-कितनी तरह से अपनी ही प्रजाति को खा-खाकर सभ्यता का विकास कर रहे हैं। कैसे उन लोगों की शिक्षा, उनके सरोकार इस प्रकृति संसार से पृथक हो चुके हैं। वे आदमी को खाते और बाघ को बचाने से ज्यादा बेंचने में दिलचस्पी रखते हैं। बावजूद उनकी ढपोरशंखी हिदायतों के, जब गांव वाले किसी बाघ को घेरते पकड़ते और मारकर जला देते हैं तो वे सीधे सिर्फ

अपनी मृत्यु को पराजित कर रहे होते हैं। वन्य जीव संरक्षण के नाम पर डांय-डांय चिल्लाने से क्या होगा?

सरकार और बाघ में एक अद्‌भुत समानता है कि आदमखोर होने की दशा में दोनों उन्हीं लोगों को सबसे पहले अपना शिकार बनाते हैं जो निर्धन हैं। आज से पचास साल पहले जिनके पूर्वज जंगलों में अय्याशी करते हुए शिकार खेला करते थे, आज उन्हीं के वंशज वन्य जीव संरक्षण के लिए एन.जी.ओ. का धंधा कर रहे हैं। बता रहे हैं कि 'पृथ्वी पर सबको जीने का हक है'-इस अर्धसत्य के नेपथ्य में आदमखोर क्रूर दुर्भावनाएं हैं। जब आपका होना, दूसरे के होने की शर्त बन जाएगा, तब देर-सबेर कोई एक ही बचेगा। चाहे वह जंगल का राजा बाघ हो या वे जो अपने को बाघ का बेटा और अपनी अय्याशी को सरकार समझते हैं। लोग अपने भोथरे हथियारों, अपनी सामूहिक शक्ति और अपने जिन्दा बचे रहने के सामान्य तर्क पर मृत्यु के किसी भी रूप को, चाहे वह सरकार, संविधान और न्यायपालिका आदि-आदि नाना रूपों में कितना भी बहुरुपिया और मोहक हो, उसे पहचान कर मिटा ही डालेंगे।

आज वे सारे लोग जो बाघों और सियारों के मरने पर त्राहिं-त्राहि कर रहे हैं, क्या इस मामूली बात का जवाब देंगे कि जंगलों को उजाड़ा किसने? जंगल की लकड़ियों की तस्करी से किसकी जेबें आजादी के साठ सालों में चौड़ी, खूब चौड़ी होती गयी हैं। उनकी नजर में तो गांव वाले जन्मजात क्रूर और वहशी होते हैं। उन्होंने उस बाघ को, जिसने उनकी औरतों को चबा डाला था, उसे घेर कर मारा और जला दिया। जला देना अपने-आप में इस बात का प्रमाण है कि गांव वालों को बाघ की कीमती हड्डियों और लाखों में बिकने वाले चमड़े में राई-रत्ती दिलचस्पी नहीं। बाघ को मारना उनकी जरूरत थी। जिन्हें विलुप्त प्रजाति को बचाये रखने की चिन्ता है, वे खुद भी तो अपनी चिन्ताओं के लिए कोई कीमत अदा करें। अपनी सुख-सुविधाओं में कटौती करें। यह क्या कि अपनी चिन्ताओं का विलाप और विज्ञापन करते हुए एन.जी.ओ. से पैसा वसूलें और खुद बारहसिंघों की खोपड़ी और शेर के खालों का धंधा करते रहें।

गांव वालों को इन फर्जी चिन्ताओं का खूब सारा ब्यौरा मालूम है। वे जानते है कि जब सैकड़ों भेड़ों और बकरियों को उनके घर का छोटा सा बच्चा हांक ले जाता है और वे अपने रास्ते चलती चली जाती हैं, तो पढ़े-लिखे लोगों को हाकने के लिए क्यों चौराहे-चौराहे ट्रैफिक पुलिस खड़ी रहती है। वे

पढ़े–लिखे हैं। वे सभ्य हैं। पेट में जरूरत से ज्यादा गोदामों का अनाज भर गया है। उनकी चिन्ताओं से गांव और गांव के लोग गायब हो चुके हैं। ऐसे में राजा को तो मरना ही होगा। चाहे वह जंगल का राजा हो या कंक्रीट और कोलतार से सुसज्जित किसी राजधानी का।

2007

# सिर्फ दिवराला ही नहीं है

इतिहास की एक सामान्य सी सच्चाई है कि वह निरन्तर आगे की ओर बढ़ता जाता है। पुराने विचारों, संस्कारों और रूढ़ियों की केंचुल उतारकर वह वैज्ञानिक चिन्तन से आलोकित नये युग में सन्तरण करता हुआ बार-बार अपने को पुनर्सृजित करता है। लेकिन हर सामान्य सच्चाई की तरह इसके भी कुछ अपवाद होते हैं। जब किन्हीं विशिष्ट परिस्थितियों में कोई घटना घटती है तो इतिहास एकबारगी पीछे की ओर भी चला जाता है। चूंकि ये घटनाएं अस्थायी होती हैं, इसलिए इनका प्रभाव भी अस्थायी ही होता है, और तब कुछ लोगों द्वारा निकाला गया यह निष्कर्ष अपने आप खण्डित हो जाता है कि 'इतिहास अपने को दुहराता है।' ऐसा हो नहीं पाता और इतिहास सर्पिल क्रम में फिर आगे की ओर बढ़ जाता है। भारतीय इतिहास की गति में क्रम भंग करने वाली एक ऐसी ही घटना है अंग्रेजी राज का आगमन। इस दुःखद घटना की ही एक भयावह त्रासदी है भारतीय समाज का एकबारगी बहुत पीछे की ओर चला जाना।

तीन सौ सालों की आर्थिक लूट, शोषण और तबाही के नृशंसता भरे दृश्यों को अगर भुला भी दिया जाये तो सांस्कृतिक चेतना का पतन भयावह दुःस्वप्न की तरह हमारे मनोमस्तिष्क पर कुण्डली मारकर जम गया है। हमारे व्यक्तिगत और सामाजिक जीवन में उसकी विषैली लताएं चारों ओर उग गयी हैं। रात के अंधेरे में मिली हुई आजादी स्वप्न-कथा की तरह छिन्न-भिन्न हो गयी है। वर्तमान जीवन की सच्चाई में रह गया है सिर्फ गुलामी के दिनों का अंधेरा। पौराणिक शब्द की तरह 'आजादी' स्याह अक्षरों में पंगु होकर विलीन हो गयी है।

बैलगाड़ियों पर कम्प्यूटर लादकर हमारे प्रधानमन्त्री इटैलियन बैण्ड बाजों के साथ इक्कीसवीं सदी के सफर पर जा रहे थे, तभी गांव की पगडण्डी पर अचानक उनके बैल पलटा खा गये। दरअसल उन्हें यह मालूम नहीं था कि देश की तस्वीर के नाम पर दिल्ली और बम्बई की प्रगति सिर्फ अखबारी विज्ञापन भर है। असल तो यह कि इस देश में दिल्ली का नक्शा बहुत छोटा है। हुआ यह कि इसी साल 4 सितम्बर को राजस्थान के एक गांव 'दिवराला' में एक स्त्री रूपकुंवर अपने पति के साथ सता हो गयी। इस घटना का जो पहलू सबसे शर्मनाक रहा वह यह कि हम पूरी दुनिया में हास्यपद हो गये। हालांकि इक्की-दुक्की घटनाएं व्यापक समाज का यथार्थ नहीं होतीं, बावजूद इसके ऐसी घटनाओं के इर्द-गिर्द खड़ा समाज अपना यथार्थ बोलने लगता है। अगर कम्युनिस्ट पार्टियों को छोड़ दिया जाये तो किसी भी राष्ट्रीय पार्टी ने नीचे से ऊपर तक इसका विरोध नहीं किया। गिने-चुने नेताओं को छोड़ दिया जाये तो राष्ट्रीय पार्टियों का चरित्र रूपकुंवर के प्रति श्रद्धालु जैसा ही रहा। अगर स्थानीय अखबारों को समूचे देश के बुद्धिजीवियों का प्रतिनिधित्व करने वाला न भी मानें तो देश के नामी-गिरामी भ्रष्टाचार खोजी 'जनसत्ता' और उसके 'प्रभाष जोशी' को क्या कहेंगे, जिन्होंने इस घटना के विरोध में बोलने वालों को गालियां तक दे डालीं। जब दिल्ली और खुद राजस्थान के बड़े शहरों में महिला संगठनों ने इसके खिलाफ आवाजें उठायीं तो राजस्थान के बेचारे बहादुर राजपूतों ने अपनी जंग लगी तलवारें निकाल लीं। उनका तर्क था कि 'यही हमारा इतिहास है। हर जीवित जाति की तरह हम भी अपने इतिहास पर गर्व करते हैं। उसको बार-बार दुहराकर हम उसकी रक्षा करेंगे।' उन्हें कौन बताये कि इतिहास की रक्षा उसे दुहराकर नहीं, बदलकर की जाती है। असल तो यह कि किसी भी जाति का इतिहास इतना ज्यादा मिथ्यादंभ और पाखण्ड से भरा हुआ कभी नहीं रहा कि मृतकों के लिए जीवितों को जलाया जाये। मजबूरी इतिहास नहीं होती। इतिहास में जीवन विरोधी स्थितियों-परिस्थितियों को ससम्मान कभी दर्ज नहीं किया जाता। मीराबाई ने अपने पदों में जीवन प्रियता का गीत गाया है। इसी राजस्थान और राजपूत घराने का एक और इतिहास मीराबाई के साथ जुड़ा हुआ है। रही बात लोकप्रियता की तो तथ्य इस बात के प्रमाण हैं कि पद्मिनी या दूसरी किसी भी सती की तुलना में मीराबाई देश के कोने-कोने में ज्यादा सम्मान के साथ याद की जाती हैं। राजस्थान में उनके गीतों को लोकगीतों जैसी लोकप्रियता प्राप्त है। और जंग लगी तलवारशाही ने जब मीरा को

'कुलनाशी' कहा तो उन्होंने जवाब दिया-'अपने कुल का परदा कर लो, मैं अबला बौराणी।'

हमारा समूचा भक्ति साहित्य अपने इसी ऐतिहासिक परिप्रेक्ष्य के कारण अद्वितीय महत्व का है। भारतीय समाज में नवजागरण वह पहला दौर था जब असम से गुजरात और कश्मीर से कन्याकुमारी तक सन्त कवियों की टोलियां सामन्तवाद के सामाजिक और आध्यात्मिक विडम्बनाओं के खिलाफ जनजागरण करते हुए प्रयाण कर रही थीं। साम्राज्यवादी इतिहास दृष्टि का शिकार कोई भी बुद्धिजीवी इस बात को बड़ी आसानी से कह देता है कि यूरोप के पुनर्जागरण की तुलना में भारतीय नवजागरण का कोई अस्तित्व नहीं है। ऐसा कहते हुए वे इन बातों के ऐतिहासिक महत्व को बिल्कुल ही नजरन्दाज कर देते हैं कि आज से पांच सौ साल पहले राजस्थान के राजपूत राज परिवार की दीवारों को तोड़कर मीरा बनारस आयीं और हरिजन कवि रैदास के साथ उन्होंने नाचा गया था। संघर्षमय जीवन में रहकर उन्होंने सिर्फ प्रेम का गीत गाया। यह अपने-आप में बहुत बड़े महत्व की चीज है। प्रतीकात्मक अर्थों में ही सही, कांटे की सेज सोकर, सांप का हार पहनकर और जहर का प्याला पीकर उन्होंने ईसा और सुकरात जैसे अनेक कष्ट सहे।

यूरोपीय पुनर्जागरण शहरों की चीज था। वह शहरी बुद्धिजीवियों में सिमटा रहा। लेकिन भारतीय नवजागरण की लहर बहुत बड़े भू भाग में गांव की माटी से उठी थी और राज महलों की दीवारें कांपने लगीं। इसके मूल में था शास्त्रीय रूढ़ियों और विचारों के विरोध में लोकजीवन के अनुभवों का सारतत्व। 'सन्तन को सीकरी सो कहा काम' और 'सुनहु मानुष भाई, शाबार ऊपरे मानुष सत्त, ताहार ऊपरे नाई' यह इस नवजागरण का मूल स्वर है जो एक तरफ सामन्ती भौतिक शक्ति, उसकी चकाचौंध का तिरस्कार करता है, और दूसरी ओर उसके आध्यात्मिक पहलू को छिन्न-भिन्न करता हुआ मानव जीवन की गरिमा और उसकी सर्वश्रेष्ठता को स्वीकार करता है।

आज बहस इस बात पर ज्यादा हो रही है कि दिवराला में रूपकुंवर स्वेच्छया जली या जलायी गयी। चाहे जैसे भी हुआ हो, दोनों स्थितियों में यह घटना शर्मनाक है। क्योंकि अगर रूपकुंवर का स्वेच्छया जलना ही राजस्थान के राजपूतों का सही इतिहास है तो मीराबाई का इतिहास गलत होगा। यह बात सब जानते हैं कि मीराबाई के पति मर गये थे और वे उनके साथ जलकर मरीं नहीं। एक तरह से कहा जाये तो मीराबाई भारतीय इतिहास में पुरुष सत्ता के

तिरस्कृत करने वाली हिन्दी की पहली कवि और महिला हैं। अपने कृतित्व में भी और जीवन में भी। पुरुष सत्ता के भीतर नारी–यातना का न सिर्फ उन्होंने असहायता भरा चित्रण भर किया है बल्कि उसे विद्रोही तेवर भी दिया है। यही वजह है कि पति के जीवनकाल में भी मीराबाई की कभी निभी नहीं। पति की इच्छा से भी अलग नारी होती है, वह पति के जीवन के साथ समाप्त नहीं हो जाती। मीराबाई ने इस विचार को महत्व दिया। मीरा के पदों में लौकिक प्रेम की जितनी सुन्दर व्यंजना हुई है उसकी अनुभूति उनके वैवाहिक जीवन में नहीं थी। उनका परिवारिक जीवन कलह से भरा हुआ था। लोकगीतों में पाये जाने वाले विवाहेतर प्रेम सम्बन्धों की ही तीव्र अनुभूति से उनके पद भरे हुए हैं। साहित्य में प्रयुक्त होने वाले ढेर सारे मिथों की ही तरह कृष्ण वहां भी सिर्फ एक मिथ ही हैं। और सब जानते हैं कि मिथ मात्र जीवन के अनुभवों की अभिव्यक्ति के माध्यम होते हैं। और अगर जंग लगी तलवारशाही मीरा को गलत कहती है तो उस राजस्थान की जनता का क्या कर सकेगी जिसने मीरा के पदों से अपनी दिनचर्या को बांध लिया है? इतिहास में यह एक दूसरी समानान्तर परम्परा भी है, और पूरक नहीं, परस्पर विरोधी है। एकदम आमने–सामने।

अगर हमारे इतिहास ने आज से पांच सौ साल पहले मीरा जैसी तेजस्वी प्रतिभा को पैंदा किया था और अगर हमारे इतिहास ने दुनिया के गणित वैज्ञानिकों को दशमलव तथा 'शून्य' देकर समृद्ध किया, और अगर हमारे इतिहास ने दुनिया को आर्य भट्ट जैसा खगोलशास्त्री दिया है तो क्या यह शर्म करने और सोचने की बात नहीं है कि राजस्थान के राजपूत तलवारों के घेरे में रूपकुंवर को जलाने में ही खुद को गौरवान्वित महसूस करते हैं?

सवा सौ साल पहले विधवा रानी लक्ष्मीबाई के नेतृत्व में इसी देश की जनता ने अंग्रेजी राज के हौसले पस्त कर दिये थे। इतिहास में बर्बरता की मिसाल कायम करने वाली तलछट परम्पराएं भी हैं, और वे भी परम्पराएं हैं जिन्होंने अपनी तेजस्वी प्रतिभा और क्षमता से पूरे युग की चेतना को झकझोर दिया है। इस दूसरी परम्परा ने अपनी रक्षा दुहराकर नहीं, इतिहास को बदलकर की है। अब हमें यह तय करना है कि इतिहास में हमारी परम्पराएं क्या हैं? हम पुनर्सृजन चाहते हैं या पुनरावृत्ति? हर गुलाम देश की तरह हमसे भी हमारा इतिहास खो गया है और दम्भ करने के लिए रह गयी हैं सिर्फ तलछट परम्पराएं और रूढ़ियां। अंग्रेजी माडल की किताबें पढ़कर बीमार बुद्धिजीवी आधुनिक

विकास, नये युग की प्रगति पर लहालोट हो रहे हैं, जबकि हम और पीछे की ओर जा रहे हैं। एक जगह मीरा ने अपने पति के लिए लिखा है–'राणा, थारो देस बड़ो रंगरूड़ों।' हे राणा, तुम्हारा देश बहुत सुन्दर है, रंगरूट है। इतना भव्य महल है। इतनी नक्काशी से भरी दीवारें हैं। लेकिन–'थारो मुलुक में साधु न कोई, लोग बसें सब कूड़ों।'

अगर ये बुद्धिजीवी मीरा के इन पदों को समझ लेते तो चाहे भक्ति आन्दोलन और नवजागरण को भले ही न समझ पाते, अपने को जरूर समझ लेते।

सन् दिसम्बर 1987

# बाजार में औरत

गांव में रहते हुए बचपन से ही हमने जिस समाज को देखा है उसमें स्त्री को दोयम दर्जे का नागरिक कहना लहीम-सहीम नागरिकता पर गोबर करना होगा। मनुष्य की योनि में जन्म लेकर परम्पराओं के नाम पर स्त्री के साथ जिस बर्बर सामाजिक आचरण को व्यवहार की तरह अपनाया जाता है, उसे देखते हुए 'नागरिक' शब्द जैसा कोई सम्बोधन मुझे उपयुक्त नहीं लगता। हमारी भाभियां जब ब्याह कर आयी थीं, तब उनकी उम्र बमुश्किल चौदह-पन्द्रह साल रही होगी। उन्हें अपरिहार्य प्राकृतिक जरूरतों के निबटान हेतु सुबह से पहले और शाम मुंहअंधेरे में तय समय के लिए बिना खिड़कियों और बिना झरोखों वाले सीलबंद कमरों की घुटन से बाहर निकलने दिया जाता था।

चाहे कैसी भी तबीयत हो, हजारों साल से वे एक ऐसी व्यवस्था की अभ्यस्त थीं कि पूरे दिन पेट में मैला ढोती रहती थीं। सेक्स तथा सहवास की कामना के कारण ही नहीं, दिन-दोपहर प्राकृतिक निबटान की अपरिहार्य जरूरतों की वजह से भी वे चरित्रहीन समझी जा सकती थीं। हमारा घर बनिस्बत गांव का सम्पन्न घर था, फिर भी शौचालयों जैसी कोई व्यवस्था हमने नहीं देखी सुनी थी। पच्चीस-तीस साल तक एक पर एक चार-पांच बच्चों को पैदा कर चुकने के बाद उनकी सांसों में पायरिया भर जाता था, दांत हिलने लगते थे। चालीस साल औरतों के बूढ़ी होने की उम्र होती थी। धूमिल की एक कविता है-

*'प्रजातंत्र का वह कौन सा नुस्खा है कि*
*जिस उम्र में मेरी मां का चेहरा चकत्तियों की थैली है*
*उसी उम्र की मेरी पड़ोसन के चेहरे पर*
*मेरी प्रेमिका जैसा लोच है।'*

सम्पन्न माने जाने वाले हमारे गांव में ढेर सारे जानवर थे, जिनके बीमार होने से हमारी खेती लड़खड़ा जाती। आर्थिक ढांचा गड़बड़ा जाता। उनका समय से इलाज कराया जाता। उनके डॉक्टर गांवों में आते थे। लड़कियों के लिए कहा जाता था–**'बिन ब्याहे बेटी मरे, ठाढ़ी ऊख बिकाय, बिन मारे बैरी मरे, ई सुख कहां समाय।'**

पूरे परिवार की मुसीबत यही लड़कियां ब्याह कर ससुराल भेजी जाती थीं। उन्हें बाकायदा विवाह नामक संस्था में बांधकर लाया जाता था। वे पिता, भाई और मां की जिम्मेदारियों से बेदखल कर दी जाती थीं। परम्परागत जायदाद में उनका कोई हिस्सा नहीं होता था। मां, बाप, भाई, बहन, सहेलियां, गांव के पेड़, तालाब और दूर-दूर तक फैले-फूले सरसों के खेत, बैलों और बकरियों से होकर जो रिश्ते उनके जीवन में घुस आये थे, उनकी महक, उनकी स्मृतियों को ससुर के घर में खुरच-खुरच कर बेरहमी से मिटा दिया जाता था।

हजारों साल से वे इसे यातना की तरह नहीं उत्सव की तरह स्वीकार करती थीं। सिर्फ स्थूल और भोड़ी प्रताड़नाओं से ही नहीं, जबकि यह भी उनकी दिनचर्या के अभिन्न अंग थे, उन्हें किस्सों, कहानियों से बहला-फुसलाकर पालतू बनाया जाता था। उन्हें दोयम दर्जे का नागरिक या दास कहना दासों की स्थिति का बढ़ा-चढ़ाकर वर्णन करना होगा क्योंकि दासों को अपने मालिक, जिसने उन्हें गुलाम बना रखा है, से नफरत करने, लड़ने का नैतिक हक प्राप्त होता है, लेकिन उन लड़कियों के जेहन में यह पाप की तरह होता था।

उनकी मुक्ति का पथ कब्रगाह के डरावने और सुनसान अंधेरे में जाता था। चूल्हे और चौके की धीमी आंच में सींझती उन औरतों के जीवन में कोई सपना नहीं उगता था। हर महीने कई-कई कठोर व्रतों से गुजरते हुए वे अगले सात जन्मों के लिए उसी परिवेश और पति की कल्पना करती थीं जो रोज रात को उन्हें सहवास सुख देता और बदले में वे बच्चा पैदा करती थीं। आंगन भर की धूप और हवा में ही उन्हें जीना होता था।

अप्राकृतिक स्थितियों में पड़ी-पड़ी जब अक्सर वे मर जातीं तो उनके मरने को शोक और संवेदना की तरह नहीं, एक निर्जीव सूचना की तरह लिया जाता था। आज भी भारत की लगभग सत्तर प्रतिशत आबादी गांवों में रहती है और कमोबेश स्थितियां जस की तस बनी हुई हैं। सम्पन्न परिवार धीरे-धीरे शहरी मध्य वर्ग में रूपांतरित होने लगा है। जो विपन्न थे, उनकी बदहाली बेइंतहा बढ़ी है। संयुक्त परिवार का आर्थिक आधार छितरा गया है। संयुक्त परिवार और

विवाह संस्था, इन दोनों की मजबूत चारदीवारी में स्त्रियों के प्रति जानवरों से भी कई गुना ज्यादा बर्बर आचरण हमारी दिनचर्या और व्यवहार में इस कदर शामिल था कि हमें अपनी क्रूरताओं का आभास तक नहीं होता था। हमारी महान संस्कृति और सभ्यता का हिस्सा था यह सब। जैसे जेल के पुराने कैदी नये कैदियों के प्रति क्रूर आचरण को अपना नैतिक और भौतिक अधिकार मानते हैं, उसी तरह घर की बूढ़ी औरतें सास या दादी के रूप में इन औरतों के लिए होती थीं। हजारों साल से उनके साथ यही होता चला आ रहा है।

इस भयानक सच्चाई के साथ-साथ एक और दिलचस्प तथ्य उस परिवेश का अनिवार्य हिस्सा था। अक्सर सुनाई पड़ ही जाता कि फलां की बहू अपने नौकर से फंसी है। कोई देवर से तो कोई ससुर से। दो-तीन पीढ़ियों को मिलाकर किसी कुटुम्ब का इतिहास बनाया जाय तो यह लगभग हर घर की कहानी थी। परम्पराओं की लाख पहरेदारी और उन बिना झरोखों वाले बन्द कमरों के किसी सुराख से आती रोशनी में तैरते धूल कणों पर संवेदनाएं अपने लिए रास्ता बना ही लेती थीं। असूयपश्या और योनिशुचिता के आदर्श अक्सर अपने जख्मों को छिपाकर ही बड़बोलापन करते रहते। यह असम्भव है कि जीवन हो और उसके चिन्ह पूरी तरह मिटाये जा सकें। रोशनी में तैरते धूलकणों पर वे गाहे-ब-गाहे झिलमिला ही जाते।

स्त्री यातना का इतिहास संयुक्त परिवार की कठोर भित्ति पर अंकित था। जब कभी संयुक्त परिवार टूटता तो निर्विवाद तथ्य की तरह उसका जिम्मा औरतों पर डाल दिया जाता। संयुक्त परिवार से एकल परिवार की ओर जाती सामाजिक संरचना स्त्री मुक्ति का सबसे निर्णायक महत्वपूर्ण और ऐतिहासिक कदम है। वासना के अंधेरे एकांत में रिरियाते और तड़पते पति की कायरता को क्षण-प्रतिक्षण धिक्कारते हुए चतुर सेनापति की तरह स्त्री ने अत्यन्त धैर्य पूर्वक, समय का इंतजार करते हुए कुशल रणनीतिकार की भूमिका में यह युद्ध जीता है। वह जानती है कि अकेला होते ही मर्द कितना कमजोर और केंचुआ होता है।

परम्पराओं और दंभ की बैसाखी आखिर कितने दिनों तक उसे ताने रहेगी। उसकी शक्ति का स्रोत सीता या सावित्री नहीं, द्रोपदी होने में ही है। लाचारी, अभागापन और घुटन जितना सम्पन्न सवर्ण औरतों के जीवन में था, उतना खेतों में काम करने वाली मजदूर औरतों में नहीं होता था। जर्जर रूढ़ियों और अमानवीय मर्यादाओं की घातक पहरेदारी वहां नहीं थी। अपनी अनिवार्य

दिनचर्या में वे प्रत्यक्षतः श्रम से जुड़ी हुई थीं। अपनी सीमित जरूरतों से ज्यादा कमा लेती थीं। वे किसी भी मायने में परजीवी व परिवार और समाज की दया की मुंहताज नहीं थीं। बेहद आत्मनिर्भर होने के कारण उनकी स्थिति बहुत हद तक भिन्न होती थी। वे लड़ लेती थीं। उनकी हत्याएं होती थीं। वे कुएं में कूद कर आत्महत्याएं नहीं करती थीं। कठोर श्रम से पैदा हुए उनके भीतर के आत्मविश्वास के लात खाकर हमारी गौरवशाली परम्पराएं और पूज्य परिवार उनके साथ लगभग ठीक-ठाक ढंग से ही पेश आते थे। उनकी मुसीबतें भिन्न किस्म की होती थीं। वे दूसरी बातें हैं जिनसे उन्हें रूबरू होना पड़ता था।

लेकिन स्त्री स्वतंत्रता के संदर्भ में यह तय है कि उनकी स्थिति सवर्ण मध्यमवर्गीय औरतों से बेहतर थी, जिसे उन्होंने कठोर श्रम से हासिल किया था। स्त्री मुक्ति का प्रश्न जब कभी वास्तविक गम्भीरता और सामाजिक सरोकार का प्रश्न बनेगा तो तय है कि उसकी सैद्धांतिकी और अनुभव के स्रोत वही मजदूर औरतें बनेंगी।

लैंगिक और प्राकृतिक भिन्नताओं के आधार पर लड़कियों और महिलाओं को कुछ ऐसी अनचाही स्थितियों का सामना करना पड़ता है, जिनसे कभी भी किसी पुरुष को गुजरना नहीं पड़ता है। वास्तव में कभी संवेदनशील होकर पुरुष उन समस्याओं के समाधान में स्त्रियों के साथ शिरकत करेंगे, मुझे यकीन नहीं होता। विवाह संस्था, यौनशुचिता और संयुक्त परिवार के इसी त्रिकोणीय दुष्चक्र के भीतर मरी हुई परियों के पंख छितराये पड़े हैं। इसी त्रिकोण में हजारों साल से उनके सपनों की लाशें दफनायी जा रही हैं। इस त्रिकोण की जब तक कोई एक भुजा बची रहेगी, स्त्री मुक्ति का प्रश्न कटी पतंग की तरह अपरिहार्य रूप से बिजली के तारों पर फंसा, बेजान पन्नों की तरह फड़फड़ाता रहेगा। अन्ततः बेनतीजा।

आज संयुक्त परिवार लगभग गुजरे जमाने की चीज हो गया है। लगातार फैलते जा रहे शहरी मध्यवर्ग के जीवन में उसके लिए कोई 'स्पेस' नहीं है। एकल परिवार में स्त्री की भूमिका, शक्ल-सूरत और सीरत काफी हद तक बदल चुकी है। विवाह संस्था सिर्फ इस तर्क पर बहुत दिनों तक जीवित नहीं रहेगी कि 'आखिर' इसका विकल्प क्या है? 'यौनशुचिता' के बारे में मैं कुछ नहीं कह सकता कि स्त्री जीवन में यह कितनी बनी और बची हुई है। पुरुष अपने पौरुष के दर्प में इसे हमेशा लतियाता आया है। जैसे-जैसे समाज में रोजगार के अवसर विकसित होंगे, स्त्री आत्मनिर्भर होगी, संयुक्त परिवार के

आधार पर खड़े त्रिकोण की दोनों भुजाएं आज जगह–जगह से चिटकने लगी हैं।

स्त्री मुक्ति के सामाजिक संघर्ष का नेतृत्व वे औरतें कत्तई नहीं करेंगी जो घूसखोर बाप की नाजायज कमाई खा–खाकर चटोर हो चुकी हैं और पति के घर में निकम्मी पड़ी–पड़ी ऊबती हुई समाज और सरोकारों से नफरत करती हैं। स्त्री मुक्ति की सामाजिक जरूरत और उसकी ऐतिहासिक पहल उनके फैशन का हिस्सा भर है, जिनकी दिनचर्या सुबह–सवेरे घर में चौका–बर्तन, झाड़ू–पोछा करने आयी नौकरानी के साथ कांव–कांव करते हुए शुरू होती है। ब्यूटी पार्लर और किटी पार्टी और क्लबों में अपने होने का अर्थ तलाशती इन रीतिकालीन नायिकाओं की बंजर संवेदनाओं में एक घास उगाने भर क्षमता नहीं है। एकल परिवार की इन गृहस्वामिनियों को अपनी आजादी से ज्यादा पुरुष को गुलाम बनाये रखने की चिन्ता ज्यादा होती है। वे बराबरी के लिए नहीं, वर्चस्व के लिए लालायित हैं। आत्म निर्भरता किसी भी तरह की आजादी का सबसे बड़ा नैतिक तर्क होता है। वह यहां सिरे से नदारद हैं।

बावजूद इन सारी संभावनाओं और दलीलों के आज स्त्री बदलने की तैयारी में है। लड़कियां अपनी इच्छाओं को जबान और महत्वाकांक्षाओं का पंख लगाने को तत्पर हैं। पितृसत्तात्मक सामंती समाज के शील, संकोच और मर्यादा शायद ही अपने आवरण में उन्हें छल सकें। कानून और सरकार के बल पर नहीं, बाजार के बल पर स्त्री बदल रही है। बाजार स्त्री को हजारों साल की जलालत से मुक्त कर रहा है। किसी ऐतिहासिक और सामाजिक सरोकार को समझ कर नहीं, बस इसलिए कि उसे अपने फायदे के लिए नये किस्म के श्रम, नये किस्म की श्रमिक और एकदम नये किस्म के 'प्रोडक्ट' की जरूरत है। खतरे कम नहीं हैं इस राह में। लेकिन छः फीट साड़ी और घूंघट को कफन की तरह लपेटे समाज की टिकठी पर और कितने दिन पड़ी रहे स्त्री। हजारों साल की इस पाशविक गुलामी में आखिर ऐसी कौन दुर्दशा बची रह गयी जिसका भय दिखाकर आप उसे बाजार के मोहक सपनों की ओर जाने से रोक लेंगे।

2012

# संततियों का सारा हिस्सा

आदमी का इतिहास जब कभी सही ढंग से लिखा जायेगा तो चाहे उसमें चक्रवर्ती सम्राटों और उनकी लड़ाइयों का जिक्र न हो, गौरैया का जिक्र जरूर होगा! बगैर गौरैया, आदमी और उसकी कलाएं, कल्पनाएं, सुख-दुख के किस्से, उसके संगीत, उसकी प्रेम कहानियों के बारे में कुछ जान पाना संभव नहीं होगा। गौरैया की नन्ही आंखों में एक दिन जरूर लिखा और पढ़ा जायेगा सभ्यता का क्रूर इतिहास।

यह कोई पुरानी बात नहीं है। अभी कल तक गांव के हमारे घरों में, हमारे बीच गौरैयों के झुण्ड रहा करते थे। बैलों के हरे चारे और सूखे पुआल की गन्ध में चहचहाती, उड़ती-फुदकती गौरैया सुबह-सवेरे सूरज की किरणों से पहले ही चली आती थीं। काम से फुर्सत पाकर मां जब कभी देहरी पर बैठतीं, गिलहरी और गौरैयों का झुण्ड उन्हें घेर लेता था। हमारे चारों तरफ बिखरे अन्न के दानों पर ही वो पलती थीं।

मां को विश्वास था कि हमारे अनाम पुरखे गौरैयों की शक्ल में हमें देखने-सुनने आते हैं। कैंसर के असहनीय दर्द से तड़पती-छटपटाती मेरी मां का चेहरा गौरैया की तरह हो गया था। अन्न के दानों को अपनी नन्ही चोंच में दबाये वे अपने घोसलों में जाती थीं, जहां उनके बच्चे चीं...चीं...करते बेसब्री से उनकी प्रतीक्षा करते थे। एक आत्मीय उल्लास का मोहक संगीत हर समय हमारे चारों तरफ बजता रहता था। वे हमारे अभावों और संपन्नता के दिन थे। इन्हीं चिड़ियों के पंख लेकर मां के किस्सों और हमारे सपनों में परियाँ आती थीं। देखा जाए तो हमारा बचपन इन्हीं के बीच पला और विकसित हुआ है।

विज्ञान ने प्रकृति के सारे रहस्यों को खोलकर आदमी को सौंप दिया है। दर्प और हठधर्मिता में आकंठ डूबी आज की सभ्यता मनुष्य को खतरनाक

रास्तों की ओर ले जा रही है। वर्तमान हमेशा सफल और शक्तिशाली लोगों का होता है। इतिहास सार्थक लोगों का। अगर स्वयं द्वारा किया गया खुद का मूल्यांकन ही अन्तिम सच होता तो सटोरियों और गिरहकटों को भी गलत साबित कर पाना ना-मुमकिन होगा।

प्रकृति के सारे संतुलन केन्द्रों को रात-दिन लगातार क्षतिग्रस्त करते हुए चाहे हम खुद को कितना भी श्रेष्ठ कह लें, लेकिन यह तय है कि हमारे विकास का वर्तमान ढांचा क्षण-प्रतिक्षण मनुष्य और मनुष्यता की बची-खुची संभावनाओं को लीलता जा रहा है। मशीनें मनुष्य को विस्थापित कर रही हैं। तकनीक और बाजार के संयुक्त दुश्चक्र में मनुष्य के भीतर से मनुष्यता का विस्थापन भयावह रूप से जारी है। हमने गौरैया के घोसले उजाड़ डाले हैं। नोच डाले गये उनके मुलायम पंख, जो हमें गर्मी की दुपहरी में अपने ठण्डे स्पर्श से सहलाते थे।

न्यूयार्क और वाशिंगटन की तर्ज पर जगह-जगह उगने वाले कंक्रीट के जंगलों में हमारी सभ्यता का भयावह कब्रगाह तैयार हो रहा है। मृत्यु लेख पर अनिवार्य रूप से दर्ज किया जा चुका है-"एक ऐसी प्रजाति, जिसने अपनी संततियों का सारा हिस्सा खाने के बाद अपनी भूख से तड़प कर सामूहिक आत्महत्या कर ली थी। जीवन के स्रोत सूखते जाएं और जीवन लहलहाता रहेगा-इस पागल कल्पना की गुंजाइश बहुत दूर तक नहीं रहेगी।

प्रकृति के रहस्यों को जान कर उसे बाजार में बेचना और मुनाफा कमाना सभ्यता है? या यह बोध कि प्रकृति के असीमित संसाधानों पर अंततः हमारा अधिकार सीमित ही है? यह तय करना बेहद जरूरी है कि तकनीकी दक्षता हासिल कर चुका कोई समाज मृत्यु की हद तक गैर जिम्मेदार रहकर सभ्यता और विकास का मानक बनेगा? या वह जो प्रकृति पर अपनी निर्भरता को पहचानते हुए, अपनी सीमित क्षमता और अदम्य जिजीविषा के बल पर उसे बनाये और बचाये रखने के लिए अन्तिम दम तक कृत संकल्प है।

शिक्षा और विज्ञान अगर आज बाजार की दासता स्वीकार कर चुके हैं तो चाहे जैसे भी संभव हो, सभ्यता और विकास के वास्तविक मूलभूत अर्थों को थोड़े समय के लिए इससे अपने को बचाते हुए बाजार से लड़ना होगा। यह अनायास ही नहीं है कि मानव रोधी तमाम बुराइयों और अपराधों का स्रोत तथाकथित शिक्षित, सक्षम, सभ्य और सम्पन्न लोगों के भीतर है। बौद्धिक समुदाय निर्लज्ज और खतरनाक हद तक इन्हें समर्थन दे रहा है।

यह अनायास ही नहीं है कि सभ्यता और विकास के नाम पर कुछ लोग जंगलों पर आधिपत्य के लिए उतावले हैं, ताकि बाजार में उनकी कीमत लग सके। वहीं कुछ अशिक्षित, अर्ध-शिक्षित गुमराह और व्यवस्था विरोधी नक्सलाइट किस्म के लोग उन्हीं जंगलों और जलाशयों को बचाने के लिए रोज-रोज अपने प्राण गंवा रहे हैं। वे लोग जो अपनी कुल आमदनी का चौथाई बजट दुनिया के बाजारों से हथियार खरीदने में खर्च करते हैं, वही उन्हें हिंसक बताते हुए अहिंसा का पाठ पढ़ा रहे हैं, बाजार की नजरों में वे खतरनाक किस्म के लोग हैं। जिन्होंने गौरैया की तरह संचय और जरूरत से ज्यादा संग्रह वृत्ति को नहीं अपनाया है। वे जानते हैं कि जरूरत भर की सूखी लकड़ियों के लिए दूर-दूर तक फैले जंगल का हरा-भरा होना जरूरी है। शायद इसीलिए सभ्यता और बाजार की नजरों में वे जंगली और बर्बर हैं।

सभ्यताओं के संघर्ष के नाम पर होने वाले सेमिनारों के बौद्धिक विमर्शों में उनकी दिलचस्पी इसलिए नहीं है, क्योंकि वे खुद सभ्यताओं के शिकार हैं। वे जानते हैं कि आज देश और राजनीति की मुख्य धारा कुछ सटोरियों, विश्व बैंक के पालतू अर्थशास्त्रियों और माफियाओं से होकर बाजार के मल मूत्र में लिथड़ी पड़ी है।

वे इसलिए भी असभ्य, विकास विरोधी और खतरनाक हैं कि जनतांत्रिक सरकारों के क्रूर दमन की वैधानिक शक्ति को ठेंगा दिखाते हुए परमाणु युग के दौर में अपने परंपरागत हथियारों और विश्वासों के साथ जंगलों, नदियों और चिड़ियों को बचाने के लिए कृत संकल्प हैं। बाजार और मुनाफे में उनकी कोई दिलचस्पी नहीं। वे जानते हैं कि विश्व ग्राम की मुंडेर पर गौरैया और उनके घोसले उजाड़ डाले जाते हैं।

गौरैया सिर्फ किसी पक्षी का नाम नहीं है, वे ढेर सारी चीजें, जो हमारे बीच से एक-एक कर गायब होती जा रही हैं, उनकी शक्ल, सूरत उनकी आदतें गौरैयों से मिलती-जुलती होती हैं। गांवों की सबसे बड़ी त्रासदी है, चरागाहों और पोखरों के निशान का मिट जाना। सिर्फ इसलिए नहीं कि अब वहां झुण्ड के झुण्ड बकरियां, गाय, भैंसे नहीं दिखतीं। ये सब गांव के सामुदायिक जीवन की रीढ़ थे। वहीं गौरैया फुदकती थी। उनके सहवास और मैथुन की आदिम गंध से बसंत महकता था।

धीरे-धीरे और एक-एक कर वहां से वे सारी चीजें, जो पेड़ों और चिड़ियों को आदमी से जोड़ती थीं, विस्थापित होती जा रही हैं। विकास और सभ्यता

के इस क्रूर दस्तक से डरी-सहमी गौरैया अब न तो कभी हमारी स्मृतियों में चहचहाती है, न सपनों में फुदकती है। ढेर सारी मरी हुई गौरैया और परियों के पंख हमारे विकास पथ पर नुचे-खुचे, छितराये पड़े हैं। सभ्यता के तहखाने में बन्द हमारी उदासी हमारी सांसों में भरती जा रही है। शायद अब कभी इन मुंडेरों पर गौरैया नहीं आयेगी।

2008

# ...बचपन कुम्हला रहा है!

*धुन खाए शहतीरों पर की बारहखड़ी विधाता बांचे,*
*फटी भीत है, छत चूती है, आले पर बिसतुइया नाचे,*
*बरसा कर बेबस बच्चों पर, मिनट-मिनट में पाँच तमाचे,*
*इसी तरह से दुखरन मास्टर, गढ़ता है आदम के सांचे!!*

(नागार्जुन)

कमीज पर जहाँ-तहाँ काला पचरा लगा हुआ है। जांघिया पहने, नाक सुड़कता, फटे टाटों पर कतार में बैठा देश का भविष्य पटरी पचर रहा है।

गांव की सड़क से गुजरते हुए थोड़ा बाहर खुली जगह पर यह दृश्य अक्सर दिखाई दे जाता है। प्राइमरी पाठशाला : पिपनार बोगना..., कुछ भी हो सकता है। यह बात किसी एक गांव की नहीं, सभी गांवों और उनके प्राइमरी स्कूलों की है। विकास के "तूफानी दौर" में अगर कहीं छतें बन गई है तों अहसान मानिये और चूना लगने की बात अगले दस साल तक तो कत्तई सोचिये मत।

ढहती हुई कच्ची दीवारों पर एक छप्पर पड़ा है। सामने बड़ा सा मैदान। खूसट, बूढ़ा पीपल का पेड़ उदास-उदास सा मुरझाया रहता है। नीचे कुर्सी पर पैर बटोरे, हाथ में सिटकुन थामे हुए कोई एक छायाकृति ऊँघ रही है। एक जमाने से बेचारा मास्टर इसी तरह ऊँघता चला आ रहा है। पास ही पीछे बांस के सहारे खड़े पटरे ने तटस्थता की जो मुद्रा अख्तियार कर ली है उसे उस पर लिखे अक्षर, गिनती, पहाड़ा चाहे कुछ भी हों, तोड़ नहीं पा रहे। सामने ऊल-जुलूल कतार में बैठे लड़के श्यामपट के अक्षरों को उतारने के लिए पटरी पचर रहे हैं। शोर मचा रहे हैं।

कोई पचारा मांग रहा है, कोई दूधिये को दावात में डालकर नरकट की कलम से मथते हुए गा रहा है–

*'अताले क पानी, पताले जो,*
*सेर भर दूधिया लेले आव।'*

मुंशी जी की निद्रा जैसे-जैसे गहरी होती है, वैसे-वैसे शोर बढ़ता जाता है। यह महज एक शोरगुल ही है, किसी मिल के मजदूरों का नारा नहीं। लेकिन मुंशी जी को जगाने के लिए भरपूर है। अभी कुछ देर पहले पत्तों के बीच से निकल कर धूप का टुकड़ा, जो थोड़ी दूरी पर पड़ा हुआ था, उसने घिसकते-घिसकते मुंशी जी की आँखों पर बैठ कर इस प्रयास को और भी तीखा कर दिया।

शोर बढ़ता जा रहा है। मुंशी जी के बर्दाश्त की सीमा तब टूट जाती है जब उनकी नींद में खलल पड़ता है। फिर तो हाथ की सिटकुन हरकत में आती है और वे धोबिया के लड़के 'गुदरा' की 'मनसरहँगई' ठीक करने लगते हैं। सट्ट-सट्ट और भारी चीख के साथ ही उसकी पीठ पर तीन-चार मोटी-मोटी साटें उभर आतीं। वह जोर-जोर से चिल्लाने लगता है। समूचे जीवन की खीझ और ऊब एक साथ ही कितनी निर्दयी और कातर हो सकती है, इसे मुंशी जी के चेहरे पर ही देखा जा सकता है। वे उसे चुप होने के लिए धमकाते हैं और सामने टाट पर बैठे लड़के सहमकर चुप हो जाते हैं।

बावजूद इसके शोर अभी भी शान्त नहीं हुआ। कक्षा चार के लड़कों को पंडित जी पढ़ाते हैं। उनकी अनुपस्थिति में स्वतन्त्रता का सुखद लाभ लेते हुए लड़के आपस में मारा-पीटी, गाली-गलौज, और उछल-कूद कर रहे हैं। चार दिन बाद बड़े भाग्य से बिजली आई। बेचारे पंडित जी ट्यूबवेल की तरफ चले गये हैं। पंडित जी की यह आदत मुंशी जी को कत्तई पसन्द नहीं। यह भी क्या कि रोज-रोज स्कूल से गायब रहा करें। सरकार से पगार लेते हैं, कुछ तो ख्याल करें, लड़कों की जिन्दगी है। मुंशी जी स्कूल के भीतरी कमरे से उठते हुए धुएँ को देख रहे हैं। खीर और तरकारी की सुगन्ध से उनकी आत्मा बेकाबू हो रही है। बाबू साहब खाने के बेहद शौकीन हैं। ऐसे मौकों को सँभालने का पर्याप्त अनुभव उनके पास है। क्लास के सारे लड़कों की छुट्टी कर चुके हैं। दोनों लड़कियां बगल वाले ट्यूबवेल पर बरतन मांज रही हैं। राधे श्याम पांड़े हिन्दी से एम.ए. पास हैं, नौकरी नहीं मिली, लुंगी पहने बाबू साहब

के पास बैठा बतिया रहा है–“फाकलैण्ड के मामले में ब्रिटेन का साथ देने से अमेरिका की पोल ही खुल गयी।”

–चमारों का मन बहुत बढ़ गया है।

–मजदूरी करना बन्द कर रहे हैं।

–नागपुर और अमृतसर में मेनका का भाषण खूब जमा, सास–पतोहू के झगड़े में अब मजा आयेगा।

–जयराम सिंह, थानेदार का पक्का दलाल हो गया, रोज बैठकी कर रहा है।

–मार्क्सवादी पार्टी वालों ने भी रूस की दलाली शुरू कर दी, सी.पी.आई. वालों की बधिया ही बैठ जायेगी।

–कोआपरेटिव वाले इस बार फिर सत्रह लोगों को पकड़ कर ले गये, ब्लाक प्रमुख पर पच्चीस हजार का करजा है, लेकिन साले उसके दुआर पर गिरफ्तारी की बात दूर, उल्टे सलाम करके चले जाते हैं। इस बार प्रधानी के चुनाव में मजा आ जायेगा। आदि आदि।

मुंशी जी को नींद नहीं आ रही। सामने से एक लड़के को बुलाकर उसकी पटरी देखते हैं, खूब पचर कर रगड़ा है। चम–चम चमक रही है। दो ही लाइन लिखा है वह भी गलत–सलत। साला जनम भर पढ़ नहीं सकता, कान पकड़कर उमेठ देते हैं। सोचते हैं–क्या जमाना आ गया, एक भी लड़के तेज नहीं मिलते, पढ़ाने में मन ही नहीं लगता। पहले जब डिप्टी साहब पांचो स्कूलों का इम्तहान लेते तो यहाँ के लड़के भी अव्वल आते थे। अब डिप्टी साहब न तो कभी मुआइना करने आते हैं, न स्कूल के लिए टाट और कुर्सियां ही मिलतीं, सब ब्लाक वाले खा जाते हैं। बाजार के शिशु–मन्दिर में सब मास्टर समय से आते हैं। सारे होनहार लड़के वहीं चले जाते, यहाँ तो बस गोबर गणेश ही बचे हैं। मुंशी जी को अपने लड़के की याद आती है–पाँच में चला गया, बाकी दस तक भी पहाड़ा कायदे से याद नहीं। यहाँ तो गदहा ही रह जायेगा। शिशु मन्दिर में ठीक रहता लेकिन बारह रुपये फीस लगती है, सफेद कमीज और नीला पैण्ट अलग से। जवान बेटी की शादी की चिन्ता में यह सब कहाँ से सम्भव होगा। पहले जब दो सौ रुपया मिलता था तो भी लड़कों को त्यौहारों पर नये कपड़े बन जाते थे, लेकिन अब तो फटे कपड़ों में त्यौहार ऐसे ही उदास–उदास गुजर जाते।

राधेश्याम भीतर से खाने के लिए बुलाता है। कुर्सी से उठते हुए मुंशी

जी छुट्‌टी बोल देते हैं। तैयार लड़के शोर करते झोला पटरी उठाये घर की ओर भागते हैं। मुंशी जी की नजर गुदरा पर पड़ी, उसके गालों पर आँसू सूख गये थे और वह पटरी सुखा रहा था। उन्होंने देखा–साटों के घाव ने उसकी आँखों में दहशत और हिकारत के जो भावचित्र बना दिये हैं, उसे झेल पाने का साहस उनकी मरी हुई आत्मा में नहीं रह गया था।

ऐसे ही होते हैं गांवों के प्राइमरी स्कूल। इनसे जुड़ी कुछ बोतें है। प्राइमरी स्कूलों के मास्टर जिसे देश के भविष्य का निर्माता कहा जाता है वह भयानक उपेक्षा की जिन्दगी जी रहा है। आज उसका पेशा शहर के चपरासी से भी गया गुजरा है। इस भयंकर उपेक्षा की प्रतिक्रिया स्वरूप शिकार कौन हो रहा है? यही पटरी पचरता भविष्य। निश्चय ही आज यहाँ जो लड़के पटरी पचर रहे हैं, वे ही भविष्य के निर्माता हैं। आने वाले इतिहास को इन्हीं से ज्यादा अपेक्षा है। कान्वेंट के फर्राटे अंग्रेजी बोलने वाले सुन्दर सजाये गए माडलों की तुलना में गाली–गलौज की भाषा बोलने वाले गन्दे और कुरूप दिखने वाले ये लड़के ज्यादा भूमिका अदा करेंगे। महज इसलिए भी कि इनकी तादाद ज्यादा ही नहीं, बहुत ज्यादा है।

कक्षा एक से पाँच तक पहुंचते–पहुंचते लड़कों की कुल संख्या का पैंसठ प्रतिशत भाग (सरकारी आँकड़ों के अनुसार) पढ़ाई से वंचित होकर बकरियां चराने से लेकर ठेकेदारों के यहाँ काम और होटलों में बर्तन मांजने लगता है। प्रारम्भिक शिक्षा से भी वंचित हाड़तोड़ श्रम से दफन होती इन मासूम खुशियों से संविधान और आजादी की लाश को चाहे जितना सजाया जाये, क्या यह सवाल हमें तटस्थता की नपुंसक मुद्रा अख्तियार किये गुजर जाने देगा?

एक स्वर्ण पिंजर में कैद पक्षी की तरह कान्वेंटों की स्थिति भी इनसे कहीं बेहतर नहीं है। टाई की गाँठ, शर्ट की बटन और पैण्ट की क्रीज के अलावा थैंकयू, गुडमार्निंग गुडनाइट जैसे शब्दों की रंगीन और आकर्षक आधुनिकता (?) के भीतर जो निर्जीव खोखलापन पैदा हो रहे हैं उनका जहर समाज के पतन और सांस्कृतिक मूल्यों के विघटन में जहर की तरह कारगर हो रहा है।

माँ के दूध और माटी के गन्ध की सहज आत्मीयता से वंचित उनका व्यक्तित्व कोमल पौधों की तरह पियरा रहा है। पंगु, जर्जर और कराहता हुआ समय आज किसी तरह के स्वस्थ मानवीय मूल्यों को दे पाने में असमर्थ उनके कोमल मस्तिष्क में महत्वाकांक्षा और प्रतिद्वन्द्विता का मीठा जहर भर रहा है।

समाज के हम उम्र लड़कों को ही वे घिनौनी और हिकारत की दृष्टि से देखते और बर्ताव करते हैं।

एक तरफ शहरों में आयातित सभ्यता और संस्कृति का साँप अपने विषदंतों का जहर मासूम सीनों में उतार रहा है, तो दूसरी ओर रोज बढ़ती हुई महँगाई से गाँवों में मुंशी जी की तंग और यातनापूर्ण जिन्दगी की ऊब इतिहास की निर्माणकारी इन अबोध ताकतों में टी.बी. के कीटाणु की तरह फैलकर समूचे समाज को कोढ़ की घिनौनी बदबू से बजबजा उद्वेलित कर रही है।

और गाँवों के ये प्राइमरी स्कूल अपनी सूनी और उदास आँखों से जो अव्यक्त अभिव्यक्ति देते हैं उसमें मुंशी जी की पूरी स्थितियों का बयान है। जो गुदरा की आँखों की हिराकत को झेल पाने से लगातार कतरा रही हैं। खीर के कटोरे को चाटते हुए मुंज़ी जी पूछते हैं–"राधोयाम किसी नौकरी के लिए कोशिश क्यों नहीं करते?" अथाह पीड़ा के भीतर से उतराती हुई व्यंग्यात्मक हँसी हँसते हुए राधोश्याम ने पूछा–"मुंज़ी जी मैंने आपको कभी हँसते हुए नहीं देखा, आप हँसते क्यों नहीं हैं?

मुंशी जी सोचते–सोचते उदास हो जाते हैं। उन्हें लगता है वाकई उन्हें हँसे हुए एक जमाना बीत गया। अब तो याद भी नहीं।

# कस्बे की अन्तर्कथा

शाम होने को है। बाजार में लोगों का आना-जाना शुरू हो गया। कोइरिनें मौसमी सब्जियों को टोकरी में बिछाकर ग्राहकों का इन्तजार कर रही हैं। पन्नालाल दुकान के बाहर देख रहा है। सड़क पर लोगों की चहलकदमी बढ़ती जा रही है। शिशु मन्दिर और इण्टर कालेज के लड़कों की छुट्टियां हो गयीं, वे प्रसन्नचित घर की ओर चले जा रहे हैं। इनमें से कुछ लड़के आगे चलकर नेता बनेंगे या ठेकेदार। वे जानते हैं उनकी जिन्दगी का भविष्य बाजार की इसी भीड़ से अपना खुराक ग्रहण करने वाला है। बसों के कण्डक्टर अभी से उन्हें सलाम करते हैं और मुफ्त में शहर तक ले जाते-ले आते हैं। चाय की दुकानों पर बैठकी करने और लम्बी-लम्बी डींगें हांकने का चस्का इन्हें लग चुका है। घर पहुंचने की कोई खास जल्दी नहीं है।

दरअसल, यह बात किसी शहर की नहीं, एक छोटे से बाजार की है। अब यह एक कस्बा बन चुका है। इसीलिए यहां न तो महानगरों जैसे सुसंस्कृत लोग ही मिलते हैं, न वैसे कॉफी हाउस या रेस्तरां जहां इतमीनान से बैठकर शाम को दो-चार घण्टे बातचीत की जा सके। यहां बैठकर लोग बसों का इन्तजार करते हैं। चाय पीते हैं और गप्पें हांकते हैं। विषय कुछ भी हो सकता है-मेनका गांधी का राजनीति में प्रवेश या एशियाड का अप्पू। बस एक आदत-सी हो गयी है।

एक उदास और 'फ्रस्टेट' जिन्दगी बाजार के इस माहौल से न तो पूरी तरह लिप्त हो पाती है और न अलग। इस भीड़-भाड़ से थोड़ी कटी हुई अनिश्चित भविष्य के घने अन्धाकार में अपने को एक हद तक समर्पित कर चुकी है।

कस्बा चाहे कोई भी हो, हर शाम ये पढ़े-लिखे बेरोजगार लड़के पैण्ट-शर्ट

पहने टहलते हुए दिखाई देते हैं। चार-पांच साल पहले कभी स्थानीय इण्टर कालेज के तेज लड़कों में इनकी गिनती होती थी। मां-बाप ने अपनी तंग गृहस्थी की सीमित सुविधाओं में कटौती कर-करके विश्वविद्यालयों की ऊँची शिक्षा इन्हें मयस्सर करायी। महज इसी उम्मीद में कि लड़का अपने पैर पर खड़ा हो जाय। हम लोगों के लिए क्या करेगा? हां, अपने परिवार को तो सुखी रख सके। तब वे क्या सोच सकते थे कि नौकरी के लिए अखबार की कतरने बटोरेगा? पहुंच के अभाव में बाजार की धूल छानेगा? इतनी जल्दी ही एक भरी-पूरी जिन्दगी किस कदर धुआँ-धुआँ धुँधला गयी। थका देने वाली दौड़-धूप। उबा देने वाली निराशा। जवान आंखों में बुढ़ापे की हार। पस्तहिम्मती की कुछ अमिट रेखाएं चेहरे की स्थायी भाव बन गयी हैं। निराशा के इस घने अन्धकार में व्यक्तित्व वह चुहलपन कहां खो गया, जहां से कोमल आकांक्षाएं कोपलों की तरह फूटती थीं? वे किशोर उद्दाम अभिलाषाएं? जब वह हंसता है तो गहरा आत्म व्यंग्य आंखों से झांकने लगता है। विश्वविद्यालयों में पढ़ी हुई किताबें इस दमघोंटू यथार्थ में कहीं भी साथ नहीं देतीं। मरे हुए सपनों का बोझ, उसकी बदबू और समूचे जमाने का दर्द होठों को विकृत कर देता है। देश का भविष्य जिससे आलोकित होता, वही सघन अन्धकार में जुगनुओं के पीछे भागता बाजार की सड़कों पर रेंग रहा है।

उजड़ते जा रहे गांव भी अब उदास लगते हैं। सारी चहल-पहल खत्म हो गयी। और त्यौहारों की तो बात छोड़िये, होली और दीवाली भी गुमसुम होती जा रही। खेती ही जब जहमत हो गयी तो खेत पर जीने वालों के लिए खुशी कहां से आयेगी। किसानों के लड़के पंजाब भागकर मजदूरी करते और जिन्होंने पढ़-लिख लिया वे बेरोजगार होकर आवारा बनते जा रहे हैं। वही व्यक्तित्व जब सन्तुलित रहता है तो समाज को दिशा देता है और विघटित हो जाता है तो उसके पतन के हजारों रास्ते खुल जाते हैं। साथ का पढ़ा आवारा लड़का, जो हाई-स्कूल पांच साल में पास हुआ और इण्टर में तीन साल के लिए 'रिस्टीकेट' होकर आगे न पढ़ सका, ठेकेदारी करने लगा। चल गयी, राजनीति करने लगा। थानेदार से पीने-पिलाने का चक्कर लगा, दलाली करने लगा। चोरों की जमानत कराने लगा, बनिये डरने लगे। अब राष्ट्रीय पार्टी का जिला मन्त्री बन गया। लोग इज्जत करने लगे। सलाम करने लगे। इन्हें देखकर कोई भी जान जाता, महत्वपूर्ण विश्वविद्यालयों की शिक्षा नहीं, पैसा है। भले ही तस्करी और कालेबाजार से ही क्यों न आये। पैसा सारे सम्बन्धों में अहम भूमिका अदा करने लगा है। और तब शहरों से लौटी वह बेकार जिन्दगी रात को डकैती डालती है। स्मगलिंग का धन्धा अपनाती है। नेपाल करीब ही है। पूर्वांचल के कस्बों

में एक गिरोह ही पढ़े-लिखे लोगों का पैदा हुआ है। प्रेमचन्द का गांव आज पूरी तरह बदल गया। जमींदारी उन्मूलन का तमाचा 'गोदान' के राय साहब बेचारे सह नहीं पाये। उन्होंने शहर में परचून की दुकान खोल ली। सूदखोर महाजनों की क्या बिसात? को-आपरेटिव और ग्रामीण विकास बैंक की शाखाएं कस्बे-कस्बे पहुंचीं। देखते-देखते सब कुछ बदल गया। संयुक्त परिवारों के सम्बन्ध छिन्न-भिन्न हो गये। पूंजी के आक्टोपस ने गांव-गांव को जकड़ लिया। इन्हीं सबके साथ ही ठेकेदारी और दलाली की राजनीति तथा काले धान पर मुख्यतः निर्भर पढ़ा-लिखा यह युवा लम्पट वर्ग पैदा हुआ है।

इधर पिछले दस वर्षों के भीतर बहुत तेजी से कुछ बदल गया है, गांवों पर जिसका बहुत भयंकर प्रभाव पड़ा है। पिछड़ी कृषि अर्थ-व्यवस्था के कारण खेतों में भारी पैमाने पर घाटा हुआ है। अपने पिछड़े मूल्यों और दोहरेपन की वजह से किसान मजदूरों से भी बदतर होने लगा है। चिकई, कबड्डी और ओल्हापाती के ढेर सारे खेल अचानक गांवों से गायब हो गये। क्रिकेट की कमेंट्री घर-घर पहुंची लेकिन उसकी फील्ड और सुविधाएं गांवों से कोसों दूर रहीं।

दिल्ली की राजनीति से ईमानदार (?) लोग कटकर अलगाव में पड़ गये और उनकी जगह एक नयी जमात पैदा हुई। मूल्यों का पतन जब ऊपर शुरू हुआ तो उसकी छाया कस्बों में दिखाई पड़ने लगी। कालेजों के सभ्य (?) अध्यापक जिन पार्टियों के नेता हुआ करते थे उनकी जगह इन्हीं ठेकेदारों का नया तबका पैदा हुआ है, जो ब्लाक प्रमुख से लेकर एम.एल.ए. के चुनावों में पैंतरेबाजी कर रहा है। बेचारे प्रतिभावान लड़के नौकरी खोजत और नहीं मिलने पर अलगाव में पड़ जाते। वही शाम को बाजार में कस्बों में आवारे की तरह घूमते दिखाई पड़ते। शाम से पहले ही इनका सूरज डूब चुका है अन्तिम लाली भी रात के काँपते अंधेरे में लापता हो जाती, रास्ते धुंधले हो जाते तो ये उदास फिल्मी गीत गाते घर लौट पड़ते हैं। दिल सहमता रहता है बाप की हिकारती आंखों से। जो घूरती हैं और दरवाजे पर बैठी हुई पूरे दिन का हिसाब मांगती हैं।

एक बात है -बाप के घर लौटती हुई यह निराश जवानी अपने बेटों के सवालों का कुछ जवाब दे सकेगी?

1984

# उजड़ते-उदासते गांव

कस्बे से गांव की ओर जाने वाली सड़क पर चुप्पी छायी हुई है। कहीं दूर कोई आदमी माथे पर गठरी लिये हांफता हुआ दिखाई दे जाता है वरना इस जलती दुपहरी में या तो आसमान में सूरज है या अपने खेतों में खटते किसान। गेहूं कटकर खलिहान में जा चुका है और अब वसन्त जाने की तैयारी कर रहा है। पेड़ों पर लाल-लाल कोपलें और आम में टिकोरे उग आये हैं। भैंस चराने वाले लड़के वापस घर की ओर चल पड़े हैं। किसान के बेटे हैं। यहीं इनका स्कूल है। समझ लीजिये, छुट्टी हो गयी है। खुश हैं कि मौसम महक रहा है और खलिहान भरे-पूरे हैं। लेकिन किसान उदास हैं। और यह उनके लिए कोई नयी बात नहीं है। पिछले कई सालों से वे उदास ही चल रहे हैं।

लहराती फसलों में दूर-दूर तक फैला यह सिवान ही किसान की जिन्दगी है। सुबह से शाम। सूरज निकलने से पहले और डूबने के बाद तक। वह इसी सिवान में खटता है, खाता है और सोता है। जब बाढ़ आती है तो सिवान नहीं, उसका भविष्य डूब जाता है और तरह-तरह के कर्जे में वह खुद डूब जाता है। जब सूखा पड़ता है तो उसके सपने सूख जाते हैं। फिर खाद और बिजली के कर्जे भयावह और विकराल रूप धारण कर उसके सामने खड़े हो जाते हैं। पिछले कई सालों की इस प्रक्रिया ने किसानों को नीचे से ऊपर तक पूरी तरह तोड़ दिया है। ऐसे में जब कभी सिवान अपनी पूरी मस्ती में लहराता है तो वह उदास हो जाता है, क्योंकि वह जानता है-खेतों में गेहूं नहीं, पसीने उगते हैं, लेकिन कोई अदृश्य हाथ हर साल उनके दानों को बीन लेता है। तब जैसे कोई आदमी अपने बेटे की आसन्न मौत को जानते हुए उसकी भरी-पूरी जवानी देखकर उदास हो जाता है, उसी तरह यह किसान अब अपनी फसलों को देखकर उदास ही रहने लगा है।

किसानों के घर लड़के हों या बूढ़े काम की कमी नहीं होती। गर्मी का मौसम है, लड़के बकरियां या भैंस चराते और बूढ़े नाशपाती तथा ककड़ी के खेत अगोरते हैं। दोनों का अजीबो गरीब तालमेल है। बूढ़ों को दिखाई कम देता है और लड़के जन्मजात शरारती होते हैं। थोड़ी सी पलक झपकी कि तुरन्त खेत में घुसे और देखते-देखते तोड़ कर भागे। बाद में अगर किसी ने देख भी लिया तो कोई बात नहीं, बूढ़ों की गाली भी आशीर्वाद ही होती है।

दोपहर के समय गांव के लोग घर पर बइठके में विश्राम करते हैं और कुछ लोग ताश खेलते हैं। लेकिन बाहर सिवान में लड़के खेलने में मशगूल हो-हल्ला मचाते हैं। आम के टिकोरों पर निशाना चाहे जिसका लगे, जो बीन सकने में तेज है, बाजी उसी के हाथ में ज्यादा लगती है।

आम, ईख, होरहा, नासपाती, जामुन आदि मौसमी फलों की तरह गांवों के मौसमी खेल भी होते हैं। ओल्हापाती, चिकई, कबड्डी आदि। इनके अलावा यहां पर मौसमी गीत भी होते हैं। हर मौसम के त्योहारों, शादी, विवाह के अलावा सोहनी, रोपनी के गीत होते हैं। समूह द्वारा रचे इन गीतों में महाकाव्यों से भी कई गुना ज्यादा मिठास और जिन्दगी की सच्चाई होती है। हर अंचल में गाये जाने वाले ये गीत जातीय संस्कृति का गौरवशाली और उदात्त रूप प्रस्तुत करते हैं। यह बात दीगर है कि चटकार फिल्मों के अश्लील गीतों ने अब इन्हें बुरी तरह पटक डाला है। श्रम की सामूहिक साझेदारी जैसे-जैसे कम हुई, वैसे-वैसे इन समूह गीतों का ह्रास हुआ। अब तो अपसंस्कृतीकरण की मंजिल यहां तक पहुंच चुकी है कि शादी-विवाह में भी फिल्मी गीतों की तर्ज पर बने गीत सुनाई देने लगे हैं।

मौसमी फलों, खेलों और गीतों के अलावा गांवों में मौसमी लोग भी होते हैं। गड़ेरिये, नट, मुसहर आदि अपने रहन-सहन में आज कबीलाई समाज के प्रतीक बने हुए हैं। इनमें गड़ेरियों का तो स्थायी तौर पर घर होता भी है लेकिन गर्मी के दिनों में जब खेत खाली हो जाते हैं तब ये भी अस्थायी वास गांव के बाहर खेतों में ही करते हैं। दिन भर दूर-दूर तक भेड़ें चराने जाते हैं और किसी से भी पैसा या सामान लेकर रात को उसके खेतों में भेड़ों के साथ रुक जाते हैं। गड़ेरिये हाथों के बने कम्बल और भेड़ों के दूध को गांवों में बेचते हैं। आधुनिकीकरण और नयी नयी खादों ने इनके पेशों को काफी हद तक तोड़ दिया है। नटों का इनकी तरह कोई अपना घर नहीं होता, बल्कि पन्द्रह-बीस कोस का इलाका होता है जिसमें वे घूमते हैं। भैंस और बकरियां एक जगह

से खरीद कर वे दूसरी जगह बेचते हैं। गांवों में मदारी दिखाते हैं, आल्हा गाते हैं। लेकिन जो भिक्षा के सहारे, मुख्य तौर पर अपनी पत्नियों द्वारा गांवों से मांगकर लायी गयी भीखों पर निर्भर करते हैं। अजीबो-गरीब होती है इनकी जिन्दगी। जवान बेटे, बेटियों और बहुओं के पास ही मां-बाप भी एक साथ डेरे के नीचे सोते हैं। ये खानाबदोश जातियां न गांवों में रहती हैं, न जंगल में। सिवानों में ही खाना बदोस बंजारों की तरह अपनी पूरी उमर गुजार देती हैं।

इनके अलावा गांवों का मुख्य पेशा कृषि है तथा सहायक रूप में नाई, बढ़ई, कुम्हार, धोबी आदि अपने परम्परागत पेशे से जुड़े होते हैं। सभी परस्पर एक-दूसरे पर आश्रित होते हुए भी जीविका के लिए सहायक पेशे वाले मुख्यत: किसानों पर ही निर्भर होते हैं। इसीलिए इधर कई सालों से घाटे में चल रही खेती ने इन परम्परागत पेशों को भी काफी हद तक तोड़ दिया। इनसे जुड़े लोग शहरों में चले गये या गांवों में हैं तो पेशे के अलावा खुद की थोड़ी सी खेती पर ही मुख्य रूप से निर्भर रहने लगे हैं।

इस भयानक संकट ने किसानों को आस्थाहीन और विपन्न बना दिया है। अब वे अपने बेटों को न अच्छी शिक्षा दे पाते हैं और न बेटी को सुन्दर घर। परिवारों का परंपरागत ढांचा पूरी तरह अस्त-व्यस्त हो गया है। घरों की औरतें, जो चारदीवारी से बाहर जाने की बात सोच भी नहीं सकती थीं, खुलेआम खेतों में जाकर काम करने लगी हैं। निश्चित तौर पर इससे पति-पत्नी तथा परिवारों के बीच बनने वाला संबंध काफी हद तक बदल जायेगा।

एक हजार विकृतियों से सड़ते संयुक्त परिवारों का ढांचा अपनी आन्तरिक शक्ति खो चुका है। गांव और घर पर निर्भर एक-एक आदमी संयुक्त परिवारों के बंधनों में घुटता अब अपना अलग अस्तित्व चाहता है। इस पूरी प्रक्रिया में गांवों के भीतर छोटी और बड़ी जातियों के बीच रहन-सहन और मूल्यों की दूरी लगातार कम होती जा रही है। अनचाहे एक बड़ा सांस्कृतिक अवरोध अपनी अंतिम सांसें गिनता हुआ छटपटा रहा है।

गांवों के भीतर से एक नये गांव के पैदा होने की प्रक्रिया चल रही है जिसमें नगरीय तटस्थता बोधा झलकने लगा है। भद्दे-भद्दे फिल्मी गीतों के शोर में लोकगीतों की चीखें दबती जा रही हैं। सहायक पेशे छूटते जा रहे हैं। लोग खेती में श्रम जाया करना नहीं चाहते। उत्सव पर्वों में फीकापन आ रहा है। संयुक्त परिवारों के मूल्य सामाजिक मान्यता खो चुके हैं। पूरी की पूरी जीवनशैली के मानदंड बदल रहे हैं।

पूर्वांचल के इन गांवों का संकट यह है कि यहां न तो पिछड़े सामंती संबंध ही रह गये हैं और न ही ये पंजाब तथा हरियाणा के विकसित गांवों की शक्ल ही अख्तियार कर पा रहे हैं। इसीलिए यहां के लोगों को जाड़े में ठंड भी ज्यादा लगती है, और गर्मी में लू भी। मौसम का कोई सुख इन्हें मयस्सर नहीं हो पाता। संक्रमण काल की इस पूरी प्रक्रिया में किसानों की मजबूरी यह है कि खेतों को छोड़ देने के बाद उनका कोई भविष्य नहीं है, और न ही उनसे जुड़े रहने में कोई वर्तमान। इनके सामने दिन भर असाध्य मेहनत होती है, और रात भर चिन्ता। जब ये अपने विषय में कुछ सोचते हैं तो बड़ा सा प्रश्न चिन्ह सामने खड़ा हो जाता है। लोग उसका सामना नहीं करना चाहते, इसीलिए उदास रहते हैं। गर्मी का मौसम है। धूप बर्दाश्त नहीं होती। यहां रात भर महुए टपकते हैं और दिन भर पसीना। सारे के सारे गांव कमोबेश इसी प्रक्रिया से गुजर रहे हैं और उदास हैं।

1984

# ग्राम देवता

नीम के पेड़ तले यह 'सत्ती मैया का चौरा' है। यहीं से गांव की सरहद शुरू होती है। कभी किसी बहुत पुराने जमाने की बात है, अपने पति के साथ चिता पर जलकर कोई स्त्री यहीं सती हुई थी और तबसे गांव वालों ने अपनी आस्था-स्वरूप यहीं पर सत्ती मैया का चौरा बना दिया। कोई सच्चाई की तह में जाने की कोशिश नहीं करता। गांव के लोगों ने कभी इसकी जरूरत भी नहीं महसूस की। कोई ऐतिहासिक स्मारक तो है नहीं। हो सकता है, सती प्रथा के जमाने में ऐसा हुआ ही हो। तब से कितनी पीढ़ियां इस गांव से गुजर गयीं और सरहद के पास सत्ती मैया का चौरा अभी भी है। लोगों की मान्यता है कि कितना भी अकाल, आपदा क्यों न पड़े सत्ती मैया गांव की रक्षा करती हैं। कोई भी नयी दुलहिन गांव में आती है तो उसी जगह सबसे पहले उसके हाथ का 'कक्कन' खोला जाता है। सत्ती मैया उसे पतिव्रत धर्म निबाहने में बल देती हैं।

गांव चाहे कोई भी हो, उसके समूचे परिक्षेत्र में ऐसे देवी-देवताओं के चौरे जरूर मिलते हैं। 'गांव का शिवाला, डीह बाबा का स्थान, सैयद बाबा, बरम बाबा या जोगी बीर ही हैं जो गांव को मुश्किल दिनों में भी बचाते हैं, वरना अब तक गांव कभी का खत्म हो गया होता।' गांव के बूढ़े बुजुर्ग अब भी ऐसा ही सोचते हैं और सांझ को दुआर पर बैठकर बड़े आत्मविश्वास के साथ भूतों, चुड़ैलों के संस्मरण सुनाते हैं। इन देवी-देवताओं के विषय में भी उनके पास अनेक किंवदंतियां सुरक्षित हैं। बुजुर्गों से लड़कों तक आने में इन कहानियों के प्रति अविश्वास बढ़ जाता है। बावजूद इसके अभी भी वे अपनी आस्था और अन्ध विश्वास के बीच ग्राम देवता का अस्तित्व बनाये हुए हैं।

अकाल के दिन हैं। सिवान में पेड़ों के पीछे सांझ अपने नियत समय पर

रात में तब्दील होने लगी है। खपरैलों से उठकर धुएं के टुकड़े इधर-उधर रेंग रहे हैं। इसी समय पैंतीस-चालीस औरतें हाथ में लोटा लिए जल धार चढ़ाने के लिए, सिवान में काली माई से शुरू होकर डीह बाबा, बरम बाबा और सैयद बाबा तक जाती हैं।

यू तो 'भरसांय' ही वह जगह है जहां औरतें अपनी बहुओं या पड़ोसी के घर की अन्तर्रपट अपने कथात्मक शैली में बयान करती हैं। लेकिन ऐसे समय में भी जब देव-स्थानों को जाते हुए इकट्ठा होती हैं तो उनकी बात-चीत का वही सिलसिला शुरू हो जाता और इस बीच बड़े ही निस्पृह भाव से वे एक साथ शिव और सैयद के स्थानों पर जलधार देती हैं। शहर में मंदिर-मस्जिद को लेकर चाहे जितना दंगा फसाद हो, गांव में कोई हिन्दू ऐसा नहीं है जो सैयद की एक ईंट भी छू सके। गांव में इन देवी-देवताओं का धार्मिक नहीं, सांस्कृतिक महत्व होता है। वहां देवता सिर्फ देवता होता है। हिन्दू या मुसलमान नहीं। अपने-अपने काम में लगे हुए लोग इन पचड़ों में नहीं पड़ना चाहते।

किसान साल भर उन देवी-देवताओं से भी कुछ खास मतलब नहीं रखता। यह तो अकाल की मार है, जो घर की औरतें यह कहने निकल पड़ीं कि- 'हे बाबा हमको माफ कर दो, यह पूजा स्वीकारो। देखो, कैसा अकाल है, पानी बरसा दो।' वे नहीं जानतीं कि कैसे समुद्र की लहरों से उठकर बादल उनके खेतों तक आता है। उनके लिए तो यह सब देवता की कृपा है। जब चाहें बादल ला दें, जब चाहें अकाल।

इस बार जब बरसात का मौसम गुजरता गया और आसमान में बादल नहीं दिखायी दिये तो गांव के लोग समझ गये कि धानी अँखुवों से लहराते झबरीले-खेत अब जल्दी ही सूख कर पीले हो जायेंगे। अकाल की छाया सबसे पहले उनकी आंखों में उतर आयी। ऐसे में उन्हें कोई काम नहीं रह जाता। चुपचाप किसी छानी या नीम के पेड़ तले दुआर पर बैठकर बतकही करते दिन गुजारते रहते और अनुमान लगाते-

*'रात में बोले कागा, दिन में बोले सियार।*
*ना घुमरी नभ बादर, होइहें गांव उजार।'*

सबसे पहले 'लक्खन' की बुढ़िया गांव भर घूम-घूमकर डीह बाबा या काली माई का प्रकोप बताती। गांव भर का चढ़ावा लेकर बुढ़िया को बड़ा फायदा हो जाता है। सब लोग जानते हैं कि इस अकाल में और सबके दिन

चाहे जैसे कटें बुढ़िया बड़े मजे से साल गुजार लेगी। इसके सिर पर काली, सैयद और डीह तीनों आते हैं। श्राप देने और इस घर का भूत उस घर कर देने में भी बुढ़िया को महारत हासिल है।

सूखा हो या बाढ़, अकाल से निबटने के लिए गांव वालों के पास कागजी योजनाओं का कोई भारी पुलिन्दा नहीं होता। वे बस इन देवी-देवताओं को चढ़ावा देकर ही संतोष कर लेते हैं। अपनी फसल के लिए, यही उनकी आखिरी कोशिश होती है। बाकी सब देवताओं की मर्जी। जब कभी अकाल भयावह रूप धारण कर लेता है और लगता है कि अब गांव तबाह हो जायेगा, तब लोग अपने अन्तर्विरोधों, झगड़ों को भूलकर 'डीह बाबा' के स्थान पर बड़े पूजा का आयोजन करते हैं। घर की देहरी के भीतर रहने वाली औरतें बाहर निकलकर आस-पास के गांवों में भीख मांग कर पूजा के लिए सामान खरीदती हैं। तब जाकर लम्बी मनौती के बाद बगल वाले गांव से बुलाये गये ओझा के सिर पर चढ़कर डीह बाबा गांव के दुष्कृत्य बताकर चेताते हुए माफ करते हैं।

दरअसल, इन ग्राम देवताओं के पीछे आदमी के प्रारम्भिक संघर्ष की वे कहानियां हैं जिनसे बल और प्रेरणा पाकर वह प्राकृतिक आपदाओं का धौर्यपूर्वक सामना करता था। कई वर्षों की अनवरत साधना के परिणामस्वरूप बसाया हुआ यह गांव किसी भी समय 'प्लेग' से खत्म हो जाता था या बाढ़ तबाह कर जाती थी। उस समय ये देवता ही थे, जो उसे बल और आत्मविश्वास देते। वह पुनः अपनी अनन्त आन्तरिक जिजीविषा शक्ति से सब कुछ नये सिरे से बसाने के लिए उठ खड़ा होता। आज की तरह उन दिनों आदमी के हाथ में विज्ञान की शक्ति नहीं थी। उसके अन्तःकरण की अजेय जिजीविषा ही बाहर ग्राम देवता के रूप में हुई थी। तब ये ग्राम देवता उस आदिम समुदाय के लिए उतने ही महत्वपूर्ण होते थे जितना कि पूरे शरीर के लिए कोई अंग।

आगे चलकर कुछ लोगों ने व्यक्तिगत हितों के निमित्त कानून और राज्य का निर्माण किया तो ग्राम देवता एक अत्यन्त कारगर शक्ति के रूप में उनके हाथ लगे। उन लोगों ने इन्हें समूह की इच्छाओं से परे, भाग्य नियंता घोषित करते हुए आडम्बर, अंधाविश्वास और मानवेतर दन्तकथाओं के ऐसे सुदृढ़ और कंटीले दुर्ग में स्थापित कर दिया जो आज तक पूरी तरह नहीं टूट पाया है। आज आदमी का विजय यान चन्द्रमा को फतह करता हुआ मंगल और बृहस्पति के करीब पहुंच गया है। जो ग्राम देवता संघर्ष के प्रतीक थे, धीरे-धीरे

असहायता के आलम्बन होते गये। अपनी शक्ति से अपरिचित और सुविधाओं से वंचित ये गांव विज्ञान की चेतना से दूर जब एक बार अंधविश्वासों के दलदल में फंसे तो फंसते चले गये।

समय के साथ-साथ आदमी अपने अनुभव जन्य विवेक से ग्राम देवताओं के अस्तित्व पर प्रश्नचिन्ह लगाता रहा। अपने स्वभावगत विकास के कारण समाज की नयी जरूरतें पैदा होती हैं और पुरानी खत्म हो जाती हैं। आज हमारे गांवों को, सचेतन और सक्षम शक्तियों ने जरूरतों के मुताबिक नयी चीजें नहीं दी हैं।

इन समूची परिस्थितियों के बीच प्राकृतिक आपदाओं से थके हारे निरुपाय गांव वाले ग्राम देवताओं की नियति को समझकर भी नहीं समझना चाहते। क्योंकि, अस्पताल की सारी अत्याधुनिक सुविधाओं से वंचित जब गांव का एक लाचार बाप अपने बेटे को मरते हुए नहीं देख पाता तो ग्राम देवता को सवा सेर अनाज का चढ़ावा चढ़ाकर ही संतोष कर लेता है। परिस्थितियों की विशालता और विकरालता के सामने वह अपनी क्षमता भर, झूठा ही सही, एक लघु दायित्व पूरा कर लेना चाहता है।

शायद, यह कह देना ज्यादा आसान है कि गांव वाले अंधविश्वासी हैं। लेकिन, क्या बदले में कोई नयी चीज दिये बगैर उनसे आस्था और संतोष का यह आधार खत्म कराया जा सकता है? क्या सवा सेर गेहूं चढ़ाने वाला बाप यह नहीं जानता कि इससे उसका बेटा नहीं बचेगा? वह सब जानता है। यह कितना बड़ा फर्क है कि आज जब उसे प्रौढ़ शिक्षा ककहरा पढ़ा रही है, तब उसके जैसे कुछ लोग अन्तरिक्ष में बस्ती बनाने की बात सोच रहे हैं।

1984

# पावस में भीगते सिवान

तपते आसमान के बीच किसी कोने से बादल का एक टुकड़ा उठता है, और हवा के ठहरने के साथ ही लगातार फैलता जाता है। इसके बाद हजारों निगाहें आकाश के सीने पर टंक जाती हैं। लोग घाघ की कहावतें बाचते हैं। मौसम बदल जाता है। इस तरह शुरू होती है गांव में पहली बरसात।

हवा के झोकों के साथ ही बारिश की तेज बूंदें किसी निशानेबाज योद्धा के बाणों की तरह लाखों, करोड़ों, असंख्य की तादात में धरती के सीने पर गिरती हैं। धूप में तपे जोते गये खेतों से उठकर सोंधी गन्ध पूरे वातावरण में फैल जाती। तब जैसे युगों की पियासी धरती बाहर से भीतर तक पूरी तरह जुड़ा जाती है।

सिवान में भैंस चराते लड़के कबड्डी, चिकई, खेलने में मशगूल हो-हल्ला मचाते हैं। लड़कियां बकरी चराती हैं। अपने समूह में वे या तो गोटी खेलती हैं या बिछिया। इनके अलावा कुछ सिर पर खांचियां रखे इधर-उधर गोबर बटोरती हैं। ये सब मुख्यतः गांव-मजदूरों, हलवाहों की बेटियां हैं, सिर्फ, रात को सोने के लिए घर जाती हैं, वरना पूरे दिन इसी सिवान में स्वच्छन्द विचरण करती हैं। सूरज की किरणों और खुली हवा से इनकी दोस्ती हो गयी है। होश आने के पहले, जब ये सिर्फ रो सकती थीं, तब भी इनकी माताएं इन्हें पेड़ के नीचे सुला कर खेतों में काम करने चली जाती थीं। प्रकृति के खुले आंचल में पली हुई ये सिवान की बेटियां, धूप-हवा और पानी से अपना राग बना चुकी हैं। यह बरसात इनकी बिल्कुल जानी पहचानी है। किसी मुंहलगी सहेली की तरह।

बरसात भी अलग-अलग लोगों पर अलग-अलग तरीके से आती है। इसके आने की वजह से भले ही सारे गांव की आत्मा जुड़ा जाये, धरती भीग

जाय, मौसम तर हो जाय, 'मुंशीजी' को इससे बड़ी तकलीफ होती है। जनम से सुकुवार बेचारे 'मुंशीजी' यह भी नहीं जानते कि खेत की मेड़ कैसी होती है। सो, उन्हें यह तो पता नहीं चल पाता कि बरसात आती क्यों है? लोग इससे खुश कैसे हो जाते हैं? जबकि इसकी वजह से हर साल का चार महीना जरूर मुश्किल हो जाता है। इस बरसात नामक जीव से उनका रोवां कांपता है। बादल के कड़कते और बूंदों के लक्षण दिखते ही वे आधे पर ही लोटा लेकर सिवान से भागते हैं। मच्छर और कीचड़ से जो परेशानी होती है सो तो होती ही है, पूरी बरसात 'मुंशीजी' के लिए मैदान होना भी मुश्किल हो जाता है। सो किसान जितना वसूली से डरता है उतना ही मुंशीजी इस बरसात से डरते हैं।

गठिया रोग से पीड़ित 'रामदीन तिवारी' चल फिर सकने में अक्षम, बाहर नहीं निकल पाते नहीं, फिर भी खेती के काम से पूरी तरह चिन्तित रहते हैं। बरसात को देखते ही लाचार, जोर-जोर से मजदूरों को महज इसलिए गाली देते हैं कि पता नहीं, वे खेत तक पहुंचे कि नहीं। मेड़ बांधकर धान का 'बीया' (बीज) डालना है। बरामदे में चारपाई पर बैठे हुए जब दुआर पर भीगते लड़कों को उछल कूद करते देखते हैं तो मन ही मन भुसुराते हैं। एक तो उनके बचपन की याद ताजा हो आती है, जब कभी वे भी सिवान में भैंसों के साथ बगैर छाता-छूती के ऐसे ही उछल कूद करते थे, तब गांव में किसी के घर छाता नहीं होता था, जमाना ही दूसरा था। अब तो हर घर में छाता हो गया है।

अगर बरसात आगे चलकर बाढ़ न हुई तो गांवों में नया सबेरा बनकर आती है, जिसमें न तो गर्मी की तपन होती है न जाड़े की ठंड। मौसम की ताजगी और ठण्डी हवाओं की खुशबू भीतर मन तक को नम कर जाती हैं। चारों ओर उग जाती है हरियाली। खेतों में धान रोपती मजूरिनों की कतारें कजरी की धुन छेड़ती हैं। बारिश की तेज बूंदें मानो छपर-छपर उनके साथ ताल देती हैं। दूर मेड़ पर बैठा हुआ मालिक छाता लगाये मजूरिनों से काम कराने की जल्दी में उकताया हुआ बार-बार उन्हें गाली देता है। अपनी बूढ़ी उमर तक वह इतनी बात भी नहीं जान सका है कि ये बरसात में दिन भर भीगते हुए भी कैसे गीत गाती रहती हैं? और काम करने में इतनी कोताही क्यों करती हैं?

हालांकि दुनिया में विज्ञान ने आज अधिकांश चीजों को नियंत्रित कर लिया है फिर भी हमारे यहां एक पूरी फसल ही इस बरसात पर निर्भर करती है। अगर यह कहीं बाढ़ या सूखे में तब्दील हुई तो गांव में मातम छा जाता है और सिवान में सियारिन फेंकरती हैं। सच तो यह है कि हमारे गांव पिछले कई

सालों से इसी प्रक्रिया से लगातार गुजर रहे हैं। ऐसे में सरकारी लगान की वसूली, बिजली का बिल और रोज-रोज के खर्चे उन्हें और भी तबाह करके रख देते हैं।

यूँ तो बरसात का मुख्य पहलू गांवों के लिए खुशियों का ही होता है, लेकिन गरीब गांवों में इसके नुकसान भी कम नहीं है। बिच्छू और जहरीले सांप अपनी मांदों से बाहर घूमते हुए कब किसको डंस लेंगे? कहा नहीं जा सकता। हर साल इस मौसम में दो-चार लोग असमय काल-कवलित होते हैं। गांवों के प्राथमिक अस्पतालों में इसके लिए कोई व्यवस्था नहीं, जबकि शहरों में जहां पक्के मकानों पर सांप दिखायी भी नहीं देते, वहां दवाइयां अस्पतालों में सड़ती हैं। इसके अलावा रात भर अंधेरे मौसम का सांय-सांय वातावरण को और भी भयावह बना देता है। झींगुरों की झनकार, मेढकों का शोर सबके सब पूरी रात नींद में खलल डालते हैं। फूटे खपरैलों में चूते टपकते मकानों की पीड़ा का सहज ही अन्दाजा लगा पाना मुश्किल है। बरसात का मौसम, कीचड़ और पानी में सिर्फ गन्दगी ही नहीं, गांवों की गरीबी भी पूरी तरह उतरा जाती है, जिसमें हजारों साल से हमारे गांव अपने बदले रूपों के बावजूद अगाध पीड़ा की दास्तान समेटे होते हैं।

इस तरह गांव में यह बरसात जब आती है तो चारों ओर खेतों में उगा देती है-खुशियों का फूल। धानी रंग के चुनर में सारा सिवान लहरा उठता है और दुलहिनें बादलों के रथ पर किसी अनागत की प्रतीक्षा करती उदास हो जाती हैं। चूते टपकते खपरैलों पर गरीबी आज भी अपना पुराना इतिहास मिटा नहीं पाती। बावजूद इसके, बरसात का स्वागत गांवों में ही होता है। नयी फसल की तैयारी में सारा गांव मगन रहता है।

1985

# सर्द मौसम ठिठुरती रातें

रोज घने कुहासों के बीच न जाने आकाश किधर गुम हो जाता है, कुछ पता नहीं चलता। बर्फ की तरह सर्द धुएं के इस धुंधलके में सिवान के पेड़ किसी बूढ़े की तरह अपने ही भीतर खुद को छिपाने की असफल कोशिश करते हुए ठंड से इस कदर अकड़ जाते हैं कि दूर से बस उनकी अस्पष्ट छायाकृति ही पहचानी जा सकती है। खेतों में उग आयी नयी फसल के अंखुवे बार-बार आकाश की ओर उठने की कोशिश करते हुए ओस की बूंदों से लद जाते।

यह जाड़े का मौसम है या गांव के लिए कोई चुनौती? चाहे जो भी हो, पुआलों की छांव और अलाव की गर्मी की बदौलत लोग उसे झेल लेते हैं। सबेरे-सबेरे जब रास्ते बर्फ की तरह ठंडे होते हैं, तभी किसान अपने खेतों की ओर निकल पड़ता है। नंगे पांव और ठिठुरते हुए और उसकी दिनचर्या शुरू हो जाती है। शरीर पर नाममात्र के कपड़े और फटी बिवाइयों के बीच सर्दी उसे बार-बार विचलित करती रहती है, लेकिन वह मुहिम पर तैनात सिपाही की तरह बगैर किसी शिकवा-शिकायत के मौसम का निरीक्षण करते हुए अपने हाथों से खेतों का भाग्य संवारता है और खुद के उत्पादन से ही वंचित हो जाता है। हजारों साल से जड़ गांवों में आज भी लोग इसे अपनी नियति मानकर ओढ़े हुए हैं।

जब किसी तरह सूरज की किरणें किसानों के घरों तक पहुंचती हैं तो गांव में चहल-पहल शुरू हो जाती है। कुनमुनाते हुए छोटे-छोटे लड़कों को जैसे इसी का इन्तजार रहता है। मैली-कुचैली चादर लपेटे जब वे पुआल के बिछौनों से निकलते हैं तो सीधे गली तक पहुंच जाते हैं, जहां धूप

दीवालों के सहारे खपरैलों से उतर रही होती है। आसपास के लड़के इकट्ठे होकर गोली-गुप्पी का खेल शुरू कर देते हैं। बड़ों की तुलना में उनकी दिनचर्या थोड़ी देर से, धूप निकलने के बाद ही शुरू होती है। तब तक ये अपने इसी खेल में मशगूल होते हैं। लम्बी रात का आलस मिटाने के लिए इससे अच्छा न इनके पास दूसरा तरीका है, और न ही इससे अच्छा खेल।

ऊधो लुहार अपने दरवाजे पर बैठकर बसुला और रुखानी से काम शुरू करते हैं। इन दिनों उन्हें अपने आवारे लड़के पर उतनी कोफ्त नहीं होती, जितनी इस रोज-रोज की क्रिकेट केमेंट्री पर। अगर यह सब नहीं होता तो क्यों वह दिन भर स्कूल छोड़कर रेडियो बजाता फिरता। और क्यों गांव भर के लड़के आकर उनसे बल्ला और गेंद बनवाते। कुछ दिन पहले यही लड़के गड़ारी और सींकचे बनवाते थे। लेकिन अब इस खेल ने उनके सिर पर एक दूसरी ही जहमत लाद दी है। गांव हो या बाजार, रेडियो को घेरकर बगैर किसी कामधाम के दिन-दिन भर बैठे निकम्मों को देखकर उन्हें लगता है कि अगर यह क्रिकेट नहीं होता तो लड़के इतने निठल्ले नहीं होते।

## जाड़े की विडम्बना

जाड़े का मौसम तो हर जगह एक ही तरह से आता है, लेकिन इतनी विडम्बना है कि अलग-अलग लोग इसे अलग-अलग तरीके से लेते हैं। जब यह आता है तो शहर की कालोनियां रंग-बिरंगी शालों-दुशालों और नये-नये शूटों से चहक उठती हैं, लेकिन गांव किसी अदृश्य भय से सिहर जाता है। खुले सिवान में पेड़ों के नीचे गर्मी बीत जाती है, चूते खपरैलों में बरसात कट जाती है, लेकिन कड़ाके की ठंड लिये यह जाड़ा पुआलों के बीच भी अपने ठण्डे हाथों तले दो-चार लोगों को ठंडी नींद सुला देता है। साल भर तक जो बूढ़े किसी तरह बचते चले आते हैं, वे जाड़े में नहीं बच पाते। इन बूढ़े लोगों से जाड़े की पुरानी दुश्मनी है।

बहरहाल यह जाड़ा चाहे कितना भी क्रूर क्यों न हो, प्रकृति विजयनी मानवता उसे सहर्ष स्वीकार कर लेती हैं। ठण्ड चाहे जितनी भी भयावह हो, किसान घरों से निकलकर सिवान में दूर-दूर तक हरियाली उगाता है। पसीने की गर्मी पाकर खेतों के बीच गेहूं के दाने लहलहा उठते हैं और ओस की बूंदें चाहे कितना कहर बनकर गिरें, उन्हें अपने फुनगों पर मोती की तरह सजा लेते

हैं। गांव के बाहर-भीतर किसान का श्रम दूर-दूर तक चारों ओर फैला हुआ है। कहीं वह खलिहान में धान की पिटाई करता है तो कुल्हाड़ में ईख की पेराई। कड़ाहे में पकते गुड़ के सुगन्ध से सिवान दूर-दूर तक महक उठता है। यह बात दीगर है कि आज की कमर तोड़ महंगी खेती ने उसकी प्राणशक्ति को ही क्षीण कर दिया और अब ऐसी कोई महक उन तक पहुंच नहीं पाती।

## मौसम की मानसिकता

यह ठण्ड सिर्फ मौसम की ही नहीं, उसकी मानसिकता की भी देन है जो लगातार तबाह होते गांवों के बीच बन रही है। कृषि के क्षेत्र में हो रहे अत्याधुनिक प्रयोग और पूंजीवाद के प्रवेश ने भारी पैमाने पर दैनिक जीवन में उपभोग की वस्तुओं को माल के रूप में तब्दील कर दिया है। इसका लक्षण सिर्फ इसी में नहीं देखा जा सकता कि अब अहीरिनें दूध को दही बनाकर गांव में बेचने के बजाय सीधे बाजार में बेच आती हैं, बल्कि ऐसे तमाम उदाहरण हैं कि पद्मावत पांड़े ने अपने पुश्तैनी धंधे को छोड़कर कस्बे में पान की दुकान खोल ली और कुम्हार, नाई, धोबी, कमकर आदि सभी सहायक पेशे वाले सिर्फ किसानों का आश्रय ग्रहण करने के बजाय कस्बे में अपना आधार तलाशने लगे हैं। भले ही यह एक नये युग में रूपान्तरित होने की प्रक्रिया है लेकिन धीमी गति और पिछड़ी अर्थव्यवस्था के कारण आज गांवों का वर्तमान ढांचा इतना विकलांग और यंत्रणादायी हो गया है कि लोग किसी भी मौसम को उसकी ताजगी में नहीं बल्कि उदासी की नियति में जीते हैं। आज किसान होने का मतलब यह नहीं है कि आप दिन भर खेतों में हाड़तोड़ मेहनत करते हुए खटते रहे और इतने भर से काम चल जायेगा बल्कि वह जुगाड़ जरूरी है जिसके चलते शहर की होने वाली (ऊपरी) आमदनी से गांव व खेती को जोड़ सकें।

कितने अजीब होते हैं जाड़े के ये दिन एक ऐसी पीढ़ी की तरह जो बचपन की मायूसी से शुरू होती है और जवान होने से पहले बुढ़ापे की उदासी में तब्दील हो जाती है। आजकल दोपहर का कुछ पता नहीं चलता। सुबह होती है और शाम हो जाती है। सूरज जल्दी ही डूब जाता है। घिरती सांझ को देखकर खेतों से लौटती मजदूरिनें तेजी से अपने घरों की ओर चली जा रही हैं और खलिहानों में धान अगोरता किसान सोचता है-गेहूं सूख रहा है। एक दिन और बीत गया लेकिन बिजली नहीं आयी।

## जाड़े की रातें

जाड़े की रातें बहुत लंबी होती हैं-आदमी के संघर्षों की ही तरह। न जाने कितने युगों तक अलाव के आसपास, पुआलों के बीच या चौपालों में बैठकर लोगों ने असंख्य कहानियां रचीं। जाड़े की लम्बी-लम्बी रातों में ये गीत और लोक कथाएं समष्टि की सृजनशीलता का परिणाम थीं। एक गांव से दूसरे, फिर तीसरे गांवों तक घूमती हुई लोक कल्पनाओं के जरिये निखरती जाती। जीवन के मार्मिक प्रसंगों से जुड़े इन गीतों में महाकाव्यों से कई गुना बड़ा यथार्थ होता था। यह सब न कहीं लिखा जाता था और न कोई व्यक्ति विशेष उनका लेखक होता था। उन दिनों समूचे अंचल और जाति की यही सांस्कृतिक धरोहर और पहचान थी। आज जबकि जीवन की निम्नतम जरूरतों के लिए, बिजली की प्रतीक्षा करते हुए, लोग रात-रात भर जाड़े में ठिठुरते हुए ट्यूबवेल के पास पड़े रहते हैं तो ये कहानियां भूलती जा रही हैं। अश्लील साहित्य और फिल्मों का सर्वाधिक घातक प्रहार इन पर हुआ है। लगता नहीं कि कुछ दिनों में इनके अवशेष भी मिल पायेंगे।

इन दिनों लोग जल्दी ही गांवों में सो जाते हैं। धीरे-धीरे सर्दी बढ़ने लगती है और ठिठुरती रात गांव के भीतर बाहर चारों ओर फैलने लगती है। बुढ़ापे में नींद कम आती है अतः कुछ बूढ़े लोग जाग रहे हैं। लेकिन बाहर घना कुहासा छाया हुआ है। पेड़ों की पत्तियों पर ओस टपक रही है।

1985

# बर्बरता का बायस्कोप

शेखर कपूर की बहुचर्चित फिल्म 'बैंडिट क्वीन' फूलन देवी के वास्तविक जीवन पर आधारित है। डाकुओं के जीवन पर बनी ढेर सारी बंबइया फिल्मों से यह फिल्म इस सन्दर्भ में अलग है कि इसमें हिंसा रोमांच ही मात्र केन्द्रीय थीम नहीं है। प्रेम के मनोहारी दृश्य, नाच और कव्वाली इसमें नहीं है। बबूल और अन्य कंटीली झाड़ियों से क्षत-विक्षत चम्बल भी इस फिल्म में अपने भीतर किसी पुराने और रहस्यमय किले का खंडहर नहीं छिपाये हुए है। दौड़ते-भागते घोड़े और बम का धुंआ जैसा भी इसमें कहीं नहीं है। डाकुओं के जीवन पर बनी यह पहली प्रामाणिक फिल्म तो है ही, इसके अलावा यथार्थवादी फिल्मों की परम्परा में भी यह एक अत्यधिक महत्वपूर्ण फिल्म है। सत्तर के दशक में बनी ढेर सारी कला फिल्मों में भी जिस बाजीगरी का इस्तेमाल किया गया था वह सब भी इस फिल्म में कहीं नहीं है। इस फिल्म का यथार्थ 'आक्रोश', 'अर्धसत्य' जैसी अनेक फिल्मों से तीखा और तल्ख है। मूल रूप से यह हमारे सामाजिक ढांचे की एक ऐसी आलोचना है जिसमें कोई लाग-लपेट नहीं है। इसीलिए इसकी तल्खी भी ज्यादा है।

हमारे सामाजिक ढांचे में जिस निर्मम क्रूरता को सहज स्वाभाविक और स्थायी मान लिया गया है उसके बनिस्बत फूलन देवी के निजी जीवन की तल्खी जो इस फिल्म में दिखायी भी गयी है बहुत थोड़ी है। लेकिन हमारा संस्कारशील अभिजात मन उसे सहन नहीं कर पाता। हमारे मस्तिष्क के कोटर में हजारों साल पुराना एक काला सांप कुंडली मारकर बैठा हुआ है-सवर्ण अहंकार का पुराना सांप। यह अवसर-अनवसर कभी शक्ति का सहारा लेकर और कभी तर्क-कुतर्क से बेहयायी करता हुआ अपनी पक्षधारता को दुहराता

रहता है। हम फूलन देवी से सवाल पर सवाल करने लगते हैं कि–अगर कुछ लम्पट ठाकुरों ने बलात्कार किया तब भी यह कैसे सही है कि निर्दोष ठाकुरों की सामूहिक हत्या की जाये?

और हम, जो रोज–रोज अपने घरों में बच्चों को नकली स्टेनगन के खिलौने खरीदकर उनके संस्कारों को पाल–पोस रहे हैं, अचानक हिंसा के इस दृश्य पर चीत्कार कर उठते हैं तो एक गलत आदमी के मुंह से सही बात कहने के षड्यंत्र को भी पहचानने की जरूरत है। कुछ लोग शेखर कपूर से भी पूछ रहे हैं कि क्या फिल्म में सीमा विश्वास के डुप्लीकेट को पूरी तरह कैमरे के सामने नंगा दिखाना अनिवार्य था? ये लोग फिल्म और साहित्य में प्रतीकों का महत्व तो जरूर समझाते हैं, लेकिन खुद उसकी सीमा नहीं समझना चाहते।

जगह–जगह अपने विचारों का गोबर करने वाली उन महिला संगठनों में मेरी कोई दिलचस्पी नहीं है जो सार्वजनिक मीटिंगों में उस डुप्लीकेट की मजबूरी में महिलाओं के अक्षम्य अपमान से विक्षुब्ध दिखायी देती हैं और घर में 'हस्बैंड' के बैंक बैलेन्स के लिए प्रतिक्षण सजग रहती हैं। क्योंकि मैं अभी तक उस यथार्थ से उबर नहीं पाया हूँ जो इस फिल्म में दिखाया गया है। इसलिए फिल्म के सारे उपकरण जायज या नाजायज, अभी इस दौर में मेरी विचार परिधि के बाहर हैं।

फिल्म पर जब यहां जैसे ही बात शुरू की जाती है तत्काल अगले ही चरण में हर बात फूलन के निजी जीवन तक आसानी से चली जाती है। इसलिए इस फिल्म के बारे में कुछ भी लिखते हुए उन सामाजिक सत्यों की पड़ताल बेहद आवश्यक है जिसे इस फिल्म में दिखाया गया है, लेकिन उससे ज्यादा वह फूलन के निजी जीवन की पृष्ठभूमि में है।

## भारतीय समाज की जातिगत संरचना और हमारे संस्कार

स्त्रियों को लेकर हमारे यहां जो प्रचलित धार्मिक, पौराणिक और सामाजिक सोच है उसके तहत बाल विवाह और बेमेल विवाह हमारी संस्कृति का अनिवार्य हिस्सा रहा है। 'असूर्यपश्या' की पवित्र धारणा की तलहटी में स्त्री देह जीवन की सामान्य जरूरतों से वंचित 'योनि' के अलावा कुछ भी नहीं है। जिसे उम्र के अलग–अलग पड़ावों पर पिता, पति या पुत्र की रखवाली आवश्यक है। इस व्यापक धारणा से स्त्रियों के लिए जो कुछ नतीजे निकाले गये 'असूर्यपश्या' बाल विवाह उसी की परिणति है। उन्नीसवीं सदी के पूर्वार्ध

में कुछ समाज सुधारकों ने इसके खिलाफ सुधार आन्दोलन चलाये। सरकार ने कानून बनाकर इसे रोकने का प्रयास किया, लेकिन शिक्षा के व्यापक प्रसार के साथ ही साथ इसमें कमी आयी। आज भी जहां शिक्षा का अभाव है वहां यह परम्परा जस की तस बनी हुई है। फूलन देवी बाल विवाह के साथ-साथ बे-मेल विवाह का भी शिकार है। फूलन देवी इस परम्परा को स्वीकार करके भी बलात्कार दर बलात्कार का शिकार होती है और राजस्थान की भंवरी देवी इस परम्परा का विरोध करने की वजह से बलात्कार को भोगती है। गांव के दबंग वर्गों द्वारा दोनों का एक ही हश्र होता है। हमारा कानून और हमारे न्यायाधीश इस परम्परा के खिलाफ तो हैं, लेकिन अपने व्यावहारिक आचरण में इसे बनाये रखने में सक्रिय भूमिका भी निभाते हैं। मेरे लिए यह तय कर पाना एकदम नामुमकिन है कि भंवरी देवी के साथ बलात्कार करने वाले गांव के दबंग लोग बड़े और क्रूर अपराधी हैं या वह जज जिसकी अदालत में वह न्याय खोजने गयी थी। बलात्कार अथवा न्यायालय का फैसला दोनों में किसके घाव भंवरी देवी के लिए ज्यादा असह्य, अपमानजनक और स्थायी हैं।

एक अधेड़ उम्र के आदमी के साथ जब फूलन की शादी की जाती है उस समय वह एक कम उम्र की बहुत छोटी बच्ची है। हमारा संविधान नाबालिग बच्ची के साथ किसी भी तरह के यौन सम्बन्ध को बलात्कार का अपराध मानता है। लेकिन हमारे संविधान में ऐसे विवाह के अस्वीकार को कत्तई मान्यता नहीं है। क्योंकि हिन्दू विवाह अधिनियम में विवाह को संस्कार का दर्जा दिया गया है। और इस तरह हमारे लिए बलात्कार की संवैधानिक गारण्टी का जायज पथ प्रशस्त बना हुआ है। संविधान निर्माताओं, उसके वेतनभोगी रक्षकों और बलात्कारियों के इस पवित्र गठजोड़ के चलते आज तक किसी बाप को, किसी पति को किसी तरह की कोई सजा कभी नहीं होती है। हिन्दू विवाह अधिनियम के इस पवित्रतम संस्कार से क्षत-विक्षत, लहू-लुहान फूलन अपने पिता के घर भाग आती है। अगर वह किसी माननीय न्यायमूर्ति की अदालत में जाती तो वहां उसके साथ क्या होता, इसकी तो सिर्फ कल्पना की जा सकती है। लेकिन जिस यथार्थ को हम इस फिल्म में देखते हैं वहां गांव की पंचायत है। और सरपंच की बगल में बैठा अशोक है, जिसने खेत में फूलन के साथ बलात्कार की असफल कोशिश की थी। इस असफलता का बदला अशोक और उसके साथी फूलन और उसके बाप की सामूहिक निर्मम

पिटाई से लेते हैं। सारा गांव तमाशबीन की तरह इस नृशंस दृश्य को देखता रहता है।

भारतीय गांवों में जो जातीय संरचना है उसमें कुछ विशेष जाति के लोग ही खासकर राजपूत, ब्राह्मण, भूमिहार आर्थिक रूप से सम्पन्न हैं इसलिए स्वभावतः यथास्थितिवादी अवकाशभोगी, अपराधी और पंचायतों में मुखिया होते हैं। कहीं-कहीं किसी इलाके में मध्यजातियों के कुर्मी और यादव भी ऐसी ही भूमिका में होते हैं। लेकिन तब भी राजपूत और ब्राह्मण सत्ता केन्द्र में बने रहने के आपसी रंजिश और विवादों के बावजूद प्रभु वर्ग की अपनी भूमिका में होते हैं। इनके अलावा धोबी, डोम, चमार, नोनिया, भर, मुसहर, मल्लाह आदि ऐसी सैकड़ों दलित जातियां हैं जो दिन रात के कठोर श्रम के बदले किसी तरह पेट भर पाती हैं। बीमार होते ही दवा के अभाव में मर जाती हैं। उनके घरों में पैदा होने वाली कोई लड़की जब जवान होती है तो यह अलिखित, लेकिन सर्वस्वीकृत सत्य उसे जरूर निभाना होता है कि वह उस अवकाश भोगी वर्ग के किसी लम्पट की हमबिस्तर बने। फूलन न सिर्फ इसी का विरोध करती है, बल्कि उसका अपराध तो और बढ़ जाता है। उसने उस हजारों साल की अविचल भारतीय परम्परा और संस्कृति का भी अपमान किया है, जिसमें पति परमेश्वर होता है। वह उस पति का ही परित्याग करके चली आयी है जिसके लिए करवाचौथ, बटसावित्री, सिन्दूर और बिछिया के अनेकानेक ढोंग और उपकरण जुटा कर रखे गये हैं। पंचायत को दो में से किसी एक ही का चुनाव करना है-फूलन या अपना पाखंड। किशोर फूलन को गांव छोड़ने का हुक्म सुना दिया जाता है। शायद यह फैसला ही हमारे पक्ष में है। यह इतना पुराना और इतनी बार दुहराया जाता रहा है कि हमें इसमें कोई क्रूरता नहीं दिखाई देती। हम फिल्म देखने के बाद बेहमई के निर्दोष ठाकुरों की हत्या को तो तर्क और संवेदना से सराबोर करके बीस सवाल जरूर करते हैं लेकिन पंचायत के उस फैसले का जिक्र तक नहीं करते। हमें बीस ठाकुरों की विधवाओं का दर्द तो अपनी मां, बहन और बेटी का दर्द बनता दिखाई देता है जो इतिहास में कभी-कभार घटित होता है, लेकिन हर रोज ठाकुरों की पंचायत के ऐसे क्रूर फैसले हमारी संवेदना को नहीं छू पाते। हम इस सत्य को आखिर क्यों नहीं समझना चाहते कि ठाकुरों, ब्राह्मणों की जाति में मात्र पैदा होने के कारण हम कुछ अपराधों के जन्मजात उत्तराधिकारी हो जाते हैं। हम स्वभावतः उत्पादन में कोई प्रत्यक्ष भूमिका निभाये बगैर उत्पादन के साधनों पर स्वामित्व

बनाये रखते हैं। हम इसे शाश्वत महत्व का मानकर बनाये रखने की पुरजोर कोशिश में लगे हुए हैं। और मात्र इसलिए हजारों साल से चले आ रहे अपराधों के उत्तराधिकरी, रक्षक और इसीलिए अपराधी भी हैं। डोम, चमार, मुसहर आदि सैकड़ों दलित और पिछड़ी जातियां इस संरचना में स्वाभाविक रूप से श्रमशील, शोषित और इसीलिए न्यायप्रिय होती हैं। लेकिन किसी पंचायत में वे न्याय करने की जगह पर कभी नहीं बैठती। वे सिर्फ फैसले सुनती हैं। फैसला करने और फैसला न मानने का उन्हें कोई हक नहीं। अभी फूलन विद्रोह नहीं करती है सिर्फ अस्वीकार करती है। वह अपने बे-मेल विवाह को और अशोक द्वारा बलात्कार के प्रयास को अस्वीकार करती है। समर्थ बलात्कारियों को पालने-पोसने वाली गांव की पंचायत का दंड उसे मिलता है। उसे गांव निकाला दे दिया जाता है।

इस ढांचे को बनाये रखने के लिए भारतीय न्याय व्यवस्था और सरकारी प्रशासनिक तंत्र उसी गांव की पंचायत और उसकी मानसिक संरचना का कैसा शक्तिशाली, आधुनिक और विकसित रूप है इसे समझने के लिए भंवरी देवी का फैसला ही पर्याप्त है। फिल्म में कालपी थाने के उस दृश्य से भी इसे आसानी से समझा जा सकता है जहां रात के अंधेरे पर तैरती फूलन की चीख है और एक सिपाही के यह शब्द हैं कि-"हम डाकुओं से भी खराब हैं क्या?"

फूलन देवी सिर्फ अपनी रक्षा के लिए भाग रही है। वह बे-मेल विवाह से भाग रही है। बलात्कारियों के पक्ष में खड़ी पंचायत से भाग रही है। बलात्कार करने वाली पुलिस और थाने से भाग रही है। सुरक्षा और आत्मीयता की तलाश में भागते हुए वह जीने भर की मानवीय गरिमा के लिए इधर-उधर भाग रही है। (कुछ लोगों को अटपटा लग सकता है कि कहां फूलन और कहां मानवीय गरिमा) काले भेड़ियों का विशाल झुण्ड जीभ लपलपाते बिना रुके लगातार उसका पीछा कर रहा है।

दलित महिला का यथार्थ लिए फूलन भेड़ियों के एक मॉद से भाग कर दूसरे मांद में जाती है। वहां डाकुओं में भी अगड़े-पिछड़े और दलित का विभाजन मौजूद है। फूलन दलित भी है और साथ ही महिला भी। अत्याचारों और क्रूरता की आखिरी सीमा का साक्षी होने के लिए इसमें से कोई एक ही पर्याप्त है। यहां फूलन के साथ तो दो चीजें हैं। यही कारण है कि दलित का दर्द फूलन के यहां जितना बदशक्ल और कुरूप दिखाई देता है उसे उसका

डाकू प्रेमी विक्रम मल्लाह तब तक नहीं जान पाता जब तक वह फूलन के सम्पर्क में नहीं आ जाता। और इस सत्य को समझने के कारण ही वह बाबू गूजर की हत्या कर देता है और खुद लालाराम के हाथों मार दिया जाता है। भारतीय सामाजिक संरचना के इस खतरनाक बहुरुपिये की पहचान कितने जोखिम से भरी है। ठाकुर लालाराम हाथ-पैर बंधी फूलन के साथ तीन दिन, तीन रात लगातार बलात्कार करवाता है। यह बलात्कार उसकी यौनेच्छा का ही परिणाम नहीं है बल्कि अपने जातीय अहंकार की ही अनिवार्य परिणति है। तभी तो लालाराम समूचे गांव वालों को बटोर कर उनके सामने एकदम नंगी फूलन को कुएं से पानी लाने के लिए कहता है।

## स्त्री देह और अश्लीलता

प्रकृति और मानव समाज के भीतर विकसित होने वाले सम्बन्धों में स्त्री-पुरुष के बीच पति-पत्नी या प्रेमी-प्रेमिका का सम्बन्ध इसलिए भी सर्वोच्च और प्रगाढ़ होता है कि इसमें चेतना के अलावा देह की भी महत्वपूर्ण भूमिका होती है। इसीलिए इसकी एकनिष्ठता और अनन्यता अपेक्षतया स्थायी होती है। इसमें नयी सृष्टि के विकास की गतिशीलता को बल देने वाली एक ऐसी आवेगमयी शक्ति और सामर्थ्य है जो अन्य सम्बन्धों में सम्भव नहीं।

नारी देह के गोपन रहस्यों के प्रति जिज्ञासा और आकर्षण पुरुष के लिए प्राकृतिक और स्वाभाविक है। पुरुषों को लेकर स्त्रियों के मन में ऐसे भाव न उठते हों इसकी कल्पना भी नहीं की जा सकती। यही स्वाभाविक और प्राकृतिक जिज्ञासा कुछ अन्य मानवीय भावों के रंग में भरकर एकोन्मुखी होती और प्रेम के उच्चतर भावभूमि की सृष्टि होती है। जब इसी स्वाभाविक जिज्ञासा का सहारा लेकर बाजार में सामान बेचे जाने लगते हैं तो वहां नारी देह पण्य की शक्ल ले लेती है। तब चाहे वह जितना वस्त्रावृत हो, अश्लील हो जाती है। जब वह हमारी कुंठाओं को सहलाती, भावनाओं को भड़काती, एकोन्मुखता को भंग करती और इस तरह अमानवीय और अराजक प्रतिस्पर्द्धा के केन्द्र में प्रतिष्ठित करती है तो वह अश्लील हो जाती है। इसमें स्त्री देह की स्वतंत्र भूमिका नष्ट हो जाती है। वह माध्यम मात्र रह जाती है हमारी वासनाओं की पाशविक तृप्ति की और बाजार में बेचे जाने वाले सामानों की। इसलिए स्त्री देह की अभिव्यक्ति को उसके उद्देश्य से पृथक करके कत्तई नहीं देखा जा सकता है। 'बैंडिट क्वीन' में दिखायी गयी स्त्री देह क्या फिल्म की व्यावसायिक

सफलता के मद्देनजर है या बलात्कार की विभीषिका और स्त्री उत्पीड़न के क्रूर यथार्थ को दर्शाने के लिए आवश्यक है? क्या यथार्थ की इस कुरूपता के लिए वह दृश्य निर्विकल्प है अथवा प्रतीकों से काम चलाया जा सकता है? क्या वह समूचा दृश्य हमारे भीतर येन-केन प्रकारेण स्त्री देह भोगने को प्रेरित करता है, हमारी वासनाओं को जगाता है, अथवा एक क्रूर यथार्थ में हस्तक्षेप करने के लिए मानवीय अन्तरात्मा को जगाता है? अगर वह समूचा दृश्य हमें हस्तक्षेप करने और ठहर कर सोचने के लिए विवश करता है तो कहीं से भी अश्लील नहीं है।

लेकिन आज बाजार में बिकने वाली हर वस्तु का विज्ञापन स्त्री देह से किया जा रहा है। हम रोज सुबह-शाम मय परिवार के समूची शुचिता और गरिमा के साथ उसे देखते हैं। और उसी से प्रेरणा पाकर बाजार में आसमान के दाम छू रहे सामानों के पीछे भागते-भागते एक दिन अपने घर के एकान्त में औंधे मुंह गिर पड़ते हैं। विज्ञापनों में दिखाये जाने वाले स्त्री देह का ऐसा जादू होता है कि हम सामानों की गुणवत्ता, अपनी जरूरतों और सीमाओं का न्यूनतम होशहवास खो देते हैं। अमानवीयकरण की इस मंथर प्रक्रिया का हमें आभास तक नहीं होता और 'एलीयनेशन' की इस चरम अवस्था में मनुष्य के भीतर से मनुष्यता का ही लोप हो जाता है। पूंजीपति से लेकर मजदूर तक यह खतरनाक विलोपीकरण पसरता जा रहा है।

'बैंडिट क्वीन' में जब हम सीमा विश्वास के 'डुप्लीकेट' को सम्पूर्ण रूप में नग्न देखते हैं तो अचानक ही पाते हैं कि वहां ऐसा कुछ भी नहीं है जो हमारी कुंठाओं को सहला सके। बल्कि उसमें बलात्कार का विकृत और कुरुचिपूर्ण घिनौना यथार्थ दिखायी देता है। उस सहमे और रेंगते मांसपिण्ड पर ठाकुरों के जातीय अहंकार और पुरुष सत्ता का बर्बर दंश दिखायी देता है। उस नुचे-खुचे जिस्म पर पुरुष सत्ता का इतिहास सड़े घाव की तरह दिखायी देता है। एक जीवित और कराहते प्रश्न को गूंगे बिंब की शक्ल में रेंगते देखकर हमारे भीतर का मनुष्य सिहर उठता है। आत्मा कांप जाती है। फिर भी अगर यह दृश्य कुछ लोगों को अश्लील लगता है उनकी वासनाएं बेकाबू हो जाती हैं तो उस श्रेष्ठ पुरुषत्व को प्रणाम करना चाहिए। सिनेमा हाल में ऊपर से नीचे तक परसे खौफ और सांय-सांय तैरते सन्नाटे को बेध कर जो एकाध सीटियां गूंजती हैं उसके पीछे करोड़ों जतन से पाला पोसा गया बंबइया फिल्म का दिमाग और पुरुष सत्ता का संस्कार ही है। वरना अपराधियों के निर्दोष औलाद

की तरह हम सहमे और सिर झुकाये प्रतिकार की प्रतीक्षा करते हैं। लालाराम द्वारा बेरहमी से बाल पकड़ कर खींची जाती फूलन के हाथ से छूटकर घड़ा गिरता है और अंधेरे में डूबे कुएं का जल भी चीख उठता है। लेकिन इन सब पर विचार न करके यह मान लें कि अश्लीलता सिर्फ स्त्री देह की नग्नता में है तो पोस्टमार्टम की ड्यूटी पर तैनात डाक्टरों के ब्रह्मचर्य का क्या होगा? क्योंकि फिल्म के उस दृश्य में फूलन एक चलती-फिरती लाश के सिवा कुछ भी नहीं दिखायी देती। आप अपने को गुनाहों से बचाने के लिए ईश्वर से फरियाद करें कि लड़कियों को मां के पेट से ही ढांक-तोप कर पैदा करें।

## अंधप्रतिशोध का गैर तार्किक तर्क

बेहमई में बीस निर्दोष ठाकुरों की हत्या के पीछे अन्य कोई तर्क हो या न हो, निर्दोष शम्बूक की हत्या करके भी हमारे समाज में राम का मर्यादा पुरुषोत्तम बने रहना ही सबसे पर्याप्त और महत्वपूर्ण तर्क है। उसकी प्रतिक्रिया में फूलन देवी का व्यक्तिगत प्रतिशोध हो, अथवा नये आदर्श समाज के निर्माण का स्वप्न लिए कोई सामूहिक प्रयास दोनों के द्वारा उसका वध एक ऐतिहासिक अनिवार्यता है। मात्र इसी तर्क पर फूलन अपने सारे अपराधों से बरी हो जाती है। तमाम दलित और पिछड़ी जातियों ने मिलकर अगर उसे संसद में भेज दिया है तो उसने हमारे द्वारा स्थापित आदर्शों से अपना एक बहुत ही छोटा सा हिसाब चुकाया है।

अगर हजारों मुसलमानों की हत्याओं का अपराधी बंबई का बेताज बादशाह बना हुआ रोज नये-नये फतवे दे रहा है, अगर जिस देश के सबसे बड़े सूबे का मुख्यमंत्री ऐतिहासिक स्मारकों के ध्वंस में सजायाफ्ता होकर भी नयी संस्कृति की ऋचाएं गा रहा है, और दिन-दहाड़े पूरे देश के पैमाने पर हजारों निर्दोष सिखों की हत्याएं करने वाले कांग्रेस के लम्पट अगर मंत्री और मुख्यमंत्री बन रहे हैं तो वाकई यह फूलन के लिये किया गया बहुत छोटा सा न्याय है। फूलन के अपराधों का मुख्य जिम्मेदार हमारा समाज, उसकी परम्परायें और समूची न्याय व्यवस्था है। अगर वह उससे निजात पाती है तो यह उसके व्यक्तिगत साहस और आन्तरिक जिजीविषा शक्ति की देन होगी। लेकिन यह सब नहीं होगा। क्योंकि इस समय वह राजधानी के जिस माननीय चम्बल की सदस्य चुनी गयी है वहां पुराने चम्बल से ज्यादा खतरनाक और ठंडे लोग शरण लिये हुए हैं। फिलहाल तो इस नयी मांद का कोलाहल, फूहड़

फिकरों और अनोखी आत्मीयता के बीच वह भौचक है। और जब सब एक-दूसरे के अपराधों को अपने अपराधों से बड़ा बताने की होड़ में हैं तो वह कुछ भी नहीं समझ पा रही है कि यहां क्या हो रहा है। गांव की झोपड़ी में पैदा होने वाली एक गरीब मल्लाह की बेटी यातनाओं से थकी अपनी बकरियों को खेत में चरता छोड़कर संसद में सो रही है। मुझे इस समय भी वह तमाम सांसदों से पवित्र और निष्कलुष दिखायी दे रही है।

1996

# आक्रोश : कुछ और बातें

'लोकपक्ष' के अंक तीन में प्रकाशित 'आक्रोश' की समीक्षा से किसी कलाकृति के मूल्यांकन सम्बन्धी महत्वपूर्ण सवाल उठ खड़े हुए हैं। इसे तय कर लेना इसलिए ज्यादा जरूरी हो जाता है कि आगे आने वाले किसी नए खतरे से बचा जा सके। जाहिरा तौर पर इसी खतरे के परिणाम स्वरूप प्रेमचन्द तक को प्रतिक्रियावादी करार कर दिया गया था क्योंकि होरी के हाथ में न झंडा था, न साम्राज्यवादियों के खिलाफ मुर्दाबाद के नारे। भास्कर कुलकर्णी की तरह उसकी नियति भी मौत ही बन चुकी थी : शोषण उत्पीड़न का शिकंजा–जिसका यथार्थ उसकी जर्जरता है–उसे अभेद्य लगा और अन्त में एक मातमी प्रभाव पाठक पर छा जाता है जो 'आक्रोश' में आतंक बन जाता है।

समीक्षा में बताया गया है कि पूरी फिल्म में दुस्साने वकील का चरित्र केन्द्रीय रूप से सामने आता है। जबकि यह फिल्म किसी पात्र को केन्द्र में न रखकर आदिवासियों के जीवन में नित्य प्रति घटने वाली तमाम घटनाओं की एक घटना (?) को आधार बनाकर व्यवस्था के आतंककारी उत्पीड़क रूप का पर्दाफाश करती है। केन्द्रीय रूप से वहाँ सीधे दो पक्ष उभर कर सामने आते हैं। एक व्यवस्था का पक्षधर और दूसरा दिशा की तलाश करती लड़ने की संकल्पबद्ध योजना का प्रतिनिधि।

दूसरी बात समीक्षा में यह कही गयी है कि दुस्साने वकील यह समझ गया है कि पूरा ढाँचा और उसके सूत्रधार अत्यन्त ताकतवर हैं कभी भी उनका कुछ नहीं बिगड़ सकता और वर्तमान स्थिति को उसकी मजबूरी मान ली गई है। बड़ी मजे की बात तो तब दिखाई पड़ती है जब समीक्षक उसकी झिड़की में लहान्या और आदिवासी समुदाय के प्रति उसकी सहानुभूति देखने लगता है।

पता नहीं समीक्षक इस सूक्ष्म अवलोकन की जरूरत क्यों महसूस करता है, जबकि दुस्साने खुलेआम तौर पर आदिवासियों को गाली तो जबान से देता है किन्तु उसकी आँखों में घृणा और हिराकत का समन्दर ऊफनता रहता है। समीक्षक ने बताया है कि दुस्साने को क्रांति से परहेज नहीं, पर वह निराश है। शायद देश के हरिजनों की दशा पर ऐसी ही सहानुभूति और निराशा जगजीवन राम के चेहरे पर भी दिखाई देती है। ऐसा करते हुए समीक्षक शायद यह भूल जाते हैं कि जातियों के काम्प्लेक्स कम पढ़े-लिखे और नासमझ लोगों में होते हैं, बड़े और समर्थ लोग उसका व्यवसाय करके मुनाफा कमाना सीख जाते हैं।

फिल्म में दो पात्र और हैं। एक तो भास्कर कुलकर्णी (छोटा वकील) और दूसरा नक्सलवादी युवक। समीक्षक को दोनों से ढेर सारी शिकायतें हैं। एक तरफ भास्कर कुलकर्णी पूरी व्यवस्था और न्याय विधान की परिधि के बाहर समस्या के समाधान की बात सोच ही नहीं पाता दूसरी ओर अगर नक्सलवादी इससे आगे बढ़कर कुछ नए ढंग से सोचता है तो वह निस्संग और असहाय है।

जाहिर है फिल्म के प्रारम्भ में जब भास्कर कुलकर्णी आता है तो कोमल भावनाओं वाले संवेदनशील उच्चाकांक्षी नवयुवक के रूप में महज अपने कैरियर के लिए केस जीतना चाहता है। लेकिन व्यवस्था के क्रूरतम नग्न और भयावह रूप से टकराते हुए लगातार कुलकर्णी का आदर्शवाद क्षीण होता जाता है। वह यथार्थ के कठोर धरातल पर उतरता है। उसके विश्वासों, व्यवहारों में क्रमशः परिवर्तन होता है। फिल्मकार ने परिस्थितियों के अनुसार उसकी सम्भावनाओं और दिशा को स्पष्ट किया है।

दूसरा नक्सलवादी युवक के चरित्र में फिल्मकार ने अत्यन्त सावधानी से आलोचनात्मक यथार्थवाद के सहारे से इस बात को दिखाया है कि ईमानदारी कितनी भी आपकी हो लेकिन जड़ जब जनता से कट जायेगी तो बड़ी आसानी से खात्मा हो जायेगा। चाहे आप क्रांतिकारी परिवर्तन के प्रवक्ता हों या राष्ट्रहित के सम्पादक। इस तरह के व्यक्तिवादी ढंग से किए जाने वाले प्रयासों का कोई मतलब नहीं निकलेगा।

आगे समीक्षक ने लिखा है कि किसी भी कलाकृति की पक्षधरता सामान्य दर्शक के अचेतन मस्तिष्क पर पड़े हुए समग्र प्रभाव से आँकी जाती है। यहाँ हम प्रभाव के साथ परिणाम को भी जोड़ देना चाहते हैं। एक युवती

के साथ बलात्कार का दृश्य जहाँ दहशत अचेतन में भयंकर घृणा भी पैदा करता है, जो तात्कालिक तौर पर भले ही न उभर सके, लेकिन उसका दीर्घकालिक प्रभाव होता है। निरंकुशों के प्रति पिछली तमाम चुप्पी और दहशत के बावजूद उग्र जनांदोलनों और प्रदर्शनों में वही अचेतन का प्रभाव निर्णायक होता है। साहित्य का मूल्यांकन करते हुए यह अपेक्षा नहीं रखनी चाहिए कि वह क्रान्ति करता है, कत्तई नहीं। वह महज एक मस्तिष्क तैयार करता है, जो क्रान्ति की जरूरत महसूस करे और उससे अपने को जोड़ने के लिए प्रेरित करे।

समीक्षक की स्थापना है कि दुस्साने वकील फिल्मकार के दार्शनिक प्रवक्ता का काम करता है। अगर यह सच है तो भास्कर से बातें करते समय दुस्साने इतना ओछा और हल्का क्यों लगता? एक प्रतिबद्ध और सचेत लेखक अपने प्रवक्ता चरित्र के प्रति पाठक या दर्शक की सहानुभूति बनाए रखता है न कि उसका ओछापन दिखाकर उसकी सफलताओं का रहस्य बताता है। कम से कम वह वर्ग शत्रुओं के साथ तो नहीं ही रहता। फिल्मकार अलग-अलग चरित्रें के माध्यम से अपनी बातें कहता है इसके लिए कभी वह भास्कर कुलकर्णी या नक्सलवादी युवक का सहारा लेता है तो कभी पीछे से सुनाई देने वाले गीतों का-यथा-जला दो ये दुनियां इसे फूँक डालो।

माओ-त्से-तुंग ने तमाम प्रतिक्रियावादी ताकतों को ''कागजी बाघ'' कहा है। एक कहावत और है-दुश्मन कितना भी छोटा क्यों न हो उसे कमजोर नहीं समझना चाहिए। दोनों बड़ी भिन्न बातें लगती हैं। लेकिन ऐसा नहीं। अगर अपनी कहावत को चरितार्थ कर लें तो माओ-त्से-तुंग का कथन हूबहू सही हो जाएगा। यह सच है कि दुश्मन कागजी बाघ है। लेकिन तब जबकि हमारे पास जनता का शक्तिशाली संगठन उनके वर्गीय हितों से लैस हो। वरना व्यक्तिवादी ढंग से आप तोप भी लेकर चलें दुश्मन आपको चींटी की तरह कुचल देगा। अमानवीय उत्पीड़क स्वरूप के पीछे छिपी उसकी जर्जरता वहाँ दिखायी देती है, जहाँ वे एक निहत्थे दढ़ियल नक्सलवादी से डरकर अपनी अपनी बन्दूकें साफ करने की बातें करते हैं। 'राष्ट्रहित' के समाचारों को सनसनीखेज मान लेते हैं और उससे डरते हैं। इस आतंकित मानसिकता में उनकी जर्जरता तो स्पष्ट तौर पर दिखाई पड़ती है। बशर्ते आप देखना चाहें।

अब दो सवाल हैं जो प्रायः ज्यादा उठाए जा रहे हैं। पहला तो यह कि आज जब आदिवासियों का आन्दोलन इतना आगे बढ़ चुका है तो वे फिल्म में इतने चुप क्यों हैं? यह आज का यथार्थ नहीं। दूसरा फिल्म में पुलिस

प्रशासन और अदालत को इतना ही नंगा किया गया है जितना जनता से छिपा नहीं है। जब कि एक सचेतनता के नाते फिल्मकार से ज्यादा अपेक्षा की जा सकती थी।

जाहिर है 1921 में बहुत बड़ा जनान्दोलन हो चुका था चारों ओर रोज नए-नए आन्दोलन हो रहे थे। तब प्रेमचन्द का होरी इतना दब्बू, निस्संग और असहाय क्यों है? क्या वह उस समय के किसान का वास्तविक स्वरूप है जबकि प्रेमाश्रम का ही किसान रूस की क्रान्ति की बातें करता था। और प्रेमचन्द ने शोषकों महाजनों का जो रूप पाठक के सामने रखा था, क्या पाठक उससे अनभिज्ञ था?

कारण स्पष्ट है। महान साहित्यकार अपने चरित्र को उसकी समग्रता में पकड़ता है। आन्दोलनों के हो जाने से उस समूची जाति का प्रतिनिधि चरित्र लड़ाकू और जुझारू नहीं हो जाता। हाँ वह उसका एक खास पक्ष अवश्य बनता है जिसके कई रूप हो सकते हैं। जमींदार के घर लहान्या का गुस्सैल और बेकाबू रूप उसी में से एक है, जिसकी नियति त्रासद होते हुए भी सच है। फिल्म में आदिवासियों के माध्यम से पूरे देश की स्थिति को स्पष्ट किया गया है। उसी के तहत मुक्ति के कुछ व्यक्तिवादी ईमानदार और असफल प्रयासों को भी चित्रित किया गया है। इन स्थितियों में उत्पीड़नकारी शक्तियों की भयावहता आलोचनात्मक यथार्थवाद का दायित्व बन जाती है। फिल्म में दिखाया गया है कि भले ही लड़ने वाले व्यक्ति मार दिए जायें लेकिन लड़ाई खत्म नहीं होती। चेतना जिन्दा रहती है जो ज्यादा सचेत और व्यावहारिक बनकर सामने आती है। लहान्या, सम्पादक और नक्सलवादी सबके मारे जाने के बावजूद अन्त तक दो पक्ष बना रहता है। भास्कर में अपनी वर्गीय सीमाओं के भीतर ही सही लड़ने की चाहत जिन्दा है और यही सबसे महत्वपूर्ण है।

दूसरी बात है-"एक्सपोजीसन" की सीमा। समीक्षक का कहना है कि "एक्सपोजीसन" उसी हद तक किया गया है जितना जनता से छिपा नहीं है। सवाल जनता के सिर्फ जानने का नहीं, जानी हुई बात को और ज्यादा गहराने का होता है। आदमी अपने चेहरे से परिचित होता है, लेकिन आईने के सामने बार-बार देखता है। आन्दोलनों के लिए उठ खड़ी हुई जनता बहुत नई बातें नहीं जान जाती जिनसे उसकी चुप्पी टूटती है, अन्यथा फिर पूर्व स्थितियों को उसी तरह स्वीकार लेने की कोई बात ही नहीं उठती। एक ही सच जब बार-बार

दिमाग से टकराता है तो मनुष्य के सोचने के आयाम बदल जाते हैं, और वह फिर नए सिरे से सोचता है। यही इस फिल्म की सबसे बड़ी देन है।

इस प्रकार फिल्मकार ने एक छोटी सी घटना के आलोक में पूरी व्यवस्था के चरित्र को जिस तरह दिखाया है वह कम से कम फिल्म के क्षेत्र में आलोचनात्मक यर्थाथवाद का कीर्तिमान तो स्थापित करती ही है, साथ ही हमारी ईमानदारी से जुड़े दायित्व का बोध भी कराती है। आज जब कि तमाम फिल्मों ने पूरी पीढी को गुमराह लम्पट बनाने का संकल्प ले लिया है तथा छोटे–छोटे बच्चों की मानसिकता को कुंठित और नपुंसक बना रही है तब ऐसे संकट की घड़ी में अपनी कुछ कमजोरियों के बावजूद ऐसी फिल्मों की बेहद जरूरत है। हम चाहेंगे कि घोर प्रतिक्रियावादी तथा स्पष्ट तौर पर जनविरोधी कहने की अपेक्षा इस फिल्म का स्वस्थ ढंग से फिर मूल्यांकन किया जाय। बेहतर होगा फिल्म देखने से पहले कोई पूर्वाग्रह न रहे।

1984

# लोकतंत्र का अभिशाप

**''भाई हाकिम तो अंग्रेज, अगर यह न होते तो इस देश वाले हाकिम हम लोगों को पीस कर पी जाते।'' ''तहसीलदार साहब तो ऐसे मालूम होते हैं जैसे कोल्हू। रिश्वत का पैसा देह फुला देता है।''** औपनिवेशिक भारत में, जब देश गुलाम था, तब गांवों के लोग इसी तरह सोच रहे थे। उपर्युक्त उद्धरण प्रेमचन्द के **''प्रेमाश्रम''** में दो किसानों की बातचीत का एक हिस्सा भर है।

15 अगस्त 1947 को आजादी के नाम पर जिस सत्ता का हस्तांतरण किया गया, उसका सबसे ज्यादा हिस्सा इन्हीं देशी हाकिमों को मिला। अब उनके ऊपर अंग्रेज हाकिम नहीं रह गये थे। रिश्वत का उनका कारोबार दिन दूना, रात चौगुना फैलता गया। गांव के लोग तो आजादी को बिना टिकट ट्रेन के सफर का सुख मानकर वर्ष में एक दिन खुश हो लेते थे। आजादी के शेष 364 दिन बद से बदतर होते रहे। इसी तरह आज लगभग साठ–पैंसठ साल बीत चुके हैं। सत्ता की संविधानेतर शक्ति के रूप में भ्रष्टाचार की जहरीली लताओं ने सामान्य जीवन को तो पंगु कर ही दिया है, सारी सरकारी, गैर–सरकारी संस्थाएं इसकी गिरफ्त में हैं, इसी के सहारे चल रही हैं। हमें यह कहकर संतोष करने के लिए कहा जाता है कि भ्रष्टाचार तो अमेरिका में भी है। या कि यह विकास के साथ अनिवार्य रूप से जुड़ा होता है। निर्लज्जता वाचाल भी होती है।

ऐसा नहीं कि आजादी के इन वर्षों में कोई भी राजनीतिक पार्टी इससे अछूती है, लेकिन कांग्रेस के लिए तो भ्रष्टाचार सुरक्षा शिविर है। इस मामले में कांग्रेस की सैद्धांतिक अवधारणा है कि सार्वजनिक जीवन में ईमानदारी और शुचिता एक साम्प्रदायिक मूल्य है। चाहे 74 में जयप्रकाश नारायण का

आंदोलन रहा हो, या वर्तमान में अन्ना हजारे का, भ्रष्टाचार को राजनीति का रोग बताकर चलाया गया हर जनांदोलन कांग्रेस को स्वाभाविक रूप से अमेरिकी साजिश और साम्प्रदायिक शक्तियों की हरकत का नतीजा नजर आने लगता है। इधर हाल के वर्षों में विदेशी बैंकों में जमा अकूत काले धन की वापसी, टूजी स्पेक्ट्रम, कोयला घोटाले जैसी घटनाओं की एक पर एक अनगिनत श्रृंखलाओं के खिलाफ जब भी कोई बात होती है, तुरंत कांग्रेस को लोकतंत्र, संविधान और देश की सुरक्षा की चिंता सताने लगती है। गो कि भ्रष्टाचार है तो देश है, लोकतंत्र है, संसद है, न्यायपालिका है, कांग्रेस है। भ्रष्टाचार पर प्रहार कांग्रेस पर प्रहार है। यह बात बहुत हद तक सही है कि लोकतंत्र और संविधान के दायरे में रहकर देश की मूलभूत समस्याओं से लड़ पाना लगभग असंभव हो गया है। पूंजी के ढेर सारे अवैध स्रोत पूरे देश को समृद्ध और अय्याश बाजार के रूप में तब्दील करते जा रहे हैं। रिनेशां युग का मध्य वर्ग-वकील, डॉक्टर, पत्रकार और प्राफेसर-अपने जिन सामाजिक सरोकारों की वजह से दिशा-निर्देशक की क्रांतिकारी भूमिका में उभर कर सामने आया था, आज वही मध्य वर्ग लगातार फैलता हुआ उपभोक्ता वर्ग में तब्दील होकर इस व्यापक होते जा रहे बाजार का अनिवार्य हिस्सा बन गया है। समृद्ध होता बाजार, जिसका मेरु दंड अवैध काला धन है, आज इस कदर सर्वग्रासी हो चुका है कि सारी संवैधानिक संस्थाएं उसके सामने नतसिर घुटने टेक चुकी हैं। मुक्तिबोध की प्रसिद्ध कविता 'भूल-गलती' का शाही दरबार दूर-दूर तक फैलता जा रहा है-'आलिमो फ़ाजिल सिपहसालार सब खामोश।' चाहे न्यायपालिकाएं हो या संविधान, सबकी यही हालत है। शायद ऐसी ही निराशा ने जंगल और आदिवासियों को नक्सलवाद का रास्ता दिखाया है। राजनीतिक पार्टियों के भीतर कभी बहुत पहले पाये जाने वाले आदर्श और विचार की शक्ति आज खत्म हो चुकी है। सत्ता का चरित्र इसी भ्रष्टाचार से अपना प्राण तत्व ग्रहण कर रहा है।

सत्ता की ताकत, सत्ता का चरित्र पूंजी और उसका काला कारोबार है। विश्व बाजार से जुड़कर उसे इस बात की परवाह नहीं कि यहां कौन सी राजनीतिक पार्टी किस विचारधारा को अपनाये हुए है। कौन धर्मनिरपेक्ष और कौन साम्प्रदायिक है। सत्ता जानती है कि बेजान विचारधाराएं संसद में एक-दूसरे के मनोरंजन के लिए हैं, मीडिया के सामने मसखरेपन के लिए हैं। साम्प्रदायिकता और धर्मनिरपेक्षता यहां कोई मूल्य नहीं, सिर्फ सरकार बनाने के लिए गठजोड़ हेतु भेजे गये निमंत्रण कार्ड के निर्जीव श्लोक हैं। सत्ता ने अपनी व्यवस्था सुचारु रूप से बना रखी है। आप चाहे जिस

राजनीतिक पार्टी से चुनाव जीतें, यहां आकर चुपचाप व्यवस्था का हिस्सा बनें। सत्ता का अपना सिस्टम है। अपनी व्यवस्था है। उसे संविधान, न्यायपालिका किसी का हस्तक्षेप बर्दाश्त नहीं। पूंजी की अबाध आवाजाही के लिए व्यवस्था की चिकनी-चुपड़ी सड़कों पर आदर्श और ईमानदारी का बेवजह स्पीडब्रेकर असुविधा पैदा करता है। अगर ये मरे हुए भूत आप को इतना ही सता रहे हैं तो जाइये जंगलों में, नक्सलवादियों के साथ बंदूकें उठाइये। हमारी अपनी सेना है, जिसकी रायफलों में नौ इंच लम्बी कारतूसों की पेटी खुसी है।

जब सत्ता इतनी भ्रष्ट, निरंकुश और नृशंस नहीं थी, तब जयप्रकाश नारायण ने भ्रष्टाचार, महंगाई और बेरोजगारी को मुद्दा बनाकर सम्पूर्ण क्रान्ति का बिगुल बजाया था। आजादी के बाद का वह सबसे बड़ा जनांदोलन था। जनतंत्र में जिसे वोट की ताकत कहा जाता है, तब वह अपने सर्वाधिक प्रखर रूप में दिखायी पड़ी थी। सत्ता के शीर्ष पर काबिज कांग्रेस का तिलिस्म और वर्चस्व बुरी तरह क्षत-विक्षत हो गया था। लोगों ने देखा कि जल्दी ही आंदोलन के नायक संसद में मसखरे की तरह नजर आ रहे हैं। अन्ना के दबाव में जब जनलोकपाल का मसौदा संसद में रखा गया तो उसके खिलाफ भ्रष्टाचार विरोधी सम्पूर्ण क्रान्ति की नर्सरी के 'बोनसाई' ही सबसे ज्यादा मुखर थे। चाहे वह समाजवादी हों, साम्प्रदायिक या धर्मनिरपेक्ष, लगभग सभी एक-दूसरे की विरोधी राजनीतिक पार्टियों ने संसद में जनलोकपाल विधेयक के खिलाफ जैसी अभूतपूर्व एकता प्रदर्शित की थी, वह न तो भारत-चीन युद्ध के समय दिखायी दी थी, और न उसके बाद आज तक। गुलामों के विद्रोह के समय रोम के सीनेट जैसा दृश्य था।

आज की राजनीतिक सत्ता हर हाल में अपने को बनाये रखना चाहती है। वह जहां तक अवरोध नहीं है वहां तक तो संविधान को अंगीकार करती है, लेकिन जब भी उसे व्यावहारिक असुविधा पैदा होती है, वह बेहिचक संविधानेतर शक्तियों का प्रयोग करती है। ये संविधानेतर शक्तियां इधर हाल के वर्षों में, विषेषकर नयी आर्थिक नीतियां लागू होने के बाद इतनी तेजी से बढ़ी हैं कि भारतीय गणतंत्र का संविधान नीतिवचनों का पिटारा बन गया है। अब लोगों से कहा जाता है कि ज्यादा से ज्यादा प्रैक्टिकल बनो, जमाने को देखते हुए व्यावहारिक बनो। आदर्श, सिद्धांत, शुचिता और ईमानदारी संन्यासियों के मूल्य हैं। तर्क दिया जाता है कि ईमानदारी तानाशाह होती है। उसका चेहरा और चरित्र फासिस्ट और साम्प्रदायिक होता है।

क्या एक भ्रष्ट व्यवस्था आतंकवाद से लड़ सकती है? संभव तो यही है कि वह मुनाफा कमाने के लिए आतंकवादियों को हथियार बेचे। क्या एक भ्रष्ट राजनेता साम्प्रदायिकता से लड़ सकता है? भ्रष्टाचार सबसे पहले मूल्यहीनता पैदा करता है। साम्प्रदायिक या गैर-साम्प्रदायिक उसकी कोई विचारधारा नहीं होती। भ्रष्टाचार से लड़े बगैर न साम्प्रदायिकता से लड़ा जा सकता है, न ही आतंकवाद से। वैसे तो यह सब संयुक्त रूप से एक ही बीमार व्यवस्था के मिले-जुले लक्षण हैं। लेकिन फिर भी कहना ही हो तो आम आदमी के लिए भ्रष्ट राजनेता, भ्रष्ट अफसर साम्प्रदायिकता की तुलना में कई गुना ज्यादा खतरनाक है। एक हमारे जेहन में गलत मूल्य और संस्कार घोलता है तो दूसरा मूल्यहीनता का मानवविरोधी आचरण प्रस्तुत करता है।

देखा जाय तो आज के राजनीतिक संदर्भ में गांधी या नेहरू किसी की बात करना बेमानी है। वैसे तो गांधी ने उसी समय खुद को आजादी के उत्सव से दूर कर लिया था। पूत के पांव पालने में...लेकिन कहना न होगा कि आज की कांग्रेस नेहरू के ज्यादा अनुकूल है। तेलंगाना में किसानों पर गोलियां चलवाने का मामला हो या संविधान को तोड़-मरोड़ कर बाकायदा केरल की चुनी गयी सरकार को अपदस्थ करने का मामला। वंशवाद, भ्रष्टाचार आदि ढेर सारे लक्षण जो कालांतर में चलकर भारतीय समाज और राजनीति में असाध्य रोगों की तरह उभरे, उनकी बुनियाद नेहरू युग के प्रथम दशक में पड़ चुकी थी। ढेर सारे गांधीवादी लोगों को साम्प्रदायिक बताकर जेलों में डाला जा चुका था और वे सारे के सारे राजनीतिक लोग ही नहीं थे। उनमें साहित्य के बड़े-बड़े मनीषी भी थे।

यह अनुमान आसानी से लगाया जा सकता है कि अगर आज गांधी होते तो विदेशी बैंकों में जमा काले धन के बारे में क्या सोचते? टू जी स्पेक्ट्रम, कोयला घोटाले के बारे में उनकी क्या राय होती? वे अन्ना की तरह आंदोलन करते या उस कोरस गान में शामिल होते जो जनलोकपाल के खिलाफ संसद में गाया जा रहा था। अगर नहीं तो समाज की अपनी कल्पनाओं के साथ जेल में उनकी बैरक नक्सलवादियों से कितने इंच दूर होती? आजादी के इस खतरनाक उत्सव को लेकर गांधी उस लड़ाई के बारे में कैसे सोचते जो उन्होंने कभी लड़ी थी। अब इस बात का कोई मायने नहीं कि गांधी को मारने वाला कितना साम्प्रदायिक था? यह बीते युग की बातें हैं। ज्यादा जरूरी है कि विकास के नये मॉडल में गांधी के सपनों का संहार करने वाला कौन है? कोई राजनीतिक पार्टी है या सत्ता के प्रतिनिधि या समूची राजनीतिक पार्टियों का सामूहिक उद्यम है यह।

जयप्रकाश नारायण के आंदोलन की एक बड़ी ट्रेजेडी यह हुई कि संसद से विपक्ष गायब हो गया। अब वहां सब के सब सत्ताधारी पार्टी के प्रतिनिधि हैं। कोई बंगाल में शासन कर रहा है तो कोई बिहार, मध्य प्रदेश, उत्तर प्रदेश में। कोई विकास के नाम पर हत्याएं किये जा रहा है तो कोई साम्प्रदायिक हिंसा को अंजाम दे रहा है। आंकड़े बताते हैं कि साम्प्रदायिक दंगों से कई गुना ज्यादा लोग विकास के नाम पर मारे या उजाड़े गये हैं। साम्प्रदायिक फासीवाद को पीछे धकेलता कार्पोरेट फासीवाद की दस्तक भारतीय सत्ता के इर्द-गिर्द सुनाई दे रही है। जेपी आंदोलन से पहले सत्ता से दूर रहने के कारण विपक्षी दलों में भ्रष्टाचार का रोग नहीं व्यापा था, पर जेपी आंदोलन के बाद यह सार्वकालिक, सर्वव्यापी हो गया है। आर्थिक सुधारों से पहले जहां भी प्रशासनिक या न्यायिक सुधार का कार्यक्रम पूरा नहीं कर लिया जाता है, वहां भ्रष्टाचार की अजस्र धारा फूट पड़ती है। एक शक्तिशाली दलाल तबका सत्ता को संचालित करने लगता है। कुछ 'काल-गर्ले' मीडिया और न्यायपालिका को 'मैनेज' करने लगती हैं। पैसा लेकर सांसद सवाल पूछते हैं, जज फैसला लिखता है, बड़े-बड़े इतिहासकार, अर्थशास्त्री, सामाजिक चिंतक, साहित्यकार पार्टी कार्यालयों में बैठकर बौद्धिक कसरत करते हैं। सत्ता जनता के वोट की मुखापेक्षी नहीं रह जाती। वोट तो आप किसी न किसी को देंगे ही। चाहे जिसको दें। क्राइम ब्रांच के अधिकारी पिछले दो दशक से निर्लज्जतापूर्वक सरकार के लिए बहुमत जुटाने में लगे हैं। बाबा रामदेव में अब तक कोई दोष नहीं था। सरकार के खिलाफ बोले तो इनकम टैक्स विभाग उनका खाता-बही जांचने लगा। बुद्धिजीवी इस बात में उलझे हैं कि 84 में सिखों का नरसंहार धर्मनिरपेक्ष हत्याकांड था, जबकि गुजरात में मोदी सरकार ने जो किया, वह साम्प्रदायिक हत्याकांड है। हत्या नहीं हत्या के औजारों पर मुकदमे की सुनवाई जारी है।

बहरहाल, जिन तकनीकी कारणों का हवाला देकर जनलोकपाल को गैर-संवैधानिक और असंभव करार दिया गया अगर वैसे ही तकनीकी कारणों को आधार बनाया जाय तो 26 जनवरी 1951 को भारत की जनता को जो संविधान समर्पित किया गया, वह भी न्यायसंगत नहीं ठहरता। वह तो स्वयं अपनी निर्माण प्रक्रिया में गैर-प्रजातांत्रिक है। जब जनता ने संविधान सभा के सदस्यों को चुना ही नहीं था तो किस प्राधिकार के चलते उन्होंने संविधान बनाया। लेकिन ये सब कुछ ज्यादा ही खतरनाक सच है। मदारी देखने का मजा तभी तक, जब तक सांप पिटारे में बंद है। खासकर ऐसे समय में जहां शासन

करने वाले ईमानदारी को पागलपन की हद तक खतरनाक मानते हों। वर्तमान लोकतंत्र में अपराधी और भ्रष्ट व्यक्ति लोक से ज्यादा सुरक्षित संरक्षित हैं। यही लोकतंत्र जब जनतंत्रीकरण की प्रक्रिया के तहत गांवों में पहुंचा तो वे सारी बीमारियां, जिनसे संसद ग्रस्त थी, गांव-गांव पहुंच गयीं। अपराध, भ्रष्टाचार और विकास के नये मॉडल ने गांवों को सामूहिक रूप से उजाड़ डाला।

बार-बार दुहराते हुए लोकतंत्र को कोसने का तात्पर्य यह कतई नहीं कि हम किसी गैर-लोकतांत्रिक व्यवस्था या फिर तानाशाही का समर्थन कर रहे हैं। बल्कि ढेर सारी गैर लोकतांत्रिक फासिस्ट मसलन वंशवाद, अपनी जरूरतों के लिए हत्यारी रुचियों को स्पेस देने वाली इस तथाकथित लोकतांत्रिक प्रक्रिया को अस्वीकार कर रहे हैं। जब धूमिल ने कहा था कि **'मुझे अपनी कविताओं के लिए दूसरे प्रजातंत्र की तलाश है'**, तो शायद इसी ओर उनका इशारा था। जहां लोकतंत्र कुछेक परिवारों का पालतू हो, जहां मल्टीनेशनल्स के इशारे पर चंद पूंजीपतियों द्वारा विकास का मॉडल तैयार किया जाता हो, जहां कानूनी दांव-पेच में उलझी न्यायपालिकाएं न्याय के नाम पर कभी न खत्म होने वाली तारीखें और सिर्फ तारीखें देती हों, वहां लोकतंत्र के अजायबघर में सिर्फ जहरीले कीटाणुओं का संक्रमण ही हो सकता है।

पटवारी के बस्ते से लेकर संसद और सुप्रीम कोर्ट के काले गाउनों में फैले उलझे भारतीय प्रजातंत्र में पिछले 60 वर्षों से जनता अपने आप को खोज रही है। चुनाव आयोग उसकी बेजान उंगलियों पर काली स्याही पोतकर वापस चुपचाप अपने घर लौटा देता है, जहां उसके आसपास काला धुआं फैला हुआ है। पिछले 60 वर्षों से जमा होता धुआं अभेद्य अंधेरे के रूप में तह-दर-तह जमा होता जा रहा है। यह जनता कभी गांधी की अगुवाई में आजादी के लिए लड़ती रही थी। उसे एक ऐसी आजादी मिली, जहां शकों, हूणों से ज्यादा बर्बर लूट जारी है। प्रेमचन्द के दर्जनों उपन्यासों और सैकड़ों कहानियों में औपनिवेशिक भारत के गांवों का जो यथार्थ है, उसमें किसानों के शोषण और उनकी बदहाली के अनेक चित्र हैं। तब किसान लड़ता था। माना जाता था कि वह अपनी आजादी की लड़ाई लड़ रहा है। लेकिन तब भी स्थितियां इतनी भयावह नहीं थीं कि किसान आत्महत्या करें। आजादी के बाद विकसित नये अर्थतंत्र की वजह से लाखों किसान आत्महत्या कर चुके हैं। किसान आजादी के सपनों से छले गये। बेरोजगारी और भ्रष्टाचार से आजिज छात्र जेपी के आंदोलन में शामिल हुए। देश की जनता ने कांग्रेस के कुशासन को उखाड़ फेंका। लेकिन भ्रष्टाचार, महंगाई और बेरोजारी का अश्वमेधी घोड़ा समूची प्रजातांत्रिक संस्थाओं को रौंदता-कुचलता निरंतर बढ़ता रहा। इस बीच सत्ता अपने को मजबूत करती रही। सत्ता का अपना चरित्र है, अपनी नीतियां हैं।

जिस समाज का पढ़ा-लिखा वर्ग साम्प्रदायिक हो, जहां गांव की आबादी जातियों में बंटी हुई हो, जहां पैसे से वोट खरीदा जा सकता हो, वहां प्रजातंत्र बेमानी हो जाता है। साम्प्रदायिकता, जातिवाद और भ्रष्टाचार का संयुक्त गठजोड़ ही आज भारतीय सत्ता का चरित्र है। चाहे धर्मनिरपेक्ष पार्टियां हों या कोई साम्प्रदायिक संगठन उसके एजेण्डे उसके घोषणापत्र इस चरित्र का अतिक्रमण नहीं कर पाते। लोगों के पास वोट देने और पछताने के अलावा कोई विकल्प नहीं है। इसीलिए इस बात से कोई फर्क नहीं पड़ता कि सरकार किसकी है। जनता वोट देती है कांग्रेस के विरोध में, लेकिन उनके प्रतिनिधि कांग्रेस की सरकारें बनवाते हैं। जनता वोट देती है भाजपा के विरोध में, लेकिन नुमाइंदे भाजपा की सरकार बनवा देते हैं। जनता वोट देती है पूंजीपतियों पर नकेल कसने के लिए, लेकिन सिंगूर और नंदीग्राम में उन्हीं पूंजीपतियों के पक्ष में किसानों पर गोलियां चलायी जाती हैं। लिहाजा अब जबकि गांवों का उजड़ना बदस्तूर जारी है, आदिवासियों को उनकी जमीन से बेदखल किया जा रहा है, सरकारी मुलाजिम पैसे लूटकर राजनेताओं की झोली भरने में मशगूल हैं, न्यायपालिकाएं या तो मूक दर्शक की तरह यह सब देख रही हैं, या इसी में संलिप्त हैं तब लोग किसी भी तरह के आंदोलन में अपना वक्त बर्बाद नहीं करना चाहते। यह यकीन करना मुश्किल है कि दुनिया का सबसे बड़ा लोकतंत्र कहा जाने वाला देश और उस देश की राजधानी, जहां न्यायपालिका है, संसद है, जहां प्रधानमंत्री और राष्ट्रपति रहते हैं, जहां सबसे मुस्तैद सुरक्षा व्यवस्था है, एक-एक पल की गतिविधियों को कैद करने वाले हाई प्राफेाइल कैमरे लगे हैं, वहां डेढ़-डेढ़ फुट पर लगी नियान लाइटों की चकाचौंध में राजमार्ग पर लगातार ढाई घंटे घूम-घूमकर एक लड़की के साथ छह लोग बलात्कार करते हैं वह चीखती है, लेकिन सत्ता के नाचघर में मशगूल कोई सुनने और बचाने वाला सामने नहीं आता। तैमूरलंग और नादिरशाह का भारत क्या कभी ऐसे दृश्य का गवाह बन सका था। क्या औपनिवेशिक गुलामी के ढाई-तीन सौ सालों में न्यायपालिका इतनी बेबस और पुलिस इतनी निकम्मी रही है? भगत सिंह ने जिस संसद में बम फेंका था, क्या वहां यह कल्पना संभव थी कि सांसदों को नोट की गड्डियां फेंककर खरीदा जा सके। हम सौभाग्यशाली हैं, आजादी की इन महान उपलब्धियों का गवाह होने के लिए।

फरवरी 2013

# भूल जाएंगे, उन्हें नहीं

उम्र के जिस पड़ाव पर ढेर सारे लोगों के आध्यात्मिक होते जाने के किस्से सुनाई देने लगते हैं, जीवन के उसी मुकाम पर राजेंद्र यादव के प्रेम सम्बंधों की अफवाहें लोग चटकारे लेकर एक-दूसरे से सुन-सुना रहे थे। उस दिन हम लोग शिवमूर्ति के यहां बैठे थे। टीवी पर आसाराम का समाचार आ रहा था। आस-पास बैठे लोगों में राजेंद्र यादव और 'हंस' में छपी किसी महिला कथाकार की कहानी का जिक्र छिड़ गया। दरअसल, उनकी कोई उम्र नहीं थी। वह जिस किसी से बात करते, उसी की उम्र के हो जाते थे। उनकी फितरत ही ऐसी थी कि समय उनके करीब जाकर अपने को जवान महसूस करने लगता था।

'नयी कहानी' आन्दोलन की जो त्रयी थी, उसमें मोहन राकेश और कमलेश्वर के साथ ही राजेंद्र यादव का नाम आता है। बावजूद इसके कि उस दौर में निर्मल वर्मा, मन्नू भंडारी, कृष्णा सोबती और ऊषा प्रियंवदा जैसे बेहद समर्थ दर्जनों ऐसे रचनाकार हैं जिनका अवदान इस त्रयी से ज्यादा रहा है लेकिन शायद ही उनमें किसी के व्यक्तित्व का ताप और प्रताप नवतर रचनाकारों को इस हद तक प्रेरित और प्रभावित कर सका है। दरियागंज की तंग गली में ढेर सारी बासी पत्रिकाओं और पुस्तकों से अटा-पटा 'हंस' का दफ्तर लगभग तीन दशक से साहित्य का सबसे बड़ा प्लेटफार्म बना हुआ है। देश के कोने-कोने से लोग वहां जाते। दूरस्थ बिहार, झारखंड या उत्तर प्रदेश के किसी कस्बे की कोई लड़की, कोई स्त्री कहानी के किसी प्रयोजन में अब जब दिल्ली से लौटकर आयेगी तो लोग उसे लेकर तरह-तरह की बातें नहीं बनाएंगे। शायद राजकमल चौधरी के लिए मैंने कही पढ़ा था-'उसका न होना,

ढेर सारे पतियों के लिए अपनी पत्नी के पतिव्रता होने की गारंटी है।' राजेंद्र यादव का इस तरह जाना किसी बेहद जवान के अचानक चले जाने जैसा लग रहा है।

वे हों, न हों, देश में कहीं भी होने वाली छोटी-बड़ी साहित्यिक गोष्ठियों और गप्पों में लोग उन्हीं की चर्चा करते। लोग उनकी निंदा करते और उन्हीं जैसा होना चाहते। लगभग चौथाई सदी के अपने जीवन में 'हंस' ने हिन्दी कथा साहित्य को सैकड़ों बड़े नाम दिये। आज उनमें से ढेर सारे लोग ख्याति और उपलब्धियों के शिखर पर हैं। सृंजय और सुरभि पाण्डेय जैसे भी हैं, जिनकी प्रतिभा का विस्फोट प्रतीक्षित है। राजेंद्र जी के उपन्यासों, उनकी कहानियों से ज्यादा 'हंस' में उनके द्वारा लिखे गये सम्पादकीयों ने नयी रचनात्मकता को उर्जा और आग दी है।

बाबरी मस्जिद विध्वंस के बाद हिन्दी भाषी प्रदेशों में फैलती जा रही साम्प्रदायिकता की विषैली लताओं को रोकने के लिए उन्होंने साम्प्रदायिकता विरोधी अच्छी, कम अच्छी और घटिया कहानियों की बाढ़ लगा दी थी। 'कमंडल' के विरोध में 'मंडल' का समर्थन करते हुए उन्होंने मुस्लिम विमर्श का वितान खड़ा कर दिया। इसके लिए गालियां सुनीं। उनके खिलाफ फतवे दिए गए। टस से मस नहीं हुए राजेंद्र यादव। वह एक बड़ा ऐतिहासिक दायित्व निभा रहे थे, लेकिन महानता का कोई गुरूर नहीं। एक बार बातचीत में मैंने उन्हें 'सर' कह दिया। उन्होंने टोका "तुम मास्टर ससुरे! 'सर' क्या होता है जी? मेरे मां-बाप ने मेरा नाम रखा है राजेंद्र।" मैं जीभ चाटने लगा। नैतिकता, मर्यादा और किसिम-किसिम की महानताएं उनसे विदक कर भाग जातीं। कब किसका नाड़ा खोल दें। 'हंस' के जरिए उन्होंने 'दलित विमर्श' और 'स्त्री विमर्श' की न सिर्फ शुरुआत भर की, बल्कि ओमप्रकाश बाल्मीकि, मोहनदास नैमिषराय, धर्मवीर, श्योराज सिंह बेचैन और मैत्रेयी पुष्पा को हिन्दी साहित्य के इतिहास पर प्रतिष्ठित कर दिया और मजे की बात यह कि युग प्रवर्तक होने का कोई दम्भ नहीं।

वह अक्सर दबे पांव गुमनाम जंगलों और खंडहरों की ओर जाते थे। वहां मधुमक्खियों के बड़े-बड़े छत्ते होते। उन्हें शहद में राई-रत्ती दिलचस्पी नहीं थी। सिर्फ ढेला फेंक कर भागने की आदत थी। प्रियंवद के साथ वह लखीमपुर गए हुए थे। जिला पंचायत सभागार में किसी ने उनसे ओसामा बिन लादेन के बारे में कुछ पूछा। राजेंद्र जी ने शक्ति और समृद्धि के प्रतीक 'पेंटागन' और

'वर्ल्ड टेड सेंटर' के अहंकार को पल भर में तहस-नहस कर देने के लिए उसकी तुलना 'हनुमान' से कर दी। फिर तो शिवसैनिकों की भीड़ ने सभागार और शहर में हंगामा कर दिया। राजेंद्र जी लखनऊ के लिए निकल चुके थे। देश भर का मीडिया महीनों हनुमान चालीसा बांचता रहा।

उन्हें इस बात से कोई फर्क नहीं पड़ता कि लोग उन्हें कैसे देखते और क्या कहते हैं? जो सच लगा उसे कह दिया। जातक कथाओं में बुद्ध और देवदत्त की तरह, मुल्ला नसीरुद्दीन की तरह या अकबर-बीरबल की तरह भविष्य में सौ-दो सौ साल बाद स्त्री-पुरुष सम्बंधों की नाना कहानियों, किस्सों और चुटकुलों में संभव है राजेंद्र यादव एक स्थायी पुरुष पात्र की तरह रचे जाएं। उनके व्यक्तित्व में ऐसी ढेर सारी गुंजाइशें हैं कि उनमें अचंभित कर देने वाली किंवदन्तियां फिट बैठती चली जाएं।

वे लोग, जो उनके प्रशंसक हैं, कल किसी दूसरे को प्रशंसा करने के लिए तलाश लेंगे। समस्या उनकी नही है। जो राजेंद्र जी को उनके मुंह पर गालियां दे लेते थे, उन्हें उनकी कमी बहुत अखरेगी। दो-ढाई सौ साल बाद जब उनकी कहानियां पढ़ने को नहीं मिलेंगी, जब लोग उनके उपन्यासों के नाम भूल चुके होंगे, तब भी राजेंद्र यादव साहित्यिक गोष्ठियों और गप्पों में मौजूद रहेंगे। लोग उन्हें बतियाएंगे और सुनेंगे। जो जीवन उन्होंने जिया है और जो कुछ कर दिया है, वह उनके लिखे से बहुत बड़ा है। हमने ढेर सारे अवसरों पर बहुत सारा समय उनके साथ बिताया है। आने वाली पीढ़ी में हमारा महत्व इसलिए भी बहुत हद तक बना रहेगा कि हमने राजेंद्र यादव को प्रत्यक्षतः देखा है।

अक्टूबर 2013

# फलक पर नामवर

दरअसल, श्रीकांत पांडेय वाया काशी हिन्दू विश्वविद्यालय हमारी साहित्यिक दुनिया का गाइड था। वह मुझसे एक साल सीनियर था, लेकिन मैंने उसे कभी कक्षाएं अटेंड करते नहीं देखा। एक- दो अधयापकों को छोड़कर वह हिंदी विभाग का मजाक उड़ाया करता- "मालवीय जी की उम्मीदों और सपनों को सारे मास्टर चरागाह की तरह चरे जा रहे हैं।"

कैम्पस में किसी ने भैंस पाल रखी थी, किसी ने बकरी और मुर्गियां।

श्रीकांत! नाटा कद, खल्वाट खोपड़ी। बचपन में ही उसके चेहरे को चेचक ने निर्दयता पूर्वक चुग लिया था। पुरानी फिल्मों में जैसे गुंडे हुआ करते थे। लेकिन वह बिल्कुल उलट, जब देखो तब किसी न किसी साहित्यिक कार्यक्रम के लिए मशगूल रहता। उसे नगर की साहित्यिक गोष्ठियों की सारी सूचनाएं रहा करती। उसी के साथ एक शाम मैं भदैनी स्थित "तुलसी पुस्तकालय" गया। शहर के युवा कवियों का काव्यपाठ था। नामवर जी आये हुए थे।

हमारे कस्बे के इंटर कालेज की लाइब्रेरी में रवींद्र कालिया का एक कहानी संग्रह "गली-कूचे" कहीं से आकर रखा हुआ था। उसके "ब्लर्ब" पर मैंने नामवर सिंह का लिखा एक छोटा पैराग्राफ उनके नाम के साथ पहली बार पढ़ा था। बनारस आने के बाद तो अक्सर बात-बेबात नामवर जी का जिक्र होता ही रहता। उस दिन तुलसी पुस्तकालय में पहली बार मैंने नामवर जी को देखा। प्रेमचंद का शताब्दी वर्ष था। दूसरे दिन भारत कला भवन में प्रेमचंद जी पर गोष्ठी होनी थी।

तबसे आज तक लगभग चार दशक बीतने को हैं,साहित्य की कोई बड़ी गोष्ठी हो या कविता कहानी लिखने पढ़ने वाले चार-छः लोग किसी सड़क

छाप चाय की दुकान पर यूं ही कोई बात कर रहे हों,अनायास ही बात सरक कर नामवर जी की ओर चली जाया करती।

क्या था नामवर जी में ?

कैसे कोई नामवर बनता है? पिता तो महज प्राइमरी स्कूल के टीचर थे। जब वे बीएचयू में पढ़ा रहे थे तो थोड़े दिन बाद ही उन्हें सस्पेंड कर दिया गया। जिन लोगों ने उन दिनों के नामवर को देखा था,बताया करते कि उनके क्लास में बैठने की जगह नहीं बचती थी । मेडिकल कालेज और इंजीनियरिंग तक के छात्र क्लास में खड़े होकर उन्हें सुना करते थे। यह तो रही बनारस की बात।

किसी काम से जोधपुर गया हुआ था। एक सज्जन ने अपना परिचय देते हुए बताया कि मैं नामवर जी का छात्र रहा हूँ। एक बार क्लास में वे ''असाध्य वीणा'' पढा रहे थे। मै पिछली सीट पर बैठा था, तभी पीछे के दरवाजे से चुपचाप आकर अज्ञेय जी मेरी बगल में बैठ गए। नामवर जी पढ़ाते रहे। क्लास खत्म होने के बाद हम सारे छात्र नामवर जी के पीछे हो लेते। उस दिन अज्ञेय जी भी थे। नामवर जी थोड़ा आगे जाकर रुक गए। उन्होंने अज्ञेय से पूछा-''कुछ बहुत गलत तो न पढा डाला?''

अज्ञेय जी ने कहा-''मैं इस कविता को इतना सुंदर ढंग से कभी न पढ़ा पाता।''

जितना मैं नामवर जी को जानता हूँ, वे हजारी प्रसाद द्विवेदी की तुलना में उदय प्रताप कालेज के अपने अंग्रेजी अधयापक जे पी सिंह के शिष्य ज्यादा थे। यह बात अलग है कि उनके घर की किसी दीवार पर जे पी सिंह की कोई तस्वीर टंगी हुई नहीं दिखेगी।

गुरुओं की वह विलुप्त प्रजाति इक्के-दुक्के स्कूलों या छोटे कालेजों में ही बची रह गई है, जो अपने किसी छात्र की प्रतिभा को पहचान कर उसकी उंगली थामती और किसी बड़ी उम्मीद में उसे विश्वविद्यालय की ओर भेज आती है।उसे नहीं पता होता कि-

किसी शापित दम्भ स्तूप की तरह अपना ही कंकाल ढो रहे विश्वविद्यालय आज प्रतिभाओं के वधस्थल हो चुके हैं। यह सब केवल आज और रातों रात नहीं हो रहा। नेहरू युग को लेकर बौद्धिक सम्मोहन का जो भारी-भरकम वितान किताबों में फैला हुआ है, इतिहास के उन्हीं अंधेरे तहखानों में जर्जर ययातियों की यह रंगशाला कामुक वासनाओं की बदबू से भरने लगी थी। कुंजीछाप प्रोफेसरों के षडडंत्र और दुरभिसंधियों की विषैली

लताएं पूरे शिक्षातंत्र को बांझ और बौना बना डालने के लिए कमर कस चुकी थीं। किशोरी दास बाजपेई को बिना बात यूं ही जेल में डाल दिया गया। मुक्तिबोध की किताब प्रतिबंधित कर दी गयी। हरिशंकर परसाई को उन्हीं के शहर में पीटा गया था। नगर- नगर में **कुख्यात डोमा जी उस्ताद** के बेरोक-टोक चल रहे प्रोसेशन की जासूस नजरों से छिप कर "भागता मैं दम छोड़,घूम गया कई -कई मोड़!" नामवर सिंह को बार- बार बेहद छिछोरे और घटिया लोगों का कोप भाजन बनना पड़ रहा था। कलम के लिए निरंतर हो रहे इस **"तंग स्पेस"** में आखिरकार -

**"कहां जाऊं? दिल्ली या उज्जैन?**

बनारस ,सागर और जोधपुर विश्वविद्यालय के कुलपतियों ने नामवर जी का निष्कासन किया। बहाने ढेर थे,लेकिन असल बात थी नामवरी। आज उन्हीं विश्वविद्यालयों में उनका निष्कासन करने वाले कुलपतियों को कोई नहीं जानता, लेकिन वहां के हिंदी विभाग अपने परिचय के साथ आज भी बताया करते हैं कि हमारे इस विभाग में नामवर जी रहे हैं।

छोटे- छोटे कस्बे से लेकर सुदूर महानगरों तक में स्थित साहित्य के बड़े-बड़े केंद्रों में तभी उनकी धमक सुनाई देने लगी थी। लगभग छह दशक तक वे समकालीन रचनात्मकता के अकेले केंद्र थे। पचास के दशक में वे प्रगतिशील लेखक संघ से जुड़े और बाद में तो ऐसा हुआ कि कई दशकों तक प्रगतिशील लेखक संघ उनसे जुड़ कर घिसटता रहा है।

काशी हिंदू विश्वविद्यालय के भारत कला भवन में प्रेमचंद के बहाने मैं पहली बार नामवर जी को सुन रहा था। पूरे हाल में मंत्रमुग्ध सन्नाटा। संदर्भ आया कि-गोदान में शहर की कथा ठूंसी हुई है। ढेर सारे प्रसंग अनावश्यक और यथार्थ बहुत सतही है।-**"अगर मैं गोदान लिखता"**-जैनी जैनेंद्र नामवर जी के निशाने पर थे। वह "रामलीला" कहानी का पाठ कर रहे थे। एक साधारण सी लगने वाली कहानी के असाधारण अर्थ तह दर तह खुलते जा रहे थे। समझ तो मुझे आज भी बहुत कुछ नहीं है, तब तो इससे भी कम थी, लेकिन इस बात की कल्पना भी मेरे लिए असंभव थी कि कोई व्याख्यान इस हद तक श्रोताओं को बांध सकता है। पिन ड्राप साइलेंट! मैं विस्मित और विमोहित होता जा रहा था।

उसके पहले मैं सुन चुका था कि सूर चतुश्शती समारोह के अवसर पर बीएचयू ने नामवर जी को सम्मानित करने के लिए बुलाया था। आयोजन में

खचाखच भीड़ थी। इस अवसर पर कुछ बोलने के लिए नामवर जी को बुलाया गया। लोग उत्सुक, उदग्र ! नामवर जी मंच पर गए। वे कुल तीन शब्द बोले-नियुक्ति पत्र, निष्कासन पत्र और आज यह सम्मान पत्र! कोई कुछ समझे समझे तब तक नामवर जी मंच से उतर लिए। देर तक तालियां बजती रहीं।

सूर और उन पर हिंदी विभाग का चतुश्शती समारोह धरा का धरा रह गया। नामवर जी के तीन शब्द महीनों गूंजते रहे। विवाद उनके कुछ बोलने पर जितना होता था,उससे ज्यादा उनके कुछ न बोलने पर भी।

भव्य अटालिकाओं और घने पेड़ों से भरा-पूरा विशाल प्रांगण,एक दूसरे को काटते हुए दूर-दूर तक फैली कोलतार की चिकनी चौड़ी सड़कें। ईर्ष्या और द्वेष की मधुर मनोहर अतीव सुंदर राजधानी। आचार्य गणों द्वारा खूब मगन और भाव विभोर होकर अनुपस्थित सहकर्मियों के बारे में निंदा रस का छंदबद्ध कोरस गान यहां इस कैम्पस की अभूतपूर्व खूबी है। उसमें भी अव्वल हिंदी विभाग! यहां इतने भर के लिए पत्रिकाएं निकलतीं। सम्पादकीय लिखे जाते। सबके सब अजानुबाहु हैं। अपनी ही पीठ ठोकते रहने की वजह से भुजाएं लंबी। जबान उससे भी लंबी-

-नामवर सिंह अवसरवादी हैं ।

-छात्रों में प्रिय होना विद्वान होना नहीं है।

-मार्क्सवाद की तीन किताबें भर नहीं है हिन्दी साहित्य।

-चुनाव-फुनाव लड़ने के लिए थोड़े मालवीय जी ने विश्वविद्यालय बनवाया है।

-कौन कहता है कि नामवर कम्युनिस्ट हैं। उनकी कोई विचारधारा नहीं।

नामवर जी के शिष्य रह चुके विश्वनाथ त्रिपाठी बताते हैं कि निष्कासन के बारे में अफवाहों की काना-फूँसी कुछ दिन पहले से सुनाई पड़ रही थी। निर्णय आते ही छात्र सन्न और कनफुँसिया गिरोह के अधयापक प्रसन्न। अस्सी से लेकर हिंदी विभाग तक विघ्न संतोषियों की "पौ बारह" थी। दूसरे दिन जब हम लोग विभाग में गये तो वहां एक निर्लज्ज और "घिनौनी खुशी" गंदगी की तरह बजबजा रही थी।

जी मिचला उठा। छात्रों को लग रहा था कि कैम्पस में एक उदास सन्नाटा भर गया है। अजीब तरह का सुनसान बेगानापन। अब इस विश्वविद्यालय में कुछ न रह गया-हमने सोचा।

तबसे शुरू हुआ वह सिलसिला आजतक थमा नहीं। कबीर मठ के अतिविद्वान शुकदेव सिंह चुटकुले रचने में महामाहिर–कार की पिछली सीट पर बैठा एक आदमी तेजी से जा रहा था। सामने सड़क पर एक पैदल आदमी धोती कुर्ता पहने चला जा रहा। कभी दाएं, कभी बाएं! ड्राइवर जिधर से गाड़ी निकालना चाहे, वह आदमी उधर ही हो लेता। ऐसे ही कभी दाएं, कभी बाएं। ड्राइवर और उसका मालिक दोनों बहुत देर तक परेशान होते रहे। ड्राइवर ने किसी तरह पार किया और खिड़की के बाहर सिर निकाल कर डांटना चाहा। तब तक पिछली सीट पर बैठा आदमी उन्हें पहचान चुका था–"जल्दी भागो! ये नामवर सिंह है। कब दाएं, कब बाएं का रास्ता पकड़ लें, कोई नहीं जान पाया।"

लेकिन यह सही है कि नामवर सिंह को पकड़ पाना किसी के लिए संभव न था। उनका पीछा नहीं किया जा सकता। हालांकि उनके पीछे चलने वालों की भी एक बड़ी जमात थी। "**कथाक्रम**" की एक गोष्ठी में उन्होंने निर्मल वर्मा के हवाले कहानी की भाषा में **संगीतात्मकता** को जैसे ही रेखांकित किया कि अगले सत्र के बतौर मुख्य वक्ता परमानंद श्रीवास्तव का व्याख्यान कुछ इस तरह शुरू हुआ –"अगर फणीश्वर नाथ रेणु ने अपने पहले कहानी संग्रह का नाम "**ठुमरी**" रखा तो यह अनायास नहीं था। वे भाषा में संगीत का महत्त्व समझते थे।"

उनकी भाषा में "विट" और "ह्यूमर" की धार थी, जिसका असर कविता की तरह होता था। और अगर उन्होंने किसी को छू भर दिया तो लोग महीनों विस्तर से उठ न सके। बच्चन सिंह की पचहत्तरवीं वर्षगांठ पर उनके दिए गए ऐतिहाहिक वक्तव्य का कोई जिक्र न करते हुए एक दूसरी बात–

शिवप्रसाद जी अपनी बेटी के इलाज के सिलसिले में वेल्लूर गए हुए थे। सुदूर गैर–हिंदी भाषी प्रदेश का एक छोटा सा कस्बा। सीएमसी वेल्लूर से थोड़ी दूर एक छोटी सी पहाड़ी के बगल में उन्होंने किराए का मकान ले रखा था। दवाओं की तीखी गंध, अस्पताल की ठंडी ऊबन, बेटी की बीमारी! शिवप्रसाद जी अकेले बहुत परेशान रहते। हिंदी विभाग में उनके विशाल व्यक्तित्व की जो आभा थी, वहां उसकी कोई चमक नहीं। वह रोज रोज ऊब रहे थे। मैं एक दिन सुबह- सुबह पहुंच गया था। उन्होंने कहा–उठो,चलो ! तुम्हें मार्निंग वाक करा लाएं।

रास्ते में उन्होंने पूछा–बनारस के क्या हाल हैं?

मैंने बताया–"हजारी प्रसाद द्विवेदी पर नामवर जी की किताब आई है "दूसरी परंपरा की खोज।" उन्होंने एक जगह लिखा है कि द्विवेदी जी ज्योतिष को जानते थे और शिवप्रसाद सिंह ज्योतिष मानते थे।"

तत्काल तो मुझे यही लगा कि शिवप्रसाद जी ने इस बात अनसुना कर दिया है। हम लौट कर मकान पर आ चुके थे। लगभग सात–आठ घण्टे बाद शिवप्रसाद जी जोर से बोले–"यही नामवर का छोटापन है। खुद तो उनके साथ बैठकर घंटों हस्तरेखाओं का महत्त्व समझते– समझाते थे, और मुझे लिख दिया कि शिवप्रसाद अंध विश्वासी हैं, ज्योतिष मानते थे। उनके लिख देने से हजारी प्रसाद द्विवेदी प्रगतिशील और जनवादी हो जाएंगे। पक्के पोगा पंडित। घण्टों पूजा पर बैठा करते ।"

शाम को हम टहल रहे थे। बात अभी तक शिवप्रसाद जी की दाँत में अटकी हुई थी,जीभ उस छोटे तिनके से बार –बार जूझ रही– "मैं लोहिया फोहिया के प्रभाव में बिल्कुल न था। चंद्रबली सिंह मुझ पर नामवर से ज्यादा भरोसा करते थे। मैं प्रगतिशील लेखक संघ में शामिल भी हो जाता। लेकिन मैंने कहा कि जहां नामवर होंगे, वहां तो मैं जा ही न सकता।"

नामवर जी को लेकर शिवप्रसाद जी के मन में कोई पुरानी,शायद छात्र जीवन के दिनों की ही बहुत गहरी गांठ थी, जिसके चलते वह अक्सर बचकाने बयान दे दिया करते। लेकिन बनारस ही नहीं, दिल्ली, भोपाल, पटना अनेक शहरों में साहित्य के बड़े –बड़े प्रतिष्ठित लेखक नामवर सिंह का नाम सुनकर भड़क उठते। और तो और, एक बार मैं रेडियो पर नीरज का काव्यपाठ सुन रहा था। अचानक एक लाइन आई–**"हिंदी के नामावर चाहे जो भी कह लें..** ।"

सबकी एक ही खुन्नस कि हमने इतने ग्रंथ लिखे। इतने –इतने हमें पुरस्कार मिले। सारा हिंदी जगत मेरे पैरों तले। लेकिन नामवर ने मुझपर दो लाइन भी न लिखा। यह भी कोई आलोचना है। नामवर को आलोचना का **क ख ग** कुछ नहीं पता। नामवर जातिवाद करते हैं। भाई–भतीजा वाद करते हैं । वगैरह वगैरह।

छोटी सी मुसीबत पड़ती है तो रात दिन घेरे रहने वाले संबंधों में कितनी जान है, सब पता चल जाता। नामवर जी तो तीन –तीन विश्वविद्यालयों से निकाले गए थे । कुछ भी छिपा न था। एक क्रांतिकारी अध्यापक की बात चली तो कहने लगे– "अंतरराष्ट्रीय मुद्दों पर, अमरीका या रूस के खिलाफ लिखने और बोलने में कभी कोई प्रत्यक्ष रिस्क न रहता। बहुत आसान है इस

तरह से क्रांतिकारी बने रहना। आदमी की असलियत जाननी है तो देखो कि अपने ऑफिस में, जहां वह काम करता है,जहां उसके हस्तक्षेप से चीजें तत्काल प्रभावित हो सकती हैं,वहां अपने बॉस से उसके क्या और कैसे सम्बन्ध हैं? बहुत सारे क्रांतिकारी अपने बॉस की चापलूसी करते हैं, क्योंकि रोजमर्रा के जीवन में खतरा वहीं ज्यादा रहता।''

उनके पास तरह-तरह के लोगों से जुड़े ढेरों अनुभव और किस्से थे, उन्हें लोगों की खूब पहचान भी थी। अवसर देख कर वह  अपनी चाल चलने में कोई कसर भी न छोड़ते।

पहला **''कथाक्रम -सम्मान''** संजीव को मिल रहा था। उन दिनों कथाक्रम के आयोजन का अपना जलवा होता। सच्चे अर्थ में साहित्य का महाकुंभ। नामवर जी मुख्य अतिथि। उनके होने मात्र से कथाक्रम के उस आयोजन में नगर उमड़ पड़ा था। उन दिनों बिहार से लेकर दिल्ली तक, नये लेखकों में संजीव एक स्कूल की तरह सम्मानित थे। नामवर जी ने अब तक उनपर कहीं कोई वक्तव्य नहीं दिया था। आज जब वे इस आयोजन के केंद्र में हैं तो लोग नामवर जी को सुनना चाहते थे। नामवर जी मंच पर आये, उन्होंने संजीव को बधााई दी और आज लिखी जा रही ताजा कहानियों के वर्तमान फलक पर बोलना शुरू किया। उनके पूरे वक्तव्य के केंद्र में ''पाल गोमरा का स्कूटर'' और ''जल डमरूमधय'' छिटपुट तौर पर कुछ और इधर-उधर। संजीव का कहीं नामोनिशान नहीं। संजीव की दशा उस बूढ़े, जर्जर दूल्हे सी हो गई जिसकी शादी में सारी लड़कियां सहबाले का मंगल गीत गाने लगी हों। फिर तो मंच पर आने वाले एक-एक कर सारे वक्ताओं ने वही रास्ता पकड़ लिया। कार्यक्रम खत्म हुआ। संजीव बड़बड़ा रहे थे। उदय प्रकाश नामवर जी की जाति-विरादरी वाले कथाकार। ऐसे ही लोग थोड़े कहते कि नामवर साहित्य में भी जाति-विरादरी की राजनीति करते हैं।

*(वासनाएं सबसे पहले विवेक का हरण कर लेती हैं। फिर तो आप किसी पर कुछ भी बक सकते हैं।)*

ऐसे ही एक बार ओमप्रकाश बाल्मीकि भी उन पर कुपित होकर लगातार भर्त्सना किये जा रहे थे। मै था, महेश कटारे भी। और भी बहुत सारे लोग थे। मैंने बाल्मीकि जी को बताया कि दुधवा में हमारे साथ श्री लाल जी भी थे। नामवर जी  आपकी तीन -चार कहानियों और जूठन की देर तक तारीफ करते रहे। उन्होंने श्री लाल जी से कहा कि जूठन पढ़ने के बाद **दलित**

**राइटिंग** के बारे में मेरी धारण बदल गई।" लेकिन उस समय बाल्मीकि जी नामवर निंदा की दूसरी रौ में थे-"जूठन नामवर सिंह का मुंहताज थोड़े है।"

रात को खाना-पीना करके मैं गेस्टहाउस के बाहर टहल रहा था। मुझे अकेला देख कर ओमप्रकाश बाल्मीकि भी आ गये-"देवेन्द्र जी ,क्या कह रहे थे नामवर सिंह दुधवा में?कैसे बात शुरू हुई थी। श्री लाल जी ने क्या कहा था?" आदि आदि।

कभी -कभी वे किसी गोष्ठी में कही गई अपनी ही बात के विरोध में कोई दूसरी स्थापना दे दिया करते। "दूसरी परंपरा की खोज" को पढ़कर चौथीराम यादव ने रामचंद्र शुक्ल और ब्राह्मणवाद के खिलाफ मोर्चा ही खोल दिया था।

इसी समय मार्क्सवाद के भीतर सवर्ण वर्चस्व से क्षुब्ध दलित लेखन के निशाने पर भी पहले ब्राह्मणवाद और फिर ब्राह्मण आ चुके थे। साहित्य की हर छोटी -बड़ी, लगभग सारी गोष्ठियों में तुलसी दास और रामचरित मानस की लानत- मलामत हो रही थी। शुक्ल जी की समाधि पर मूतने वालों में गजब की होड़ मच गयी।

तभी नामवर जी ने बीएचयू की एक गोष्ठी में किसी अमरीकी आलोचक का जिक्र करते हुए बताया कि अपने समय के उस सबसे बड़े आलोचक की एक- एक कर सारी स्थापनाएं कालांतर में कटती चली गई । और हर बार उसका कद पहले से बड़ा होता चला गया। आज पूरी अमरीकी आलोचना का विकास उसी से टकराकर सम्भव हुआ है। ऐसे ही थे हिंदी के आचार्य रामचंद्र शुक्ल। उन्हें नजरअंदाज करके कुछ भी नया रच पाना असंभव है।

जैसा कि मैंने कहा कि नामवर जी का पीछा करना किसी के लिए संभव न था। अपने पीछे- पीछे चलने वालों के लिए भी वे अक्सर मुश्किलें खड़ी कर देते थे। बहरहाल, इस बार चौथीराम जी को कोई मुश्किल न हुई। वे नाथों, सिद्धों की लगाम थाम चुके थे। उन्होंने तुरत- फुरत हठयोग की कुंडलिनी जागृत की और लोकधर्म के राजमार्ग पर दलित सौंदर्यशास्त्र का "माइलस्टोन" बन गये। इन दिनों साहित्य में इन्हीं का बाजार था। सुधीजन समय की गति जान जाते और संतहृदय सरल पथ गामी होते हैं। चौथीराम जी सुधीजन और संतहृदय विख्यात हैं।

एक बार बनारस प्रवास के दौरान नामवर जी गंभीर रूप से बीमार हो गए थे। उनकी सेवा में रात- दिन एक किये हुए शैलेन्द्र ने सर सुंदर लाल अस्पताल

को अपना ओढ़ना-बिछौना बना लिया था। वे बहुत चिड़चिड़े हो गए थे। बात बात पर झुंझलाया करते। क्या बीमारी है? डॉक्टरों को भी कुछ समझ न आता। उन्हें "एम्स" में भर्ती कराया गया। बाद में जब तबीयत थोड़ी ठीक हुई तो मनोहर श्याम जोशी उन्हें देखने गए हुए थे, उन्होंने नामवर जी से कहा कि चारो तरफ हल्ला है कि डॉक्टर लोग नामवर जी की बीमारी पकड़ नहीं पा रहे। मैंने कहा कि, पूरा हिंदी जगत लगा रहा कि नामवर जी की विचारधारा को पकड़ ले, और आज तक न उसे पहचान सका, न पकड़ सका, फिर डॉक्टर क्या खाकर नामवर जी की बीमारी पकड़ पाएंगे।" एक लंबे ठहाके में यूं ही बातों का आना -जाना लगा रहा।

अपनी रचना प्रक्रिया के बारे में एक बार उन्होंने बताया कि, "**आधुनिक साहित्य की प्रवृत्तियां**","**इतिहास और आलोचना**" तथा "**छायायावाद**", दरअसल मेरे कुछ क्लास नोट थे , जिनके आधार ये पुस्तकें लिखी गयीं। मंच पर तो वे सामने वाले से, लेकिन जब भी अकेले होते, सबसे ज्यादा अपने आप से जूझते थे। खुद को मांजते और बात को बढ़ाते हुए कहने के ढंग को बदलते थे। यही है उनका "अंधेरे में पुनश्च" उनकी इस पूरी प्रक्रिया का राई-रत्ती बोध न हो तो आसानी से कोई कह सकता है कि,नामवर सिंह अवसरवादी थे। वे श्रोताओं का मूड देखकर, अवसर के अनुरूप बोलते थे। लेकिन,जी नहीं ! नामवर जी को सुनने के बाद श्रोताओं का मूड बदल जाया करता था। एक बार नहीं ,हजारों गोष्ठियों में, हजारों बार ऐसा हो चुका है। अकाट्य उद्धरणों की भीड़ जुटाकर रामविलास जी ने मुक्तिबोध को आत्मग्रस्त और अस्तित्ववादी सिद्ध कर डाला था, लेकिन नामवर जी के सामने उनकी नहीं चली तो नहीं ही चली।

लंबे समय तक की बेरोजगारी ने उन्हें पैसे रूपये खर्च करने के प्रति कंजूसी की हद तक सजग कर दिया था। किसानों का स्वभाव ही है कि जब तक हो सके अपनी जेब ढीली न करनी पड़े। राजेन्द्र यादव ने बहुत भोलेपन से पूछा-"नामवर जी आप कुर्ता किस टेलर से सिलवाते हैं?"

"क्यो- नामवर जी ने बताया-काशी बनारस से आते हैं तो वही लिए आते।"

"आपके कुर्ते में मैंने कभी पाकिट नहीं देखी"-राजेन्द्र जी अक्सर उनसे खूब चुहल करते-"वे पत्र, जिन्हें आपने मुझे बनारस में पढ़ाए थे, उससे कभी मिले कि नहीं?"

*"तान के सोता रहा जल चादर,*
*वायु सा खींच जगा गया कोई।"*

उस **"कोई"** के पत्र बचे हों तो दे दीजिए,हंस में छाप दूं।" नामवर जी बातों को टालने और बातचीत का विषय बदलने की कला में निपुण थे।

मैंने एक बार काशीनाथ जी से ऐसे किसी पत्र की बाबत पूछा तो माँ जी ने मुझे ही डांट दिया-"आपको और कोई काम नहीं रहता क्या। फालतू की बातों में बस मन लगता है।"

पत्र के बारे में "हां या नहीं, काशीनाथ जी ने कुछ नहीं कहा,वह चुपचाप उठे और दूसरी ओर चले गये।"

घर में नामवर जी भगवान सरीखे थे। लोग उनमें मनुष्य जैसा कोई आभास होने मात्र से कांपने लगते। राजेन्द्र यादव! महानताओं और मर्यादाओं के जन्मजात द्वेषी, मैंने सोचा, उनका क्या ? वे तो किसी के बारे में कुछ भी अनाप-शनाप कहते ही रहते हैं।

हंस में कुछ बहुत अच्छी कहानियां छप चुकी थीं, कुछ बेहद वाहियात भी। नामवर जी ने यादव जी के कथा-विवेक पर चुटकी लेते हुए कहा कि "राजेन्द्र की दशा उस हलवाई की तरह हो गई है जो दिन भर तरह तरह की मिठाइयों से घिरा रहकर अच्छे और बुरे का **"स्वाद- भेद"** भूल चुका है।"

दिसंबर का महीना। दुधवा के घने जंगल में शाम ढल रही थी। नामवर जी के साथ ऐसा दुर्लभ सुयोग बहुत कम लोगों को मिला होगा। कोई कैमरा नहीं,पत्रकार नहीं। श्रीलाल जी थे और सिर्फ मैं । लखीमपुर खीरी में बिताए गए चौबीस सालों के मेरे अकेले और एकमात्र मित्र एडवोकेट जेपी भी मेरे साथ थे। शहर में होने पर जेपी नियमित कचहरी जाया करते हैं, लेकिन वकालत के मामले में बिल्कुल बाल ब्रह्मचारी। श्री लाल जी और नामवर जी के बीच कुछ निहायत निजी और पारिवारिक बातें हो रही थीं। हमने थोड़ी दूरी बरत ली थी। श्री लाल जी की कही गई किसी बात का संदर्भ था। नामवर जी बता रहे थे कि बेटों से बचपन में नहीं, जब वे बड़े और जवान हो जायँ तब हमारा व्यवहार सख्तऔर सजग होना चाहिए, वरना वह घर, जिसे आपने जीवन भर की पूंजी से बना रखा है, आपका शरणगाह हो जाता है । और आप बेचारे गजाधर बाबू!

दुधवा गेस्ट हाउस । दिसम्बर की शाम, साढ़े छह बजते-बजाते गाढ़ी रात सी होने लगी थी। समय खूब सारा था। पिछली रात मैं जान चुका था कि भोजन

के बाद श्री लाल जी भरपेट मिठाई खाते हैं, बावजूद इसके कि वे डायबिटिक हैं। हमने पलिया से ही मिठाइयों की खूब व्यवस्था कर ली थी।

"नामवर जी, आजकल हर जगह उत्तर आधुनिकता की ही रट लगी हुई है। मुझे इसके बारे में कुछ नहीं आता जाता। यह क्या है?"-श्री लाल जी ने पूछा।

साँय-साँय करते जंगल की गंध गेस्ट हाउस में भरने लगी थी। गिलासें लग चुकी थीं। माहौल द्रवित होने की ओर था। वह नामवर जी का एक अविस्मरणीय क्लास था। शिष्यवत बैठे जिज्ञासु श्रीलाल जी के साथ मैं भी था। नामवर जी ने इत्मीनान से बोलना शुरू किया-इनमें कुछ लोग मार्क्सवादी हैं, कुछ उसके विरोधी। देरिदा, फूकोआदि आदि। इनमें कब किसने, कहां, और क्या लिखा? लिखने का संदर्भ क्या था? फलां ने उसका कैसे प्रतिकार किया? एक- एक बात का बारीक ब्यौरा। लगभग ढाई घंटे तक। श्री लाल जी बार बार कसमसा रहे थे-"नामवर जी, बस थोड़ी देर यहीं रुके रहिए। मुझे आ जाने दीजिए"- देर से उन्हें खूब जोर की पेशाब लगी थी और वे एक पल के लिए वहां से हटना भी न चाहते थे।

बीच-बीच में नामवर जी खूब इत्मीनान से संस्कृत के श्लोक, हिंदी की कविताएं और उर्दू की गजलें सुनाते जा रहे थे। श्रीलाल जी ने कहा-"स्मृति तो मेरी भी अच्छी है। लेकिन संस्कृत के श्लोकों से आगे गति नहीं है, आपको हिंदी कविताएं बहुत याद हैं।" नामवर जी ने हंसते हुए कहा कि मुझे खराब कविताएं और जल्दी याद हो जाती हैं ।

उन्होंने लिखा कम। घूमे खूब ज्यादा थे। विश्व साहित्य के इतिहास, भूगोल के एक-एक गलियारे से बखूबी परिचित । कला और संगीत ही नहीं, ज्ञान के दूसरे अनुशासनों में भी अधुनातन कहां, क्या कुछ चल रहा है, सब पर उनकी पैनी नजर बराबर बनी रहती। किसी सभा, गोष्ठी में मंच पर बैठे हुए वे यूं तो पान घुलाते हुए ही सबको सुना करते, पर जैसे ही एक मामूली जुम्बिश के साथ दांत को तिनके से खोदना शुरू करते, समझने वाले को देर नहीं लगती कि बात अब दांत की जद में आ चुकी है। उन्हें माइक की ओर बुलाये जाने के साथ ही खचाखच भरे हाल में सन्नाटा खिंच जाया करता। श्रोताओं की सांसें थम जातीं। पहले किसने क्या बोला है, सब धुल-पुंछ जाता। और सुनने वालों की स्मृतियों में हमेशा-हमेशा के लिए नामवर सिंह टंक जाया करते।

रामविलास शर्मा के बाद हिंदी आलोचना के वे ऐसे वटवृक्ष थे, जिसके आसपास कोई दूसरा पनप न सका। यह बात अलग है और सही भी कि माल चाहे जितना कूड़ा हो, कोई अपना धंधा थोड़े बन्द कर देगा। मैनेजर होना भी लेखन की एक खास कला है। खासकर ऐसे समय में जब कविता, कहानी के हर मुहल्ले में किसी न किसी राष्ट्रीय-अंतरराष्ट्रीय समीक्षक के आशीर्वाद से अमरत्व की उम्मीद हिलोरें मार रही हों। बाबा नागार्जुन ने कभी एक कविता लिखी थी–

"आलोचक है नया पुरोहित......
अगर कीर्ति का फल चखना है
आलोचक को खुश रखना है।"

उसमें होना एक ऐसे आलोचक का, जिसने कभी किसी के खुश होने की परवाह नहीं की। उन्होंने सब कुछ हासिल भी किया, लेकिन अपनी प्रतिभा का लोहा मनवा कर हासिल किया,किसी को खुश करके कभी नहीं। न बाहर, न घर में।

घर में तो वे बिल्कुल अलग ढंग से पेश आते। मंटू का प्रोफेसर पद पर प्रमोशन था। वाइसचांसलर नामवर जी के परम् मित्र थे। अगर वे हल्का सा जिक्र भी कर देते तो मामला बन जाता,जबकि घर में वे सबसे सीरियस होकर मंटू को ही सुनते थे। लेकिन उन्हें जो काम नहीं करना है तो उसे नहीं ही सुनते। काशीनाथ जी या मंझले भाई रामजी को तो उनसे मामूली बात कहने के लिए भी महीनों मशक्कत करनी पड़ती। पंजाब में आतंकवाद का चरम था। सूरज डूबने के साथ ही सड़कों पर दहशत और सन्नाटा फैल जाया करता। खून में डूबा पंजाब दिन ब दिन नरक हो रहा था। इकलौते बेटे विजय की पोस्टिंग भटिंडा में थी। कब किधर से निकल आये ए के सैंतालीस-छप्पन। उन्होंने अपना दुखड़ा बनारस आकर दोनों चाचा लोगों से रोया।

महीने भर बाद नामवर जी को बनारस आना था। तय हुआ कि अबकी आने दो ,यह भी कोई बात है। आप दुनिया भर के लिए इधर –उधर करते और कहते भी रहते हैं। खुद का अकेला बेटा आग में घिरा हुआ है। दोनों भाई लोग हर सुबह बैठकर रियाज करते रहे–इस बार जरूर कहा जायेगा।

अरविंद कालोनी वाले टीचर्स "फ्लैट के छोटे से आंगन में सुबह-सुबह मजे से बैठे हुए नामवर जी अंकुरित चने खा रहे थे। उपयुक्त अवसर था।

मंझले भाई रामजी सिंह ने मोर्चा संभाला। हलक सूख रहा था। जबान चिपक-चिपक जा रही। एक एक शब्द पर पसीना-पसीना। अंगोछे से बार-बार मुंह पोछते हुए,बड़ी मेहनत से किसी तरह-"भैया, विजय बहुत परेशान हैं। कुल पंजाबी ससुरे बंदूक लेकर घूम रहे। लइकन बच्चन के कब टीप दें, कवनो भरोसा नाहीं।"

पीछे से काशीनाथ जी ने भी साथ दिया-"आजकल पंजाब बहुत मुश्किल हो रहा है।"

ऐसे अनेक अवसरों पर मैंने देखा कि नामवर जी भाइयों की मुश्किलें भांप जाया करते थे। जब वे सामने वाले की किसी बात को आगे नहीं बढ़ाना चाहते तब भी दांत खोदने लगते-"ऐसा है काशीनाथ जी, प्रगतिशील लेखक संघ में आप सक्रिय हैं,एक सामूहिक ज्ञापन भिजवा दीजिए कि खालिस्तानियों को पंजाब दे दिया जाय। ये वहां नौकरी नहीं करेंगे तो दूसरा कोई क्यों करे।"

इसके बाद वे उठकर अपने कमरे में चले गए। महीने भर की सारी मशक्कत हवा,हवाई ! दोनों भाई चुप!

वी पी सिंह उस समय प्रधान मंत्री थे। नामवर जी के बाल सखा। मंझले भाई रामजी सिंह ने लंबे समय तक कचहरी में नौकरी की थी। वे जानते थे कि सरकारी काम कैसे कराया जाता है। वी पी सिंह को जैसे ही पता लगा कि नामवर जी के बेटे का ट्रान्सफर होना है तो काम तुरंत हो गया।

लगभग डेढ़ दशक तक इधर उधर भटकते रहने के बाद जेएनयू में नामवर जी को वह सब कुछ मिला, जिसके लिए वे धरती पर आए थे। रिश्तों और संबंधों से भरे-पूरे होने के बावजूद उनके घर में सिर्फ किताबों भर की जगह थी। तब जीवन में पहली बार बेटी समीक्षा का शोख और प्रसन्न सानिध्य मिला। ढेर सारे छात्र मिले। जेएनयू का निर्मल माहौल मिला। लेकिन इतना सब हो कर भी, वह जेएनयू की वजह से नहीं, जेएनयू उनकी वजह से हमेशा जाना जाता रहेगा।

आज जब वे वहां नहीं हैं, तब भी हिंदी विभाग और एडमिन ब्लाक के आसपास या गंगा ढाबे पर बैठे हुए छात्र उनके किस्से सुनाया करते हैं। गल्प कथाओं और किंवदंतियों की तरह उनकी व्याप्ति थी। दुनिया के सारे लोग जिसकी प्रशंशा करें बस वही एक अच्छा हो, यह कोई जरूरी नहीं। कभी-कभी तो मुझे ऐसा लगता कि बौद्धिक जगत में किसी को बहुत अच्छा कहना या घोघावसंत बताना लगभग एक जैसा ही है। इस बात से कोई फर्क नहीं

पड़ता कि कितने सारे लोग आज भी चाहे-अनचाहे **नामवर के निमित्त** निंदा पुराण का सस्वर पाठ दुहराते हुए मिल जाया करते हैं। हिंदी संसार विश्वविजेता दुर्मुख रणबांकुरों से कभी रिक्त नहीं रहा है। कुंवर चंद्र प्रकाश सिंह को हिंदी संस्थान का प्रतिष्ठित **''भारत भारती''** सम्मान मिला। गदगद होने का अवसर था। पत्रकारों से पहली प्रतिक्रिया देते हुए उन्होंने कहा कि ''अज्ञेय और नामवर सिंह जैसों की वजह से मैं साहित्य में चर्चित नहीं हो सका था।''

मुद्रा राक्षस ऐसे अवसरों पर कब चूकने वाले। उन्होंने छूटते ही टिप्पणी की-''यह आदमी अपनी प्रचंड मूर्खता और धृष्टता के लिए हिंदी में हमेशा याद किया जाएगा कि खुद से 35 साल बाद पैदा होने वाले नामवर सिंह की वजह से वह साहित्य में अचर्चित रह गया था।''

विवेक को ताख पर रखकर साहस से भरे ऐसे अनेक और असंख्य वक्तव्य नामवर सिंह के लिए समय-समय पर सुनने को मिलते ही रहे हैं।

जिन्होंने अपनी शर्तों पर जिंदगी को जिया उन पर लोकापवाद के कंकड़ फेंके ही जाते। इसके लिए नामवर से मुफीद कौन हो सकता था, जो कभी किसी के अन्धानुगामी होकर नहीं रहे। उन्होंने कम्युनिस्ट पार्टी से चुनाव लड़ा था लेकिन मार्क्सवाद उनके लिए टार्च की रोशनी भर था, जिसकी मद्धिम लौ में वह पार्टी के लिए कार्यकर्ताओं की खोज नहीं कर रहे थे, बल्कि संस्कृत और अपभ्रंस से लेकर आज तक के साहित्य की समृद्ध विरासत में दूसरी परंपरा की खोज करते हुए,जैसा कि **एनडी टीवी** के प्राइम टाइम कार्यक्रम में **रवीश कुमार** ने कहा था - ''वह अपने आप में एक परंपरा थे। विवादित भी और मर्यादित भी।'' विवेक और मर्यादा न हो तो जीवन में , और साहित्य में भी सहमति और असहमति उनके लिए कोई मायने नहीं रखती थी। लोग उनसे सहमत या असहमत हो सकते थे, लेकिन उन्हें अस्वीकार कर सकने का किसी में दम न था।

क्योंकि वे शब्द में समय की पदचाप सुन सकते थे। आलोचना तर्कों से परास्त और पराजित करने की दक्षता का नाम नहीं है। एक बड़ी रचना प्रक्रिया से गुजरते हुए अपने समय के साथ किया गया सबसे सार्थक संवाद ही आलोचना है। यहां सही और गलत के फैसले वकीलों की जिरह से नहीं तय हुआ करते। इतिहास के निर्मम न्यायबोध के सामने सिर्फ हीरे की चमक बची

रह जाती है। क्योंकि जो जितना ही ज्यादा अपने समय के भीतर होता है, उसी में कालातीत होने की संभावना भी होती है।

आज जब नामवर जी नहीं हैं तो यही लग रहा कि हिंदी साहित्य से एक बड़ा साया उठ गया है। यह भी तय है कि समय किसी के भरोसे रुक नहीं जाता, लेकिन कुछ पैरों के निशान इतने गहरे होते हैं कि उन्हें मिटा पाना समय के लिए भी नाकों चना चबाने जैसा है। ऐसे ही हैं **हिंदी के नामवर।**

सन् दिसम्बर 2019